Sy Montgomery

Tiger Magie

*Expeditionen zu den
menschenfressenden Raubkatzen
der Sundarbans*

Aus dem Amerikanischen
von Sabine Schulte

Hoffmann und Campe

Die Originalausgabe erschien unter dem Titel *Spell of the Tiger* bei
Houghton Mifflin Company, New York

Fotografien von Eleanor Briggs

Die Deutsche Bibliothek – CIP-Einheitsaufnahme
Montgomery, Sy: Tiger-Magie :
Expeditionen zu den menschenfressenden Raubkatzen
der Sundarbans / Sy Montgomery.
Aus dem Amerikan. von Sabine Schulte.
– 1. Aufl. – Hamburg : Hoffmann und Campe, 1995
Einheitssacht.: Spell of the tiger <dt.>
ISBN 3-455-11106-8

Copyright © 1995 by Sy Montgomery
Deutsche Ausgabe:
Copyright © 1995 by Hoffmann und Campe Verlag, Hamburg
Schutzumschlag: Buchholz, Hinsch, Hensinger
Satz: Utesch Satztechnik GmbH
Druck und Bindung: Clausen & Bosse, Leck
Printed in Germany

Wie immer –
Für Dr. A. B. Millmoss

Inhalt

Einführung

*Ü*berall, wo der Tiger vorkommt, erweckt er wie kein anderes Tier Ehrfurcht, Angst und Staunen.

Auf Sumatra halten heilige Männer mit Tigern Zwiesprache, um mit toten Helden in Kontakt zu treten. Im Süden Thailands und auf der Halbinsel Malaysia erzählen Negritopygmäen, der Tiger sei der Rächer Kareis, des Höchsten Wesens, und bestrafe alle, die die Stammestabus brechen. Die Mendriq glauben, der Tiger sei der Sohn des Donnergottes und der Göttin, die im Mittelpunkt der Erde wohnt — für diesen Volksstamm ist der Tiger die Verbindung zwischen dem Gewitter und der Unterwelt. In Indien reiten Götter auf dem Tiger: Jolishmatic, die Göttin wunderbarer Drogen; Aurkah, Herr über den Zyklus der dreiunddreißig Jahre; Sukra, der Priester der Dämonen – sie alle wählen Tiger zu ihrem *vahana* oder Fahrzeug. In der hinduistischen Mythologie trägt ein *vahana* eine Gottheit nicht im üblichen Sinne, etwa so, wie ein Auto einen Insassen transportiert, sondern das Reittier trägt den Gott, so erklärt es die Religionshistorikerin Wendy Doniger, »wie ein Lufthauch einen Duft ›trägt‹«. Der Tiger ist erfüllt, durchdrungen von der Macht und dem Wesen des Gottes.

Überall, wo der Tiger umherstreift, werden ihm Kräfte zugeschrieben, die über das hinausgehen, was man von einem irdischen Tier erwarten würde.

Nirgends sind diese Kräfte furchterregender als in den Sundarbans, dem größten Tidedelta der Welt. Anders als überall sonst auf der Erde ist es hier üblich, daß der Tiger Menschen jagt. Hunderte sterben jedes Jahr in seinem Rachen.

Und doch gibt es keine Kampagne zur Ausrottung des Tigers, wie es sie etwa gegen viel weniger todbringende Raubtiere im Westen gibt. In den Sundarbans wird der Tiger zwar gefürchtet, aber nicht gehaßt, er wird verehrt, aber nicht geliebt. Denn hier ist der Tiger ein heiliges Geschöpf, das über ein verzaubertes Land herrscht.

Tiger Magie ist eine Einladung, dieses Land zu besuchen. In östlichen Legenden wurden Visionssuchen in unbekannte Gegenden oft auf dem Rücken eines Tigers unternommen. In diesem Buch wird der Tiger den Leser auf eine geistige Reise in ein Land mitnehmen, in dem Natur und Gott eins sind. Doch es ist eine Reise, die wir vielleicht schon bald nicht mehr unternehmen können, denn bald gibt es vielleicht keine Tiger mehr, die uns dorthin tragen können.

»Meiner Überzeugung nach ist das Ende des Tigers in Sicht, möglicherweise innerhalb der nächsten zehn Jahre.« Ende 1992 machte Peter Jackson, Vorsitzender der Cat Specialist Group in der World Conservation Union-IUCN (International Union for the Conservation of Nature), diese Vorhersage. Man schätzt, daß in jenem Jahr in Indien möglicherweise 400 Tiger getötet wurden, wodurch die Weltpopulation der Tiger auf weniger als 7000 Tiere reduziert wurde.

Die seitherigen Ereignisse haben seinen Worten sogar noch größere Dringlichkeit verliehen. Im August 1993 führte eine einzige gezielte Aktion – durchgeführt nicht von Regierungsvertretern, sondern von zwei unbewaffne-

ten Zivilisten, die von einer privaten Organisation, TRAF-
FIC-India, bezahlt wurden – dazu, daß bei einem Händler
in Delhi 794 Pfund Tigerknochen und acht Tigerfelle si-
chergestellt wurden, ein Vorrat, der den Tod von etwa 300
Tigern bedeutet. Das ist zwar ein Sieg für den Tierschutz,
doch das Ergebnis ist erschreckend, wenn man sich klar-
macht, daß es sich dabei nur um das Lager eines einzelnen
Händlers in einer einzigen indischen Stadt zu einem bestimmten Zeitpunkt seiner Laufbahn handelte. Es gibt
Dutzende solcher Händler.

Die Zukunft des Tigers sieht so düster aus, daß manche
Leute ihn bereits aufgegeben haben. »Ich beklage das Hin-
scheiden eines schönen, majestätischen Tieres«, erklärte
Adam Holland, der Herausgeber der *Asiaweek,* in einer Ti-
telgeschichte dieser Zeitschrift im Sommer 1993, »aber der
Tiger in der Wildnis hat keine größeren Überlebenschan-
cen als ein altes Gebäude in Hongkong.« 1994 strahlten
amerikanische und britische Fernsehsender Sonderpro-
gramme über die bedrohte Lebenssituation des Tigers aus.
Time bildete ihn mit der Überschrift »Dem Tode geweiht«
auf dem Titelblatt ab.

Um die Jahrhundertwende bevölkerten Tiger weite Gebiete Asiens, vom russischen Fernen Osten bis hin nach
Java. Es hieß, der türkische Berg Ararat, dicht an der Grenze zum Iran, sei bis hinauf zur Schneegrenze mit Tigern
»verseucht«. Tiger jagten in den Zwergeichenwäldern
westlich der Wüste Gobi in der Mongolei Hirsche; riesenhafte, langhaarige Tiger schlichen sich während russischer
Schneestürme an Bergschafe heran; Tiger tappten durch
die dampfenden Regenwälder Balis. Man schätzt, daß
40 000 Bengaltiger, auch Königstiger genannt, die Dschungel und Grasgebiete Indiens bewohnten – so viele, daß berichtet wurde, in den ersten Jahrzehnten dieses Jahrhun-

derts hätten zwei Maharadschas in ihrer Freizeit zusammen 2000 Tiger schießen können.

Heute existieren nur noch fünf der ursprünglich acht Subspezies der Tiger, und sie sind auf winzige Reste ihres früheren Verbreitungsgebietes beschränkt. Der Indochina-Tiger, kleiner und dunkler als der indische Bengaltiger, zählt vielleicht nur noch 1000 Exemplare. Von den Sumatra-Tigern mit ihrem rötlichen Fell und den außergewöhnlich breiten Streifen gibt es auf der Insel Sumatra nur noch 650 Exemplare. Forscher schätzen, daß in freier Wildbahn vielleicht noch 150 bis 200 Sibirische Tiger, die größten Tiger überhaupt, leben. Der Südchinesische Tiger ist mit 30 bis 60 noch lebenden Tieren schon fast ausgestorben. Der letzte Bali-Tiger wurde in den vierziger Jahren getötet; der Kaspi-Tiger starb in den siebziger Jahren aus, und der letzte Java-Tiger starb vor nicht einmal zehn Jahren.

Der indische Bengaltiger ist heute zweifellos die zahlenmäßig stärkste Subspezies. Doch 1972 nahm man an, daß nur noch 2000 Bengaltiger – die Anzahl, die zwei Maharadschas als Freizeitvergnügen schießen konnten – am Leben seien.

Heute wird Indien, dank der 22 Tigerreservate, die vom ambitionierten »Project Tiger« eingerichtet wurden, und dank strenger Gesetze, für deren Einhaltung mutige Mitarbeiter der Forstbehörde sorgen, das Verdienst zugeschrieben, den Tiger fast im Alleingang vor der Ausrottung zu bewahren. Nach amtlichen Schätzungen zählen die indischen Tiger jetzt etwa 3000 Tiere. Diese 3000 Tiger allerdings sind Gefahren ausgesetzt, die komplexer und heimtückischer sind, als die Begründer des »Project Tiger« vor 20 Jahren auch nur hätten ahnen können.

Während der Anfangsphase des »Project Tiger« wurden die Tiere in erster Linie wegen der Felle abgeschlachtet.

Heute werden Tiger wegen jener Körperteile umgebracht, die die Wilderer früher liegenließen: Schnurrhaare, Sehnen, Penis, Blut und vor allem Knochen, mit denen ein anscheinend unersättlicher Markt für sogenannte Elixiere beliefert wird. Man glaubt, daß Tigerweine, Tigerbalsam, Tigersuppen und Tigerpillen Rheuma lindern, verbrauchte Energie zurückbringen, Fieber senken und die Ruhr heilen. Tigerfelle sind wenigstens leicht zu identifizieren, Knochen und andere Körperteile hingegen lassen sich auf ihrem Weg zu den illegalen Märkten in Hongkong, China, Taiwan und den Chinatowns in Europa und Nordamerika wesentlich schwerer aufspüren.

Das sind nicht die einzigen Bedrohungen, denen wildlebende Tiger weltweit ausgesetzt sind. Seit Beginn des »Project Tiger« ist die Bevölkerung Indiens um 50 Prozent auf mehr als 800 Millionen und die Weltbevölkerung auf fünf Milliarden Menschen angewachsen. Statt organisierte Netzwerke von Wilderern aufzuspüren, sind die Forsthüter ganz von dem Bemühen in Anspruch genommen, die Reservate vor eindringenden Dorfbewohnern und ihren den Wald kahlfressenden Rindern, Schafen und Ziegen zu schützen. Selbst wenn dem Abschlachten ein Ende gesetzt werden könnte, würden die Menschen den Tiger vielleicht einfach von der Erde verdrängen.

Und wenn die Tiger von der Erde verschwinden würden? Brauchen wir denn in unserer Welt Tiger? Folgt man alten Überlieferungen, dann muß man die Frage mit ja beantworten. Anthropologen berichten, daß Eingeborenenvölker früher sehr auf ihr Verhalten den Tigern gegenüber achteten, um die Tigergeister oder die Tigergötter nicht zu erzürnen. In ihrem wunderbaren Buch *Soul of the Tiger* schildern der Anthropologe Jeffrey McNeely und der Psychologe Paul Spencer Wachtel den Fall eines burmesischen Menschenfressers, der erschossen wurde, nachdem er angeblich 24 Menschen gerissen hatte. Angehörige des Stammes der Lisu versammelten sich ehrfurchtsvoll um den Kadaver und baten den Tiger mit ihrem Gebet um Vergebung: »Wir waren beim Töten des Tigers nicht grausam. Der Tiger hat ohne Grund eine Reihe von Menschen getötet. Möge der Tiger in Frieden ruhen.«

In den Annamite-Bergen in Vietnam beschrieb Henry Baudesson, Landvermesser in den Diensten der französischen Kolonialherren, in seinem Tagebuch, was geschah, als ein Tiger in eine Fallgrube für Wild stürzte. »Die Eingeborenen hatten große Angst, daß er sterben könnte, denn in dem Fall würde sein Geist sie von nun an unablässig plagen. Daher beschlossen sie, ihn freizulassen ... und entschuldigten sich demütig dafür, daß sie ihn bereits so lange aufgehalten hatten.«

In seinem Buch *The Soul of Ambiguity* erzählt Robert Wessing eine Geschichte, die im Sommer 1979 in vielen indonesischen Zeitungen abgedruckt wurde, als eine der letzten Tigerinnen auf Java aus dem Dschungel aufgetaucht und durch die Innenstadt von Jogjakarta spaziert war.

Sie lief durch den Gaja Mada University Campus und geradewegs in das Chemielabor hinein, wo sie den ganzen Tag lang Geräte zertrümmerte. Die indonesische Regierung schickte Scharfschützen mit Betäubungsgewehren, doch die Tigerin entwischte ihnen. Schließlich gesellte sich ihr Gefährte zu ihr. Beide wurden betäubt und in den Zoo gebracht. Doch noch am gleichen Abend entkam eine der Raubkatzen auf ungeklärte Weise aus dem verschlossenen Käfig. Sie wurde in einem Baum nahe bei ihrem eingesperrten Gefährten gefunden.

Es war Nacht, und ein Tiger lief frei in der Stadt herum.

Die Behörden beschlossen, ihn töten zu lassen. Der Sohn des indonesischen Präsidenten Suharto, Raden Sigit, feuerte den tödlichen Schuß ab. Anschließend entkam der andere Tiger auf unerklärliche Weise aus seinem Käfig und verschwand.

Eine Reihe von Katastrophen folgte auf den Tod des Tigers. Der Vizepräsident, Sultan Hamengkubuwano, trat zurück. Der Kronprinz und seine Mutter starben innerhalb eines Jahres. Ein Flugzeug, das indonesische Pilger nach Mekka brachte, stürzte ab, 200 Menschen kamen dabei ums Leben. Der Mount Dieng brach aus und spie giftige Dämpfe, die 160 Menschen töteten, und die Nachbarinsel Sumatra wurde von Überschwemmungen und Vulkanausbrüchen heimgesucht. In weiten Kreisen der indonesischen Bevölkerung wurden die Katastrophen auf den Abschuß des Tigers und das Aussterben des Java-Tigers überhaupt zurückgeführt. Tiger zu töten, so sagt man, kann schreckliche Folgen haben.

Skeptische Westler könnten die Tiergeschichten der Eingeborenen als wertlosen Aberglauben abtun. Das wäre jedoch ein schwerwiegender Fehler. Die meisten von uns leben in Städten und deren Randgebieten, und wir wissen erstaunlich wenig über Tiere, denn wir haben uns von ihrem Leben entfernt. Seit Wissenschaftler begonnen haben, den Ereignissen in der Natur mehr Beachtung zu schenken, bestätigen sie, daß selbst Geschichten über geheimnisvolle Kräfte von Tieren, die äußerst weit hergeholt scheinen, sich manchmal als bemerkenswert genau und klug erweisen.

Zum Beispiel wird an den Sümpfen Floridas von Einheimischen erzählt, daß Krokodile den Menschen an seinem Schatten packen, ins Wasser ziehen und auffressen. Diese Geschichte leitet sich aus einer scharfen Beobachtung der

Natur ab. Die Krokodile dort (echte Krokodile, nicht die sanfteren Alligatoren Floridas) fangen nämlich in der Dämmerung an zu fressen, wenn die Schatten länger werden. Je länger der Schatten, desto aggressiver ist das Krokodil normalerweise. »Als Faustregel gilt, wenn du so dicht am Wasser stehst, daß dein Schatten den Rand berührt, dann bist du so nah dran, daß ein Krokodil dich packen kann«, erzählte der beim Staat Florida beschäftigte Naturforscher Alan Woodward kürzlich einem Autor von *National Wildlife*.

Ähnlich glaubten die Chippewa-Indianer an den Großen Seen in den USA, daß Spinnennetze ihre Babys vor »Schaden aus der Luft« beschützen. Häufig wob eine Spinne von sich aus ein Netz über das Bettchen des Säuglings; wenn das nicht der Fall war, nahmen Mutter oder Vater behutsam mit einem Reifen ein Spinnennetz auf und hängten es über das Baby.

Der Glaube war begründet, und der Brauch tat seine Wirkung. Der Forscher Joe Raver von der University of Cincinnati bemerkt, daß Spinnennetze sich ausgezeichnet als Moskitonetze eignen. In einer Gegend, in der es von stechenden Insekten nur so wimmelt, schützten die Netze Babys vor der durch Moskitos übertragenen Enzephalitis, vor allergischen Reaktionen auf Stiche von Kriebelmücken und vor anderem durch Insekten übertragenem »Schaden aus der Luft«.

Dies sind bloße Fakten; was die Einheimischen über die Kräfte der Tiere erzählen, geht noch tiefer. Die Indonesier sahen im Verschwinden des Java-Tigers weise ein katastrophales Ereignis für die Erde und erkannten, daß Tiere eine starke Wirkung auf Menschen haben. Die Menschheit besitzt die Fähigkeit, die Welt der Natur besser zu verstehen, als viele von uns das gegenwärtig tun.

»Wir brauchen ein älteres und weiseres und vielleicht

ein mystischeres Verständnis für Tiere«, schrieb Henry Beston in *The Outermost House*. Aus diesem Grunde bin ich in die Sundarbans gereist, und aus diesem Grunde habe ich dieses Buch geschrieben: in der Hoffnung, ein älteres und weiseres Verständnis für Menschen, für Tiger und für die wesentliche Stellung der Tiger in der Welt vorzustellen.

Hancock, New Hampshire
1. Juli 1994

Hinweis zu Schreibweise und Aussprache

*I*ch habe mich bemüht, bengalische Wörter und Namen richtig zu schreiben, allerdings mit geringem Erfolg: Das bengalische Alphabet entspricht dem lateinischen Alphabet nicht. Glücklicherweise sind die Bengalis an Entstellungen ihrer Wörter durch Menschen aus dem Westen gewöhnt. Zum Beispiel wird der Name eines meiner Hauptinformanten in den von ihm verfaßten Büchern und Artikeln auf mindestens vier verschiedene Arten geschrieben. Auf dem Umschlag des einen Buches erscheint der Autor als Kalyan Chakravarty, während er auf einem anderen als Kalyan Chakrabarti bezeichnet wird. Die erste Schreibweise seines Namens stammt aus dem Hindi-Englisch, die zweite aus dem Bengali-Englisch. Ich habe versucht, in diesem Buch durchgehend die bengalisch-englische Schreibweise zu verwenden. Doch selbst innerhalb dieser Schreibweise gibt es beträchtliche Abweichungen. Sajnekhali, der Ort, an dem sich das Tourist Lodge und eines der Vogelschutzgebiete der Sundarbans befindet, wird auf Landkarten und in Broschüren unterschiedlich Sajnekhali, Sajnakali und Sajnakhali buchstabiert.

Auch die Aussprache von bengalisch-englischen Wörtern kann heikel sein. Der Name des Tigergottes der Sundarbans, Daksin Ray, wird »Dawkin Roy« [deutsch: Dokin Reu] ausgesprochen. Ein Mann, dessen Name häufig auf diesen Seiten erscheint, ist Rathin Banerjee. Sein Vorname wird »Row-teen« [deutsch: Rau-tiin] ausgesprochen.

Wie kann das sein? Ich fragte Rathin, wie er von der Buchstabenkombination ›Rathin‹ zur Lautfolge ›Row-teen‹ käme. »Auf meiner Geburtsurkunde ist der Name falsch geschrieben«, war seine Antwort.

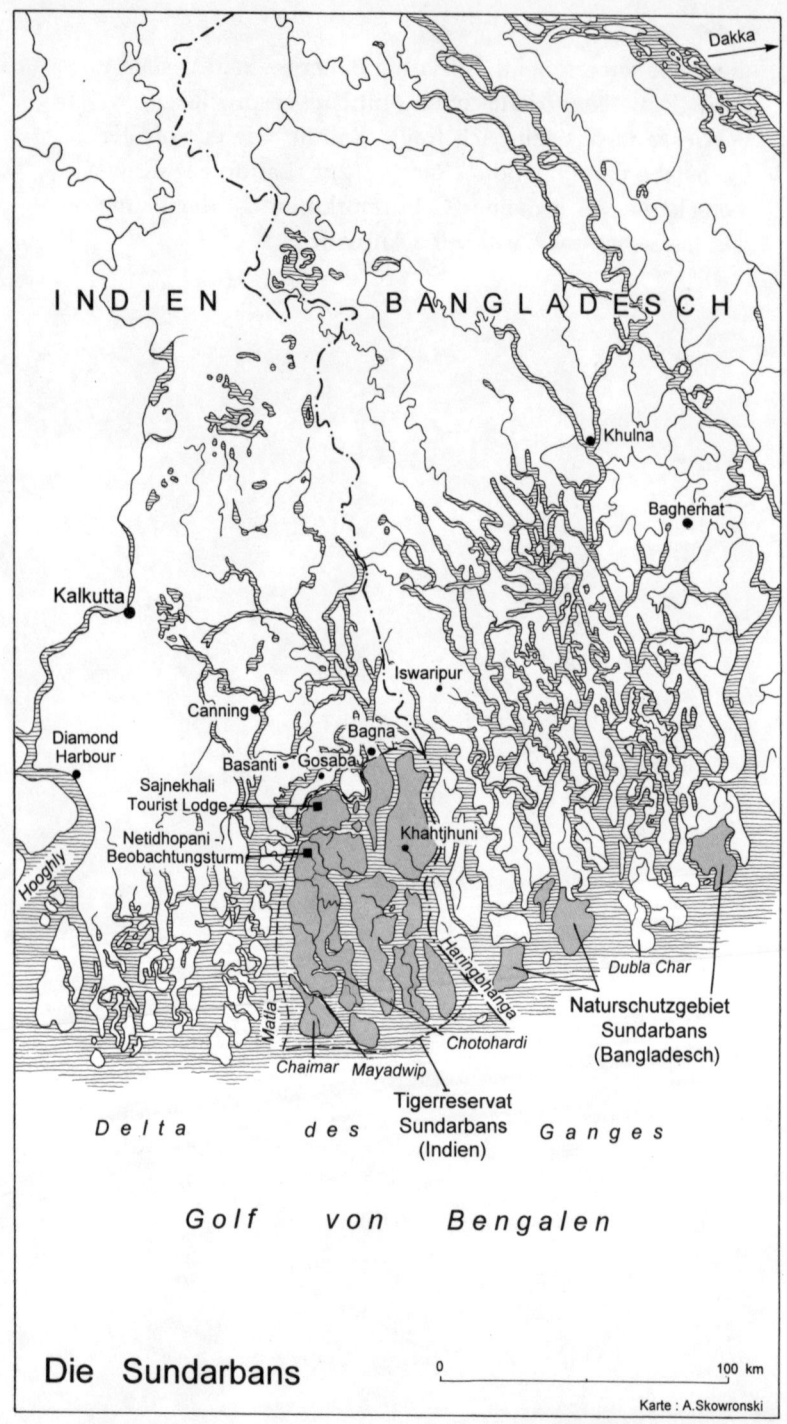

Die Sundarbans

Karte : A.Skowronski

0   100 km

Die Sundarbans: Eine erste Begegnung

Wie ein Gemälde von Rousseau läßt dich die Reise in die Sundarbans – den ausgedehnten Mangrovensumpf, der sich zwischen Indien und Bangladesch am Golf von Bengalen entlang erstreckt – mit offenen Sinnen träumerisch in eine Zeit und ein Land hineingleiten, an die du dich beinahe zurückerinnerst.

Während die Barkasse sich weiter und weiter von dem lauten Hafen der Stadt entfernt, wandeln sich die Häuser und Läden an den Flußufern von Ziegelbauten mit Blechdächern zu strohgedeckten Lehmhütten und verschwinden dann ganz. Statt dessen nur noch Bäume und Schlamm, Wasser und Himmel.

Manchmal ist eine halbe Stunde lang kein einziges Tier zu sehen, nicht einmal ein Vogel. Doch die Umgebung ist zum Greifen lebendig. Selbst wenn man keine Bewegung sieht, spürt man sie doch, denn alle Elemente – Bäume, Schlamm, Wasser, Himmel – greifen nach einander, sehnsüchtig, als versuchten sie, sich zu umarmen.

Viele der Mangroven hier wachsen auf Stelzwurzeln und versuchen so, sich auf dem treibenden Schlamm zu stabilisieren: Die Bäume greifen nach der Erde. Andere strecken auf der Suche nach Sauerstoff Pneumatophoren, schlammbedeckte »Atemwurzeln«, nach oben: Die Erde greift nach dem Himmel. Den halben Tag lang dehnt sich die mondgelenkte Flut ins Land hinein aus und überspült mit ihrem Wasser dessen Weite; in der anderen Tageshälfte streckt sich das Land zum Wasser hin, während die Flut wieder sinkt, sich zurückzieht, als würde sie sich aus den Armen eines Geliebten lösen, befriedigt.

Dem Hupen und Kreischen in Kalkutta oder Dakka entflohen, kommen Touristen angeblich nach Bengalen, um die Tiger zu sehen. Hier leben, so heißt es, mehr Tiger als irgendwo sonst auf der Erde. Nur selten allerdings bekommen die Touristen einen zu Gesicht. Doch hier, auf den von Wäldern umgebenen Gewässern, können Stadtmenschen eine sogar noch flüchtigere Beute finden: reichen, stillen, verlockenden Frieden.

Über den weiten Flüssen kann man Gangesdelphine auftauchen sehen, glatt wie Seide, mit rosagrauen Rückenflossen, die wie sanfte Wellen auf der Wasseroberfläche dahingleiten. Traumähnliche Wunder: Einmal, nah beim Golf von Bengalen draußen, erblickte ich plötzlich eine olivfarbene Bastardschildkröte, die zum Luftholen auftauchte. Daß ich in diesem Moment gerade auf diesen Fleck guckte, kam mir so unwahrscheinlich und gesegnet vor wie die Gelegenheit, das sich öffnende Auge des schlummernden Vishnu zu beobachten, des Höchsten Wesens im Hinduismus, der auf einem unermeßlich tiefen Meer schläft, während Universen wie Luftblasen aus seinen Poren aufsteigen.

Selbst der Name der Sundarbans ist ein traumähnlicher Nebel aus Bedeutungen: *sundar*, das bengalische Wort für schön; *sundari*, eine schöne, silbrige Mangrove, früher die vorherrschende Baumart; *samudraban*, Wälder aus Meer. Tatsächlich sind der Wald und das Meer hier oft nicht zu unterscheiden, sie verlaufen ineinander wie Farbtöne in einem Aquarell: Schattierungen von Blaugrau, Olivgrün,

Schlammbraun. In den Morgennebeln wird das Wasser zu Himmel; bei Flut löst das Wasser die Erde auf – wie das Ich, so sagen die Hindumystiker, sich in den Geist Gottes hinein auflöst. Die Erde selbst, feiner, schlammiger Lehm, besteht aus kleinen, vom Regen ausgewaschenen Teilchen des heiligen Himalaja, die die Flüsse Brahmaputra und Ganges, die selbst als Götter verehrt werden, mit sich gebracht haben. Der weiche Schlamm wirkt hier gütig, ja sogar köstlich. Man kann sich vorstellen, so langsam und sanft darin zu versinken, wie man in Schlaf sinkt.

Doch das ist nur ein Gesicht der Sundarbans. Wie die vielköpfigen Gottheiten im Pantheon der Hindus verkörpert diese Landschaft Schrecken ebenso wie Frieden; von dem sicheren Deck eines großen Touristenschiffes aus ist das schreckliche Gesicht der Sundarbans allerdings so wenig zu sehen wie die erdabgewandte Seite des Mondes.

»Wenn man auf einer großen Barkasse fährt, ist das etwas anderes«, sagt Kushal Mookherjee, ein freiberuflich tätiger Naturschutz-Berater aus Kalkutta. »Aber sobald man seinen Fuß ans Schlammufer setzt, spürt man: Das hier ist ein merkwürdiger Ort. Hier ist es gefährlich. Hier weiß man, daß man ausgeliefert ist.«

Sobald man die breiten Flüsse verläßt – wenn man in die schmalen Seitenarme hineinfährt oder den Wald betritt –, gerät man in eine Welt, wo der Erdboden einen verschlingt, wo die Nacht die Sterne schluckt und wo man erkennt, zum ersten Mal, daß der eigene Körper aus Fleisch besteht.

In den Sundarbans ist man einer nicht nur unsichtbaren, sondern auch unvermuteten Welt ausgeliefert. Das einzig Beständige hier ist die Veränderung: Neues Land bildet sich so schnell, daß die Kartographen in Bangladesch ihre Landkarten alle drei Jahre neu zeichnen müssen. Die Natur hält sich nicht an ihre Gesetze: Fische klettern auf Bäume, die Tiere trinken Salzwasser, Baumwurzeln wachsen zum Himmel hinauf statt in die Erde hinab, die Flut kann in einem Fluß gleichzeitig in entgegengesetzte Richtungen strömen. Und auch die Tiger hier gehorchen nicht den Gesetzen, nach denen sie anderswo leben. Sie jagen Menschen. Sie schlagen ihre Beute auch am hellichten Tag. Sie schwimmen sogar in den Golf von Bengalen hinaus, wo die Wellen mehr als einen halben Meter hoch sein können. Häufig schwimmen sie von Indien nach Bangladesch. Die Tiger hier sind weder an den Tag noch an die Nacht, weder ans Land noch ans Wasser gebunden; diese Tiger, so behaupten manche, sind weder Geschöpfe des Himmels noch Geschöpfe der Erde.

Mit aufgerissenem Rachen

*I*n einer milden Mainacht in Westbengalen, als der süße Duft der Khalsi-Blüten in der feuchten, warmen Dunkelheit hing, als der Mond rund und weiß schien und die Laternen der Bootsleute sich flußauf und flußab wie tanzende Glühwürmchen zuwinkten, kam der Tod mit aufgerissenem Maul, um Malek Molla zu holen.

Das Tagewerk war getan. Molla und seine sechs Gefährten hatten fünf Kilogramm Honig aus den dicken Waben gesammelt, die sie zwischen den kleinen, gebogenen, nach unten zeigenden Blättern eines Genwa-Baumes entdeckt hatten. Honigsammeln gehört zu den gefährlichsten Arbeiten in den Sundarbans, und doch verlassen zwischen April und Juni Hunderte von Männern ihre strohgedeckten Lehmhäuser und ihre Reisfelder und Fischernetze, um den Bienen in den Wald zu folgen.

In kleinen Holzbooten gleiten sie die zahllosen Wasserläufe entlang, die das sumpfige Land durchziehen. Barfuß waten sie durch den saugenden Lehmschlamm. Sie umgehen vorsichtig die Atemwurzeln der Mangroven, die scharf wie Bajonette aus der Erde hervorsprießen. Manchmal müssen sie Dickichte aus Hental-Palmen durchqueren, den Palmen, aus deren Blättern die Krokodile ihre Nester bauen. Ihre Stämme sind mit fünf Zentimeter langen Dornen bewaffnet, die so scharf sind, daß sie, wenn man sie im Fuß spürt, schon einen Fingerbreit eingedrungen und im Fleisch abgebrochen sind.

Ein Mann steht immer Wache für die Gruppe. Es gibt viele Gefahren, nach denen Ausschau zu halten ist. Tiger jagen in diesen Wäldern. Krokodile lauern im seichten Wasser. Schlangen haben sich im Schatten zusammengerollt. Selbst die Bienen können Menschen töten. Sie sind aggressiv, und ihr Stich verursacht Muskelkrämpfe, Schwellungen und Fieber. Männer, die schlimm gestochen wurden, berichten, die Schmerzen könnten ein Jahr lang anhalten.

Es heißt, daß der Honig selbst ein Mittel gegen das Bienengift sei. Manche, die Angriffe von Bienenschwärmen überlebt haben, erzählen, ihre Begleiter hätten ihnen das Leben gerettet, indem sie den dünnen, würzigen Honig auf die Stiche schmierten. Der Honig der Sundarbans wird als eine Art Heilmittel betrachtet. Schamanen sagen, wenn man jeden Tag etwas davon ißt, ist einem ein langes Leben sicher. Die Blätter des Khalsi, dessen duftende weiße Blüten den Pollen liefern, aus dem der erste Honig gemacht wird, haben ebenfalls heilende Kräfte: Eine daraus hergestellte Paste wirkt blutstillend.

Aber an diesem Tag war kein Blut geflossen. Die kleine Gruppe hatte das erste Bienennest mühelos gefunden, zweieinhalb Meter hoch in einem Genwa-Baum. Ein Mann kletterte den dünnen Stamm hinauf. Mit dem Rauch einer petroleumgetränkten Fackel aus grünen Hental-Wedeln trieb er die Bienen aus dem Stock, und dann schnitt er die dicke Wabe mit einer Machete ab. Unten fing ein Mann die Wabe in einem Vierzig-Liter-Blechgefäß auf, in dem früher Senföl gewesen war. Die anderen warteten, mit Keulen bewaffnet, bereit für den Fall, daß ein Tiger erscheinen sollte; aber nichts rührte sich. Also setzten sie ihre Suche im Wald fort und kehrten an die Stellen zurück, wo sie am Tag vorher Waben entdeckt hatten. An jenem Nachmittag kamen sie lachend aus dem Wald, in Sicherheit, beladen mit ihrem Reichtum, dem goldenen Honig.

Jetzt, in dem flachen Holzboot, das im Chamta ankerte, unter dem mit Palmwedeln gedeckten Kajütendach, ruhten die sechs müden Männer sich aus.

Die Laterne leuchtete. Die Männer redeten und lachten und rauchten Bidis, dünne, aromatische, in Blätter gerollte Zigaretten. Ein Topf mit einem Currygericht und das in Indien allgegenwärtige Dahl – ein Linseneintopf – brodelten auf dem Lehmofen des Bootes. Ein Mann trug ein Lied vor. Die bengalische Melodie stieg und fiel, voll und wieder leer, wie die Fluten, die alle sechseinhalb Stunden aufsteigen und den Wald verschlingen und dann erschöpft zurücksinken.

Niemand spürte ein Schwanken. Niemand hörte einen Schrei. Aber alle hörten das Platschen, als etwas sehr Schweres neben dem Boot ins Wasser fiel.

Die Männer leuchteten mit ihren Fackeln das Wasser ab, sie leuchteten in den Wald hinein und die Ufer entlang. Und am gegenüberliegenden Ufer erfaßte der Lichtstrahl gerade noch die Gestalt einer riesigen nassen Katze, die in die Mangroven davonschlich und Malek Mollas Leiche wie einen Fisch im Maul trug. Molla war an dem Abend still gewesen; möglicherweise hatte er geschlafen. Vielleicht hatte der Tiger ihn getötet, ohne ihn noch einmal zu wecken. Ohne ein Geräusch, ohne das Boot zum Schaukeln zu bringen, war ein Raubtier von möglicherweise viereinhalb Zentnern Gewicht aus dem Wasser geschnellt, hatte sein Opfer ausgewählt, es mit dem Maul gepackt und sofort getötet.

Mollas Leiche wurde am nächsten Tag entdeckt. Der Tiger hatte ihm mit einem einzigen Biß ins Genick das Rückkenmark durchtrennt. Den weichen Bauch hatte er zuerst gefressen.

In den Sundarbans hält jeder nach Tigern Ausschau. Aber der Tiger, so heißt es, sieht dich immer zuerst. Alle Fischer erzählen Geschichten wie diese:

»Wir hatten das höhergelegene Gelände im Auge, den Wald, wo die Bäume dicht standen. Wenn Gefahr drohte, dachten wir, dann aus dem Wald.«

Montu Halda ist 26, ein Fischer aus dem Dorf Hingulgunge. Mit 21 sah er mit an, wie sein Schwager von einem Tiger geholt wurde.

An jenem Tag waren sie zu viert, erinnert Halda sich: er selbst, sein Vater, sein Bruder und sein Schwager. Es war am späten Nachmittag; die anderen wollten mit ihrem Fang ins Dorf zurückkehren, doch der Schwager bestand darauf, vorher noch trockenes Feuerholz aus dem Wald zu holen.

Sie warfen den Anker aus und wateten ans Ufer. Sie hatten den Fluß und das Boot im Rücken und behielten den dunkler werdenden Wald ständig im Auge. Sie wußten, daß diese Tageszeit gefährlich war. Bei Niedrigwasser kommen die Affen mit den rosa Gesichtern, die Rhesusaffen, und die kleinen, gefleckten, rehähnlichen Tiere namens Chital an den Wasserrand, um die Blüten, Früchte und Blätter zu durchstöbern, die von den Mangroven ins Wasser fallen und dann von der Flut ans Land gespült werden. Die Tiger kennen die Gezeiten und die Gewohnheiten der Affen und des Wildes. Und sie kennen die Gewohnheiten der Menschen.

Wenn ein Tiger in der Nähe war, würde er wissen, wann

Menschen kämen. Er würde die Ruderschläge und die Stimmen hören. Er würde wissen, was das Ankerwerfen bedeutete. Und er würde warten und versuchen, sie zu überraschen.

Das alles wußten Halda und seine Verwandten, daher waren sie vorsichtig. Wenn ein Tiger in der Nähe war und wenn er einen von ihnen holen wollte, hatten sie nur die Chance, ihn zuerst zu sehen. Sie ließen den Wald nicht aus den Augen.

Der Tiger sprang dem Schwager auf den Rücken. Er warf ihn mit dem Gesicht in den Schlamm, packte ihn am Genick und sprang mit einer einzigen fließenden Bewegung in den Wald. Er hatte sich ihnen nicht vom Wald, sondern vom Fluß her genähert, mit dessen Beobachtung die Männer sich keine Mühe gemacht hatten.

Auch Agie Bishas sah mit an, wie ein Tiger einen Mann in den Wald schleppte. Bishas ist 50, stammt aus dem großen Dorf Gosaba und kennt viele Tigergeschichten. Gerade erst drei Monate, bevor er mir davon erzählte, war er Zeuge dieses Überfalls geworden.

Er befand sich auf einem Boot in einer Gruppe von vier aneinandergebundenen Booten. Alle warteten dicht am Wald darauf, daß die Flut ablief, damit sie Holz sammeln konnten. Niemand ahnte es, sagte Bishas, aber die ganze Zeit lang beobachtete sie vom gegenüberliegenden Ufer aus ein Tiger.

Unbemerkt schwamm der Tiger über den Fluß, bis er einen Busch erreichte, der über das Wasser hing. Den Körper im Wasser und den Kopf durch den Busch getarnt wartete er und beobachtete die Männer. Der Tiger beobachtete sie stundenlang, berichtete Bishas. Er wartete dicht neben ihrem Boot.

Mit ruhiger Stimme, klar und präzise, erzählte Bishas mir mit Hilfe eines Übersetzers, was geschehen war. »Der Tiger mußte eine ganze Weile warten«, sagte er, »denn er konnte nicht in das Boot hineinklettern, weil zu viele Boote zusammenlagen, und die Menschen stiegen nicht aus, weil sie darauf warteten, daß das Wasser ablief. Der Tiger wurde allmählich ungeduldig. Solange die Boote zusammengebunden waren, mußte der Tiger warten.«

Als die Flut zurückging, beschloß die Gruppe, daß der Mann im ersten Boot, das an einen Baum am Ufer gebunden war, das Holz sammeln sollte. Die anderen Boote trennten sich, um in der Mitte des Flusses zu ankern.

»Kaum sah der Tiger, daß die Boote sich getrennt hatten und daß das erste jetzt allein war, da schwamm er aus seinem Versteck heraus«, erzählte Bishas. Ein Mann stand allein im Bug. Der Tiger schoß aus dem Wasser und griff dabei mit den Vordertatzen um den Bootsrand; der Bootsführer wurde vor Schreck ohnmächtig. Der Tiger sprang ins Boot, packte den Ohnmächtigen am Genick und trug ihn in den Wald.

Diese Geschichten werden immer und immer wieder erzählt, mit ruhiger, vernünftiger Stimme, von Menschen, die mit angesehen haben, wie es geschah. Der Tiger flog aus dem Wald heraus. Der Tiger schnellte aus dem Wasser. Der Tiger lag stundenlang unsichtbar im Versteck. Der Tiger tauchte plötzlich aus der Luft auf.

Manchmal schwimmt ein Tiger hinter einem Boot her, wie ein Hund, der auf der Straße einem Auto nachjagt. Kalyan Chakrabarti, früherer Leiter des Tigerreservates »Sundarbans Tiger Reserve« in Indien, erzählt eine Geschichte von einer Barkasse mit Stahlrumpf, deren zehnköpfige Besatzung versuchte, einen Tiger loszuwerden, der hinter dem Boot herschwamm. Sie schossen fünfmal mit einem Gewehr auf ihn. Sie warfen mit Kohlebrocken. Sie versuchten, ihn mit Bambusstangen wegzustoßen. Der schwimmende Tiger packte die Stangen mit den Pranken und zerkaute sie in kleine Stücke. Der Kapitän versuchte, den Tiger zu überfahren, um ihn zu ertränken; der Koch schüttete dem Tier siedendes Wasser auf den Kopf. Aber der Tiger ließ sich nicht abschrecken. Er holte sie ein und schaffte es sogar, in das Dinghi zu klettern, das seitlich an der Barkasse festgebunden war. Die Mannschaft ließ das Seil aus, damit der Tiger das Dinghi nicht als Sprungbrett auf die Barkasse benutzen konnte. Schließlich schlossen sich die verängstigten Männer in der Kajüte ein.

Drei Stunden später folgte der Tiger ihnen immer noch. Erst als sie die rauhen Gewässer des Matla erreichten, ließ er von ihnen ab. Die hohen Wellen brachten das Dinghi zum Kentern, und der Tiger schwamm ans Ufer.

»Wenn ein Tiger dich wirklich umbringen will«, sagt Kalyan, »kann er dich holen. Du kannst nichts dagegen machen. Da hilft dir nicht mal ein Gewehr.«

Offiziellen Angaben zufolge werden auf der indischen Seite der Sundarbans jedes Jahr dreißig oder vierzig Menschen von Tigern getötet. Doch diese Zahlen sind irreführend. Außer den Mitarbeitern der Forstabteilung darf nämlich niemand das 1336 km^2 große Kerngebiet des Tigerreservats, das ausschließlich wildlebenden Tieren vorbehalten ist, betreten. Dieses Kerngebiet wird von einer 1461 km^2 großen Pufferzone umgeben, in der Fischen, Honigsammeln und Holzfällen erlaubt ist, allerdings nur mit einer entsprechenden Genehmigung. Wenn der Inhaber einer Genehmigung innerhalb der Pufferzone getötet wird, entschädigt die Regierung seine Familie für den Verlust, und der Tod wird offiziell erfaßt. Doch die Familien von Männern, die sich illegal in den Sperrgebieten aufhalten und einem Tiger zum Opfer fallen, werden nicht entschädigt, daher sehen die Familien keinen Grund, die Behörden über den Tod zu informieren, sondern fürchten sogar, daß sie bestraft werden könnten. In den seltenen Fällen, wo die Leiche des Opfers geborgen werden kann, wird sie von den Hinterbliebenen eilig eingeäschert, manchmal sogar nachts, bevor die Forstbeamten etwas merken.

Der Schiffer, mit dem ich in den Sundarbans reise, Girindra Nath Mridha, verlor drei seiner vier Onkel an Tiger. Einer wurde vor seinen Augen getötet. Keiner dieser Todesfälle war »offiziell«. Im Dezember 1992 traf ich auf einer Fahrt einen älteren Fischer, der mir einen Kugelfisch zeigte, den er gefangen hatte. Als ich im Januar wieder in die Sundarbans kam, war der Mann »inoffiziell« gefressen worden. Hier werden so viele Männer von Tigern umgebracht, daß manche Dörfer als *vidhaba pallis* bekannt sind – als Tigerwitwen-Dörfer. Arampur bei Gosaba ist eins dieser Dörfer. In jeder der 125 Familien verlor eine Frau einen Mann, einen Bruder oder einen Sohn durch einen Tiger.

Vor hundert Jahren wurde berichtet, im Laufe von sechs Jahren seien in den Sundarbans 4218 Menschen von Tigern gefressen worden. In einer Untersuchung wird geschätzt, daß ein Drittel der Tiger hier versuchen, jeden Menschen, den sie sehen, zu töten und zu fressen. Fast zwangsläufig ist der Mensch, den der Tiger zu Gesicht bekommt, ein Mann, denn in den Sundarbans arbeiten, wie fast überall in Indien, nur Männer im Wald, während die Frauen im Dorf arbeiten. Merkwürdigerweise verirren Tiger sich nur selten in die Dörfer, und dann bleiben sie nicht lange und jagen keine Menschen. Doch im Wald betrachten sie Menschen als geeignete Beute.

Und sie gedeihen hier gut. Über die Anzahl der Tiger, die in der Gegend leben, ist man sich nicht einig. Aber niemand würde bestreiten, daß Sundarbans Tiger Reserve das einzige Reservat mit mehr als 100 Tigern in Indien ist, und die indische Seite macht nur die Hälfte des riesigen Mangrovengebietes aus. Wenn man die indische und die bangladeschische Seite zusammenrechnet, ernährt das gesamte, 10039 km² große Gebiet mehr Tiger als jede andere zusammenhängende Fläche auf der Welt.

Niemand führt Buch über die tatsächlichen Zahlen der Opfer. Privat geben Forstbeamte zu, daß diese Zahlen mindestens doppelt so hoch sind wie die offiziellen Zahlen. Manche Experten sagen, die Gesamtzahl könnte bis zu 150 Todesopfer pro Jahr auf der indischen und etwa ebenso viele auf der bangladeschischen Seite betragen.

Anderswo auf der Welt töten Tiger selten Menschen. David Smith beobachtet im Royal Chitawan National Park seit 1977 nepalesische Tiger. »In diesen Jahren haben wir erlebt, daß Leute über Tiger gefallen sind und nicht gebissen wurden«, sagt er. Er erinnert sich an eine Geschichte über seinen Kollegen Charles McDougal, der in Chitawan intensiv Tiger studiert, mit einer Hütte namens »Tiger Tops« als Ausgangspunkt. Als McDougal einmal auf einem messerscharfen Grat entlangwanderte, sah er einen Tiger auf sich zukommen. Er beschloß, umzukehren, langsam, und sah sich nicht um. Der Tiger ließ ihn in Frieden.

George Schaller berichtet von einem ähnlichen Erlebnis. Bei Nachtaufnahmen in Zentralindien mußte er einen Teil seiner Geräte neu einstellen. »Wir traten aus der Tarnung heraus und gingen langsam auf die Tiger zu«, erzählt er. »›Geht weg, Tiger, geht weg‹, sagte ich nervös, während ich die Katzen im Strahl meiner kleinen Taschenlampe behielt, und Stan klatschte mehrmals in die Hände. Die Tiger zogen sich widerwillig zurück.«

Smith erinnert sich an einen weiteren Vorfall: Ein kleines Kind, das dem Kurs von Smiths Flugzeug hoch über seinem Kopf folgte, überquerte illegal die Grenze zum Kerngebiet des Chitawan Reservates und ging geradewegs auf einen ruhenden Tiger zu. Der Tiger beachtete es nicht. Erst als das Kind den Tiger schubste, schlug er nach ihm; trotzdem wurde der Junge nicht ernsthaft verletzt. »Im Grunde«, meint Smith, »greifen Tiger Menschen nicht an.«

Daß eins der größten Raubtiere auf der Erde so selten Menschen verletzt, hat in vielen Teilen des tropischen Asien zu dem Glauben geführt, daß Tiger die Seelen toter Helden verkörpern. Im Jahr 1974 erschien eines Morgens um neun ein Tiger in einer Schule in Jogjakarta auf Java. Erst saß er still. Dann ging er, wie ein Würdenträger auf einem Besichtigungsrundgang, langsam durch die Klassenzimmer. Die Zeitungen berichteten, der Tiger sei eine Reinkarnation von Swearno, Indonesiens erstem Präsidenten. Viele Stämme glauben, daß Menschen und Tiger von einem gemeinsamen Vorfahren abstammen und daß ein Tiger einen Menschen, der frei von Sünden ist, nicht verletzt.

Selbst wenn Tiger mit frisch geschlagener Beute überrascht werden, sind sie meistens ausgesprochen zurückhaltend. Normalerweise stoßen sie zuerst ein warnendes Gebrüll aus, um dem Eindringling die Möglichkeit zum Rückzug zu geben. Wenn das nicht wirkt, brüllt der Tiger ein zweites Mal, lauter. Schließlich unternimmt er vielleicht einen Scheinangriff; aber wenn der Eindringling dann immer noch nicht verschwindet, dreht der Tiger sich möglicherweise eher um und läuft fort, als daß er angreift.

Wenn Tiger tatsächlich Menschen töten, geschieht das oft unabsichtlich. Wenn ein Mensch über einen Tiger stolpert, der versteckt im hohen Gras liegt, kann das erschrockene Tier mit der Pfote nach ihm schlagen, als wollte es ihn bloß zur Seite schieben. Aber bei der ungeheuren Kraft der Raubkatze kann ein solcher Prankenhieb für den Menschen tödlich sein.

Selten greift ein Tiger von sich aus an. In der Mehrzahl der Fälle, die von westlichen Forschern untersucht wurden, war das Opfer ein Kind oder eine Frau, die sich gerade beim Wäschewaschen oder Grasschneiden bückte oder sich in der Hocke erleichterte. Peter Jackson von der IUCN meint, daß der Tiger den Menschen in diesen Fällen wahrscheinlich für einen Affen hält, weil er nicht aufrecht steht (beziehungsweise weil ein Kind so klein ist).

Seltener noch wählen Tiger gezielt Menschen als Futter aus. Jim Corbett, einer der besten Jäger der Welt, machte es sich in der ersten Hälfte dieses Jahrhunderts zum Beruf, in Indien menschenfressende Tiger aufzuspüren. Ein einzelner Menschenfresser kann zwar ungeheuren Schaden anrichten (eine Tigerin tötete angeblich 200 Menschen in Nepal und 434 Menschen in Indien, bevor Corbett sie schließlich aufspürte und erschoß), doch Corbett betonte, daß das Menschenfressen bei Tigern keine normale Verhaltensweise ist. »Erst wenn Tiger durch Wunden oder Alter behindert sind, müssen sie, um am Leben zu bleiben, gezwungenermaßen ihre Ernährung auf Menschenfleisch umstellen«, berichtete er in *Man-Eaters of Kumaon*, seinem berühmtesten Buch.

Colonel Kesri Singh, Jäger und Wildhüter in Rajasthan, schilderte den »klassischen« Menschenfresser so: »Ein älteres, räudiges Tier, dessen Fangzähne – bei einem Tiger normalerweise gewaltig – zu Stummeln abgewetzt sind, und klapperdürr.« Wenn er getötete Menschenfresser obduzierte, entdeckte er gewöhnlich, daß irgendwo in ihrem Körper eine Bleikugel steckte. Tatsächlich äußerten die meisten *shikaris*, die in Indien Menschenfresser jagten, übereinstimmend, daß die Wunden, die einen Tiger zum Menschenfresser machen, ihm häufig von Menschenhand zugefügt werden.

»Zwischen diesen Inseln ist das Anlegen an vielen Stellen gefährlich«, schrieb der französische Entdecker François Bernier 1666, »denn ständig passiert es, daß der eine oder andere Beute eines Tigers wird. Diese bösartigen Tiere verstehen sich, so sagt man, sehr gut darauf, in das Boot hineinzuklettern, während die Menschen schlafen, und ein Opfer fortzutragen, das, wenn wir den Schiffern dieses Landes glauben wollen, sich als das kräftigste und fetteste der ganzen Gesellschaft erweist.«

Hier machen gesunde Tiger seit Jahrhunderten Jagd auf Menschen. Genetisch gehören diese Tiger mit ihrem flammenfarbenen Fell zur gleichen Rasse wie die anderen Tiger auf dem indischen Subkontinent, zu den Bengaltigern, der zweitgrößten Tigerart der Erde (der Sibirische Tiger ist der größte). Doch die Tiger in den Sundarbans verhalten sich anders als alle anderen Tigerarten auf der Welt. Überhaupt sucht sich keine andere Raubtierart so aggressiv den Menschen als Beute aus.

»Nirgends sonst wird der Mensch so aktiv gejagt«, sagt ein Naturschützer, der die Sundarbans oft bereist hat. »Du spürst es: Jemand versucht, dich umzubringen.« Eine unbehagliche Vorstellung für den modernen Menschen.

Warum jagen diese Tiger Menschen? Der deutsche Biologe Hubert Hendrichs nahm an, daß ihre Wildheit damit zusammenhängen könnte, daß sie Salzwasser trinken.

1971 führte er auf der bangladeschischen Seite der Sundarbans über drei Monate eine Untersuchung durch. Er verglich den relativen Salzgehalt des Wassers an den Orten, wo Überfälle von Tigern bekanntgeworden waren. In seinen Ergebnissen korrelierten die Orte, an denen Tiger am häufigsten angriffen, mit den Gebieten mit dem salzigsten Wasser.

In den Sundarbans gibt es, außer in künstlich angelegten Regenwasserteichen, so gut wie kein Süßwasser. Die Flut aus dem Golf von Bengalen durchspült alle Flüsse; in bestimmten Gegenden besteht das Wasser zu 1,5 Prozent aus Salz. Der Genuß von so stark salzhaltigem Wasser, so meint Hendrichs, könnte Leber- und Nierenschäden verursachen und so die Tiger reizbar machen. Bevor er diese Annahme überprüfen konnte, wurden seine Untersuchungen durch den Unabhängigkeitskrieg Bangladeschs abgebrochen, und er nahm sie nicht wieder auf. Bis jetzt ist seine These weder bewiesen noch widerlegt worden.

Wahrscheinlich, so sagen manche, haben die Tiger in den Sundarbans gelernt, Menschenfleisch zu fressen, weil es ihnen vom heiligen Ganges wie eine Opfergabe dargebracht wurde. Bevor seine Nebenflüsse vom Farakka-Staudamm eingedämmt wurden, nährte der Ganges die Sundarbans, und mit seinem Wasser kamen auch die Leichen der Toten, die auf Kalkuttas Verbrennungsplätzen an den Ufertreppen nicht vollständig eingeäschert worden waren. Möglicherweise brachte das Aasfressen die Tiger auf den Geschmack für unser Fleisch.

S. Dillon Ripley, der frühere Sekretär der Smithsonian Institution in Washington, stellte die Theorie auf, daß die Tiger in den Sundarbans von den Fischern gelernt haben, Menschen mit Nahrung zu assoziieren. Eine alte Fischfangmethode in den Sundarbans besteht nämlich darin, das Netz über einen schmalen Wasserlauf zu spannen und abzuwarten, bis der Fisch sich bei ablaufender Flut darin verfängt. Vielleicht, so meint Ripley, lernten die Tiger, die Fischernetze zu plündern und damit auch, Fischer und ihre Boote ausfindig zu machen. Möglicherweise zieht außerdem der Fischgeruch die Tiger an.

Wiederum andere Naturkundler haben bemerkt, daß Tiger in dem saugenden Schlamm der Sümpfe Schwierigkeiten haben könnten, normale Beutetiere – Wildschweine, Chitalhirsche, Rhesusaffen, Warane, Dschungelhühner – zu reißen, und daher ihre Nahrung durch Menschen ergänzen.

In den Sundarbans gehören Menschen für den Tiger zu den größeren Beutetieren. Ein ausgewachsener Keiler oder eine Chitalkuh können etwas über 100 Pfund wiegen, und für den Tiger ist es sehr gefährlich, sie zu reißen. Ein großes Tier anzugreifen ist nicht leicht, wenn man mit aufgerissenem Maul tötet. Ein kämpfender Keiler schlitzt mit starken Stoßzähnen, und ein sich wehrendes Chital schlägt mit Geweih und Hufen zu. Ein erwachsener Mann wiegt in den Sundarbans durchschnittlich etwa 120 Pfund. Da sie relativ groß, langsam, schwerfällig und ohne Gewehr praktisch harmlos sind, sind Menschen eine leichte und üppige Beute.

Man fragt sich, warum die Tiger in den Sundarbans nicht öfter Menschen fressen. (Ein indischer Experte hat ausgerechnet, daß die Tiger in den Sundarbans jedes Jahr 24 090 Menschen töten würden, wenn der Mensch einen wesentlichen Bestandteil ihrer Ernährung ausmachen würde.) Erstaunlich ist nicht, daß die Tiger in den Sundarbans Menschen fressen – erstaunlich ist, daß sie anderswo so selten Menschen fressen.

Doch das ist nur eins ihrer Geheimnisse, denn Tiger sind

sehr schwierige Studienobjekte. Sie leben im Verborgenen und sind oft schwer zu finden. Während seiner langen Laufbahn als Fotograf der indischen Tierwelt gelang dem großen Naturforscher E. P. Gee kein einziges Foto von einem wilden Tiger.

Das Revier eines Tigers kann ungeheuer groß sein: Melvin Sunquist in Nepal stellte fest, daß die Territorien der männlichen Tiger 60 bis 70 und die der Tigerinnen 17 bis 20 km^2 groß waren; in Sibirien, wo die Nahrung knapper ist, kann das Revier eines Tigers sich über 1000 km^2 erstrecken.

Tiger sind zumeist Einzelgänger. Sie können sich aber mit Artgenossen zusammentun – häufig beim Beutemachen –, und eine Tigerin kann mit ihren ein bis vier Jungen zwei Jahre lang zusammenbleiben. Auch während der Paarungszeit ziehen Tiger und Tigerin mehrere Tage gemeinsam umher. Doch normalerweise können Wissenschaftler Tiger nur einzeln beobachten, nicht in ganzen Herden oder Gruppen, wie das bei anderen Tierarten möglich ist.

Tiger gehen heimlich vor. Da ihre Jagdmethoden im Auflauern und Anschleichen bestehen, ist es außerordentlich schwierig zu beobachten, wie ein Tiger in freier Natur seine Beute schlägt. Man muß so lautlos und unsichtbar sein wie der Tiger selbst, damit man die Beute nicht verscheucht, und man muß wachsamer sein als das Beutetier, damit man den Tiger bemerkt.

Der größte Teil des Wissens, das westliche Forscher über diese Raubkatzen gesammelt haben, entstammt zwei Langzeitprojekten. Das erste war George Schallers vierzehnmonatige Studie über das Wild und dessen Räuber 1963 bis 1965 im Kanha National Park in Mittelindien. Schaller lernte, elf erwachsene Tiger zu unterscheiden, und beobachtete sie insgesamt 129 Stunden lang. Er untersuchte ihre Beute und analysierte ihren Kot. Er lauschte ihren Stimmen. Das Buch, in dem seine Ergebnisse dargestellt sind, *The Deer and the Tiger,* ist und bleibt ein Meilenstein in der Tigerforschung.

Eine zweite, größere Untersuchung, die von der Smithsonian Institution und dem World Wildlife Fund finanziert wird, begann im November 1973 im Royal Chitawan National Park in Nepal und wird, wenn auch mit Unterbrechungen, weiter fortgesetzt. John Seidensticker und K. M. Tamang entwickelten Methoden, mit denen man Tiger fangen, kurzzeitig bewegungsunfähig machen und mit Halsbändern mit Peilsendern ausstatten kann, um ihre Streifzüge zu verfolgen. Ihre Arbeit ermöglichte es Wissenschaftlern erstmals, mehreren Tigern gleichzeitig zu folgen, über einen längeren Zeitraum ihren Gesundheitszustand und ihr Wachstum zu überwachen und ihre Reviere zu kartieren.

Trotzdem weiß die Wissenschaft noch relativ wenig über Tiger. Und über die Tiger in den Sundarbans weiß die Wissenschaft fast gar nichts. Sie sind ein Geheimnis – das Geheimnis, das mich in die Sundarbans und in den Bann des Tigers zog.

Rabindranaths Lieder

*E*in kleiner Mann in rosakarierten Polyesterhosen mit Schlag schrie mich in der Dunkelheit an. »Du! Helfen! *Du Ei! ICH HELFEN EI! DU GUT!*«

Diesem Ausbruch folgte in der Gruppe der sechs Männer in *lungis* (ein Stoffstreifen, der um die Taille gewickelt wird) auf der Terrasse des Sajnekhali Tourist Lodge eine Diskussion auf bengalisch. Ab und zu blickte jemand mit einer Mischung aus Gereiztheit, Verwirrung und Unglauben zu meiner Begleiterin und mir herüber.

Noch vor wenigen Momenten war alles in bester Ordnung gewesen. Nach unserer ersten Nacht in diesem Hotel, der einzigen Unterkunft für Touristen im indischen Teil der Sundarbans, hatten meine Begleiterin Dianne Taylor Snow und ich beschlossen, daß das Abendessen aus Reis und Dahl (manchmal durch ein Huhn ergänzt, das gleich nach Aufgabe der Bestellung im Hof geräuschvoll erwürgt wurde) so spät und so kalt serviert wurde, daß wir es nicht essen konnten. Wir hatten dieses Problem gelöst, indem wir Omelette bestellt hatten, die schnell zubereitet und heiß serviert werden konnten.

Gerade hatten wir unsere abendlichen Omelette bestellt. Doch heute abend hatten wir eine zusätzliche Bitte gehabt: für jede von uns zwei gekochte Eier, die wir am nächsten Tag zum Frühstück und zu Mittag essen wollten, auf dem

Boot, das wir von Girindra Nath Mridha, dem Mann in den ausgestellten Polyesterhosen, gemietet hatten.

»*Dui* omelette«, hatte ich zum Koch gesagt, »*char* Ei kochen.« Ich hatte erst zwei und dann vier Finger hochgehalten, um die Zahl der erbetenen Eier hervorzuheben. (Diese Pantomime, erfuhr ich später, steigerte die Verwirrung wahrscheinlich noch. Bengalis zählen, indem sie mit der Daumenspitze auf die Wurzel des kleinen Fingers der gleichen Hand zeigen und dann jedes Gelenk und jede Fingerspitze abzählen, bis sie zur Spitze des Zeigefingers kommen – so können sie an einer Hand bis 16 zählen.)

Es war eine merkwürdige Bestellung, schlecht ausgesprochen und noch dazu zur Hälfte in der falschen Sprache. Aber anscheinend wurde klar, was wir meinten.

Unglücklicherweise hatte Dianne, während sie auf Borneo, wo wir uns kennengelernt hatten, Orang-Utans studierte, einen ausgeprägten Sinn für Unfug entwickelt. (Sie steckte in ihre Briefe an mich immer Plastikameisen, die herausflogen, während ich den Brief entfaltete – unweigerlich schreckte ich jedesmal wieder zusammen.) Die Versuchung war einfach zu groß für sie:

»Und nicht pellen«, fügte sie hinzu.

Das überforderte den Koch. Er rekrutierte fünf weitere Männer – einige waren anscheinend Gäste –, die helfen sollten, diese unergründliche Bestellung zu entschlüsseln. Die Diskussion ging auf bengalisch weiter. (Ich konnte nur vermuten, was sie sagten: Essen die denn nichts als Eier? Wollen sie die Schalen mitessen?)

Nachdem Girindra aufmerksam zugehört hatte, hatte er eine Idee. Alle besprachen sich auf bengalisch und wurden sich einig. Girindra warf mir ein betelfleckiges Lächeln zu und erklärte: »Ich. Helfen. Ich, Ei.«

Aber ich verstand ihn nicht, daher versuchte er, die

Sprachbarriere so zu überwinden, wie viele es tun, wenn
sie mit der Unwissenheit von Ausländern konfrontiert
sind: indem er nämlich die gleichen unverständlichen
Worte wiederholte, nur lauter. »Du!« schrie er. »Helfen! *Du
Ei!* ICH HELFEN EI! DU GUT!«

Diese Art von Unterhaltung hatte ich mir eigentlich nicht
vorgestellt, als ich im Oktober zu meiner ersten Reise in die
Sundarbans aufgebrochen war. Ich hatte mich ein Jahr lang
auf diese Reise vorbereitet. Ich hatte versucht, Bengali zu
lernen, obwohl ich an der Ostküste kein College und keine
Universität hatte finden können, wo die Sprache noch ge-
lehrt wurde. Es gelang mir allerdings, über die Harvard
University einige Sprachkassetten zu erwerben, zu meinem Entsetzen jedoch stellte ich fest, daß sie kein Wort
Englisch enthielten. Ich lernte, ganze Dialoge auszusprechen, ohne daß ich wußte, was sie bedeuteten.

Ich bestellte ein Bengali-Englisch-Wörterbuch. Es mußte
von Dakka in Bangladesch nach Peterborough in New
Hampshire geschickt werden. Als es Monate später ankam,
sah ich, daß die englischen Wörter zwar in lateinischer, die
bengalischen Wörter jedoch alle in sanskritischer Schrift geschrieben waren, die ich natürlich nicht lesen konnte.

Schließlich gelang es mir, einige Wörter auf der Kassette
Wörtern in einem bengalischen Sprachführer zum Selbst-
studium zuzuordnen. Ich entdeckte, daß ich gelernt hatte,
mich über die Lieder des bengalischen Dichters Rabindranath Tagore zu unterhalten (»Möchtet ihr die Lieder von
Rabindranath hören?«) und über die verschiedenen Instrumente, mit denen man sie begleiten kann (»Spielt dein
Bruder dazu Sitar?« »Nein, er spielt Behala.«). Und ich hatte den nützlichsten Satz überhaupt gefunden: »Ami Bangla
boli na« (»Ich spreche kein Bengali.«).

Über die Tiger in den Sundarbans hatte ich alles Erreichbare gelesen, was nicht viel war. Die Darstellung, die ein Wissenschaftler von einem wildlebenden Tiger gibt, ist bestenfalls eine Zeichnung, in der das Tier hauptsächlich über die Karte mit seinen Streifzügen Kontur gewinnt, so wie die Forscher der Smithsonian Institution sie in Chitawan aufgezeichnet haben. Ich konnte nicht darauf hoffen, in den Sundarbans etwas Ähnliches unternehmen zu können. Aber es gibt andere Wege, den Tiger zu verstehen, und die hoffte ich zu erkunden.

Die Menschen, die in den Sundarbans leben – die Fischer, Holzfäller und Honigsammler, die sich jeden Tag in das Tigerrevier hineinwagen –, verstehen den Tiger in einem Zusammenhang, der sich von dem des Wissenschaftlers stark unterscheidet. »In dem Land, wo der Tiger umherstreift«, schrieb Fateh Sing Rathore, der zusammen mit seinem Kollegen Valmik Thapar ausgiebig die Tiger im Ranthambhore National Park in Indien studiert hat, »ist er nicht bloß ein Tier, sondern Symbol für das Mächtige, das Angsterregende, das Majestätische, das Magische und das Unbekannte.« In den verschlungenen Mangrovenwäldern der Sundarbans mögen die Menschen, die neben dem Tiger leben, ihn zwar selten zu Gesicht bekommen, aber seine Gegenwart und seine Macht sind ständig spürbar. Wenn Menschen ihn sehen, dann vielleicht nur für einen Augenblick – aber dieser Augenblick ist mit Magie und Gefühl geladen. Ihr Porträt des Tigers ist keine wissenschaftliche Zeichnung, sondern ein pointillistisches Gemälde, in dem jede Begegnung ein glühender, lebhafter Farbtupfer ist.

Wer ist der Tiger? Manche würden sagen, daß nur der Wissenschaftler eine gültige Antwort, das einzige lebensgetreue Abbild, liefern kann. Doch einige Fragen kann die

Wissenschaft nicht erschöpfend beantworten: Wer ist Gott? fragte Moses den brennenden Dornbusch, und Gott selbst antwortete. Ältere Texte berichten, Jahwe hätte geantwortet: »Ich bin, der ich bin.« Doch in jüngerer Zeit übersetzen Wissenschaftler die Antwort mit: »Ich bin, was ich tue« – eine neue Antwort, die eine neue Möglichkeit bietet, selbst den unbegreiflichen Gott zu erforschen. Und auch den unbegreiflichen Tiger.

Was tut der Tiger eigentlich? In Chitawan konnten Forscher diese Frage teilweise beantworten: Der Tiger schläft im kühlen Schatten und jagt in der Nacht, er besitzt Land, findet Geliebte, zeugt Kinder; die Tigerin, eine liebende Mutter, lehrt ihre Kinder zu jagen und sich zu verstecken, die anderen Tiger am Geruch zu erkennen und den Zeitplan des Waldes im Kopf zu haben. Aber das ist nicht die ganze Antwort.

Was tut der Tiger? In den Sundarbans sagt man, daß der Tiger Legenden und Gebete schafft. Der Tiger wirkt Wunder. Der Tiger entspringt aus dem Nichts, fliegt durch die Luft, landet schwerelos auf Booten. Der Tiger verschwindet im Wasser. »Das Meer ist der Schoß des hinduistischen Universums«, schrieb die Religionswissenschaftlerin Wendy Doniger, »und in den Schoß zurückzukehren heißt zu sterben.« Doch in der hinduistischen Mythologie ist das Wasser außerdem der Wohnsitz Vishnus, des höchsten Gottes. Wasser symbolisiert fließende Veränderung, Macht und Energie. So schwimmt der amphibische Tiger der Sundarbans auf der Oberfläche göttlicher Macht, auf der Umhüllung von Leben und Tod. Er stellt die enge Verflechtung von Schönheit und Grausamkeit dar, wird verehrt, aber nicht geliebt, gefürchtet, aber nicht gehaßt. In den Sundarbans ist der Tiger ein magisches Tier.

Ich war in die Sundarbans gekommen, um etwas über

das Wesen der Tiger Magie zu erfahren. Statt dessen diskutierte ich nun über gekochte Eier.

Schon früher auf der Reise hatte ich gelernt, daß das Sammeln von Informationen in Bengalen kein geradliniger Prozeß ist.

Wir waren auf der bangladeschischen Seite der Sundarbans mit Diannes Freundin Hasna Moudud unterwegs. Hasna ist Mitglied des bangladeschischen Parlaments, die Frau des früheren Vizepräsidenten, die Tochter des berühmten bengalischen Dichters Jassimudin. Schön und vornehm verziert sie die Unterhaltung mit Worten, so anmutig, wie sie ihren rundlichen Körper mit einem Sari schmückt. Dianne, die bei der International Primate Protection League arbeitet, hat Hasna 1992 auf der Weltklimakonferenz in Rio kennengelernt, wo sie als eine der »Global 500« geehrt wurde, die einen wichtigen Beitrag zum Umweltschutz geleistet hatten; als Dianne Hasna von meinem Projekt erzählte, lud Hasna uns freundlicherweise beide ein, sie zu besuchen und die Sundarbans auf der Seite ihres Landes kennenzulernen.

Da unsere Zeit dort kurz und Hasnas Terminkalender voll war, konnte ich in den Sundarbans selbst nur ein förmliches Interview durchführen. Im Fischerdorf Alorchole auf der Insel Dubla Char erzählten Dorfbewohner uns, erst im letzten Jahr sei ein Mann von einem Tiger weggetragen und aufgefressen worden; vor zwei Jahren war ein Mann von einem Tiger angegriffen worden, hatte aber überlebt. Ich bat um ein Gespräch mit dem Überlebenden. Ein gutaussehender, schnurrbärtiger Mann in den Dreißigern trat vor und sagte, er hieße Nironjan.

Eine riesige Narbe zog sich über seine rechte Schulter, und darunter hing sein Arm schlaff herunter. Die schlanken Beine sorgfältig wie Fledermausflügel in den *lungi* gefaltet, saß er stolz in der heißen Sonne, umringt von mehr als 100 Dorfbewohnern. Mit Hilfe Hasnas und unseres einheimischen Führers von der Handelskammer, Sharfuzzaman Topy, unterhielten wir uns.

Ich fragte: »Bitte erzählen Sie uns von dem Tag, als der Tiger Sie angriff.«

Ein Schwall bengalischer Worte folgte.

»Er suchte nach der Leiche eines Mannes, der vom Tiger geholt worden war, damit dieser richtig eingeäschert werden konnte«, begann Sharfuzzaman.

Wieder Wortkaskaden auf bengalisch.

»Er war zu der Zeit mit einem anderen Mann unterwegs«, übersetzte Hasna.

Weiteres Bengali.

»Zwei bewaffnete Forsthüter waren bei ihm«, übersetzte Sharfuzzaman. »Der Tiger griff seinen Freund an und kam dann von vorn auf ihn zu, zog ihn am Haar und biß ihm in den Kopf.«

Bengali.

»Der Tiger sprang ihn von hinten an und zerriß seinen Arm«, sagte Hasna.

In dieser Weise ging das Interview etwa 20 Minuten lang weiter.

Ich versuchte zwar, die Details der Geschichte zu klären, doch die Widersprüche schienen sonst niemanden – weder Nironjan noch Sharfuzzaman, noch Hasna – auch nur im geringsten zu stören. Die anderen wirkten sogar entweder gelangweilt oder ärgerlich darüber, daß ich auf einer Überprüfung der Einzelheiten bestand. Im weiteren Verlauf des Interviews schweiften Nironjans Antworten, von Hasna und Sharfuzzaman übermittelt, immer weiter vom eigentlichen Gegenstand meiner Fragen ab. Hasna, die wesentlich besser Englisch spricht als Sharfuzzaman, wurde zunehmend von Fragen der anderen Dorfbewohner abgelenkt, die gern mit einer solchen Berühmtheit sprechen wollten. Schließlich beendete ich das Interview so, wie jede pflichtbewußte Journalistin es tun würde:

»Wie wird Ihr Name geschrieben?«

Sharfuzzaman machte sich nicht einmal die Mühe, die Frage weiterzugeben. Nironjans Name war, wenn er überhaupt irgendwo schriftlich niedergelegt war, nicht in dem Alphabet aufgeschrieben, das ich kannte, sondern in den schwungvollen Strichen der bengalischen Schrift. Aber die meisten Menschen hier können sowieso nicht schreiben. Sie unterzeichnen mit einem Fingerabdruck.

Wie sollte ich diesen Namen schreiben? Sharfuzzaman antwortete: »Wie Sie wollen.«

Anscheinend messen Bengalis der präzisen, sachlichen Information keinen so hohen Wert bei wie wir Abendländer. Sie reden gern; sie sind Meister im Geschichtenerzählen. Bengalische Gedichte – von Rabindranath Tagore oder Jassimudin – gehören zu den bewegendsten und lyrischsten der Welt. Aber der Austausch von Fakten, die Fundgrube für Journalisten und Wissenschaftler, steht nicht im Zentrum des bengalischen Gesprächs. »Was mir als Tatsache berichtet wird, modifiziere ich immer«, sagte mir die erste Sekretärin für Entwicklung bei der Canadian High Commission in Bangladesch, Sara Camblin Breault. Das, so erklärte sie, liegt nicht daran, daß jemand einen belügen will; es ist einfach so, daß Bengalis Fakten an sich bei einer Mitteilung nicht für das Wichtigste halten.

Bengalische Sätze übermitteln weniger Information als englische Sätze, aber vielleicht enthalten sie mehr Bedeutung. Einmal bat ich einen Bengali aus Chittagong, einen mit Zahlen vertrauten Mann, der bei einer Reederei beschäftigt war, mir von dem verheerenden Wirbelsturm am 29. April 1991 zu erzählen. Er hatte in Texas studiert, wie er mir erzählte; ich erwartete, daß er Windgeschwindigkeit und Lufttemperatur nennen würde. Statt dessen sagte er: »Der Wind, er war, als wenn er Feuer in sich hätte.«

Bengalis benutzen ihre Sprache nicht allgemein als Verpackung beim Tausch von Fakten. Sie ist ein Vehikel für Metaphern, Wunder und Magie. Das war nirgends offenkundiger als in der Moschee der Sechzig Kuppeln.

Die Moschee befindet sich am Stadtrand von Bagherhat – »Tigermarkt« –, das als Tor zu den bangladeschischen Sundarbans gilt, drei Autostunden von der Hauptstadt Dakka entfernt. Die Moschee der Sechzig Kuppeln ist eins der berühmtesten Bauwerke des Landes. Ihr mächtiger Terrakotta-Rumpf erhebt sich auf 20-Taka-Scheinen, auf Briefmarken, Postkarten und Reiseplakaten. Sie steht hier seit Jahrhunderten, doch es heißt, ihre Kuppeln könnten eigentlich nicht gezählt werden.

Hasna las und übersetzte das Schild vor der Moschee: »Die Moschee der Sechzig Kuppeln«, las sie mit ihrer hellen, wohlklingenden Stimme, »hat in Wirklichkeit neunundsiebzig Kuppeln.«

»Nein«, berichtigte sie sich, während sie weiterlas, »sie hat vierundsiebzig ... Also, sie hat einundachtzig Kuppeln, wenn man die Kuppeln draußen mitzählt ... Hier steht, daß niemand sie alle zählen kann.«

Sie las weiter: »Man beachte, daß die Moschee der Sechzig Kuppeln aus festem Stein erbaut ist.« Die Außenmauern bestehen aus Terrakotta, aber die Innenkuppeln werden von großen Steinsäulen gestützt. Doch weil in diesem Land alles aus Erde gebaut wird – es heißt, es gäbe keine Steine in Bangladesch, nur Lehm –, hält man die Steinsäulen für ein Wunder.

Wir begegneten dem Muezzin, der die Menschen zum Gebet in die Moschee ruft. Er erklärte, daß die Steine, aus denen die Säulen gebaut wurden, vor 1500 Jahren den Fluß herabgetrieben waren.

Schwimmende Steine? »So entzieht sich die Moschee unserem Verständnis«, erklärte der Muezzin. »Die Steine sind ein Wunder.«

Die Menschen in den Sundarbans sind Zeugen vieler Wunder gewesen. Nahe bei der Moschee der Sechzig Kuppeln befindet sich das majestätische Terrakotta-Grabmal des muslimischen Heiligen Rahmatullah Elahi, der bei der Verbreitung des Islam in Bengalen eine führende Rolle spielte. Eines seiner vielen Wunder bestand darin, daß er die gefährlichen bösen Geister, die Dschinns, in Krokodile verwandeln konnte, die dann seinen Befehlen gehorchten. Man glaubt, daß diese Krokodile, die jetzt über 500 Jahre alt sind, immer noch in dem großen Teich am Grabmal ihres Herrn leben. Heutzutage kommen Menschen an den Teich, um den Krokodilen lebende Hühner zu opfern. Plötzlich und ungeheuerlich groß tauchen die Krokodile aus dem braunen Wasser auf, um die Opfergaben mit ihren zungenlosen, zahnbesetzten Mäulern zu schnappen. Weiterhin herrscht der Glaube, daß die Krokodile Kinderlosen den Wunsch nach Kindern erfüllen.

Nicht nur muslimische Heilige wirkten die Wunder, aus denen in den Sundarbans der Stoff der Vergangenheit gewebt ist. In der jetzt zerstörten Stadt Ishwaripur am Jamuna beherrschte und prophezeite die rächende schwarze Göttin Kali die Zukunft. In Gestalt eines hellen Lichtes, das aus dem Meer auftauchte, besuchte Kali im 16. Jahrhundert das bengalische Oberhaupt Pratapaditya. Drei Tage lang betete und fastete Pratapaditya, dann erklärte Kali sich bereit, in seiner Stadt zu wohnen. Er baute einen großen Tempel für sie, und die Stadt ehrte sie durch ihren Namen: Ishwaripur bedeutet »Stadt der Göttin«.

Unter Kalis Schutz blühte und gedieh die Stadt. Dann kam die Göttin eines Tages als Pratapadityas eigene Tochter verkleidet mit einer Botschaft zu ihm. Doch er hörte sie nicht an; er schickte sie fort und war zornig auf das Mädchen, weil es so ungehörig in der Öffentlichkeit erschienen war. Am nächsten Tag blickte die steinerne Statue der Kali, die nach Süden ausgerichtet gewesen war, wie alle Götterbilder, damit die Götter sich an dem sanften Südwind erfreuen können, nach Osten. Das Oberhaupt schenkte dem immer noch keine Beachtung. Kurz darauf drangen die muslimischen Eroberer in das Land ein – von Osten her, wie Kali vorhergesagt hatte. Sie stürzten Pratapaditya und verwandelten den Tempel in eine Moschee.

Die Religionen der Eroberer sind über Bengalen hinweggezogen wie die Flut. In beiden Teilen der Sundarbans beten Hindus und Muslims an heiligen Stätten gemeinsam um Schutz vor dem Tiger, dem Krokodil, dem Hai und dem Zyklon. Für die Bewohner der Sundarbans, die von einer mystischen, animistischen Glaubenstradition durchdrungen sind, die von einem Land ernährt werden, das sowohl unglaublich fruchtbar als auch unglaublich feindselig ist, sind Wunder ebenso wirklich wie der Regen – und ebenso notwendig.

Denn hier sind Land und Meer voller Heimtücke: Das Wasser selbst scheint etwas zu verbergen und sich gegen den Menschen verschworen zu haben. Viele wichtige Flüsse haben doppelte Strömungen. »Selbst für geübte Schwimmer ist diese tückische Strömung äußerst gefährlich«, bemerkt John Rudd Rainey, ein Entdecker des 19. Jahrhunderts, »denn jemand, der bei einem Unfall plötzlich in einen Fluß fällt, geht natürlich zuerst einmal unter, wobei die untere Strömung ihn dann in die eine Richtung fortreißt, während die obere Strömung in die Gegenrichtung fließt und verhindert, daß er wieder an die Oberfläche steigt, und bald erstickt oder ertrinkt er, und manchmal wird die Leiche nie gefunden.« Vor der Küste, im Golf von Bengalen, gibt es eine Stelle, die als »Der bodenlose Streifen« bezeichnet wird, wo die Meerestiefe plötzlich von 20 auf über 500 Meter absinkt. Man sagt, dort habe das Meer keinen Grund.

Jahrhundertelang haben Piraten in den zahllosen Wasserläufen der Sundarbans Zuflucht gesucht. In *Travels in the Mogul Empire* schrieb François Bernier, im ausgehenden 17. Jahrhundert hätten diese Piraten ganze Städte, Versammlungen, Marktfeste und Hochzeiten der Bewohner des Landes überraschend überfallen und die Teilnehmer verschleppt, Frauen jeden Alters zu Sklavinnen gemacht, wobei sie mit merkwürdiger Grausamkeit vorgegangen seien, und alles verbrannt, was sie nicht fortschleppen konnten. In einer Ausgabe der *East India Chronicle* wird beschrieben, wie Piraten 1717 in Südbengalen 1800 Männer, Frauen und Kinder raubten. Die meisten wurden, so berichtet die *Chronicle*, nach Burma gebracht und für jeweils 20 Rupien verkauft – das ist in heutigem Geld weniger als ein Dollar.

Auch heute noch befahren Piraten, sogenannte *dacoits*, die Gewässer der Sundarbans. Ihre Boote sehen unauffällig aus, sind aber mit starken Motoren ausgerüstet, damit sie auf ihre Opfer zurasen und der Polizei davonfahren können. Einmal tuckerten wir in dem geräumigen Touristenboot, das Hasna uns beschafft hatte, am hellichten Tag auf dem Fluß dahin, als plötzlich ein kleines Boot mit rotem Segel aus einem schmalen Nebenfluß direkt auf uns zuschoß. Die

Forsthüter, die uns begleiteten, erschienen mit ihren russischen Gewehren an Deck. Auf der Stelle kehrte das kleine Boot um und verschwand wieder in dem Nebenfluß.

Offensichtlich war eine derartige Begegnung nichts Ungewöhnliches. Im Gästebuch an Bord unseres Bootes ist folgender Kommentar einer Gruppe von fünf Leuten verzeichnet, die einige Monate vorher die Gegend besucht hatten: »Wir schlagen vor …, daß die bewaffneten Wachtposten dafür sorgen, daß alle Passagiere sich *hinter* dem Gewehr befinden, bevor auf mutmaßliche *dacoits* geschossen wird (einer von uns leidet jetzt unter zeitweiligem Gehörverlust.).« Trotzdem, schrieb die Gesellschaft, war die Kreuzfahrt »sehr erholsam«. Trotz des Piratenangriffs und ohrenbetäubender Schüsse waren sie dem Zauber der Sundarbans erlegen und hatten sich hypnotisieren, vom Mantra der Gezeiten einlullen lassen.

Da die Sundarbans in zwei Staaten liegen, brauchen Ausländer vor der Einreise Genehmigungen. In Bangladesch hatte Hasna diese Formalitäten für uns erledigt. In Indien waren wir auf uns selbst gestellt.

Monatelang hatte ich mit Beamten korrespondiert, die mir versichert hatten, daß unsere Einreisegenehmigungen im voraus ausgestellt werden könnten. Monatelang hatte ich Fotokopien unserer Reisepässe und unserer Visa an verschiedene indische Stellen geschickt, zusammen mit adressierten Rückumschlägen, in denen, wie ich hoffte, unsere Papiere zurückgeschickt werden würden. Aber ohne Erfolg: Wir mußten die Genehmigungen persönlich beantragen.

Wir waren vorgewarnt worden. »Die Briten haben die Bürokratie erfunden«, erzählte mir meine Freundin Jenny Das, eine Britin, die mit einem Bengali verheiratet ist, »aber die Inder haben es darin zu wahrer Meisterschaft gebracht.« Ein Grund, warum die Smithsonian Institution den Royal Chitawan Park in Nepal für ihre Beobachtungen an Tigern ausgewählt hat, statt, was folgerichtiger gewesen wäre, auf der Arbeit von George Schaller in Kanha aufzubauen, war der, daß man Indiens berüchtigter Bürokratie aus dem Weg gehen wollte.

In Kalkutta fuhren wir mit dem Taxi zu dem riesigen gelben, in viktorianischem Stil erbauten Gebäudekomplex, bekannt als »Writer's Building«, wo Genehmigungen verschiedener Art ausgestellt werden.

Über drei Stunden, nachdem wir unsere Antragsformulare ausgefüllt hatten, nach endlosem Suchen nach den richtigen Büros und zahlreichen Warteschlangen, bekamen wir unsere Genehmigungen überreicht.

Am nächsten Tag sollten wir sie Mr. P. Sengupta, dem Direktor des Sundarbans Tiger Reserve vorlegen, und zwar in seinem Büro in Canning, einige Autostunden südlich von Kalkutta.

Monatelang hatte ich mit Kalyan Chakrabarti, dem früheren Direktor, korrespondiert, der mehr Aufsätze über die Sundarbans und ihre Tiger verfaßt hatte als jeder andere. Er hatte sich freundlicherweise bereit erklärt, Dianne und mich durch das Gebiet zu führen. Er wollte eine Regierungsbarkasse und ein Schnellboot für uns besorgen und uns als Übersetzer zur Verfügung stehen. Leider teilte Kalyan uns an dem Tag, an dem wir in Indien ankamen, mit, er sei gerade befördert worden und könne seine neue Arbeit nicht im Stich lassen, um uns zu begleiten. Er habe jedoch mit dem Büro draußen in den Sundarbans gesprochen, und für alles, was er uns zugesagt habe – die Barkasse, das Boot und den Übersetzer –, sei gesorgt. Unsere Barkasse sollte um zehn Uhr in Canning ablegen.

Um neun trafen wir im Büro des Direktors ein, einem Raum im ersten Stock eines schmutziggelben Betongebäudes. Dort war niemand.

Sengupta kam um halb elf. Der Direktor, ein schlanker Mann in blauem Anzug und mit dünnem Schnurrbart, begrüßte uns, studierte unsere Visitenkarten und ließ durch keine Regung erkennen, daß er jemals von uns gehört hatte. Er plauderte kurz mit uns, bis sein Englisch erschöpft war. Er klingelte mit einer kleinen Glocke, bestellte bei seinem Laufburschen Tee, und dann, während Dianne und ich vor seinem Schreibtisch saßen, schlug er den *Statesman* auf und begann hinter seinem Vorhang aus Zeitungspapier zu lesen.

Völlig ratlos hatten wir etwa eine halbe Stunde dort gesessen, als Rathin Banerjee ins Büro gestürmt kam. Rathin, der stellvertretende Direktor des Tigerreservates, ist ein stämmiger, energischer Mann Anfang 40, mit blendend weißen Zähnen unter einem rabenschwarzen, gestutzten Schnurrbart. Er schnippte mit den Fingern und brüllte seinen Untergebenen auf bengalisch Befehle zu. Er trug Feldkleidung – Tarnweste, T-Shirt und eine grüne Hose. Seine Schirmmütze aus Wildlederimitat hatte er so tief über die Augen gezogen, daß er, um sehen zu können, das Kinn heben mußte, was ihm ein trotziges Aussehen gab.

Ein Laufbursche verkündete, wir würden in Rathins Büro gebeten. Rathin hörte zu, äußerst wachsam, wie ein Mungo, während ich erklärte, was wir hier machten. Ja, sagte er, er würde uns in die Sundarbans mitnehmen. Er müsse sowieso mit der Regierungsbarkasse, einem gut 40 Meter langen Schiff namens *Monorama*, eine Patrouillenfahrt machen. Unterwegs könne er uns von Land und Leuten berichten. Außerdem freue er sich über die Gelegenheit, sein Englisch zu üben; hauptsächlich, sagte er, verwende er die Sprache, wenn er mit seiner Frau streite. »Wenn man im Bangla ›du dreckige Ratte‹ sagt, klingt das, als würde man etwas Charmantes sagen«, meinte er. »Aber im Englischen ist das viel besser.«

Auf der Fahrt erzählte Rathin uns von vielen Wundern: von Schwärmen von Hundshaien, die Schwärme von kleinen Fischen abriegeln und abwechselnd hindurchschwimmen, um ein Festmahl zu halten. Einmal hatte er zehn Minuten lang beobachtet, wie sie auf diese Weise jagten. Ab und zu sah man einen Hai mit einem Fisch im Maul aus dem Wasser herausfliegen, so als würde er einen Freudensprung machen.

Tiger? Oh ja, er hatte Tiger gesehen. Gerade vor kurzem hatte er den Tod eines Forsthüters untersucht, der mit dem Finger am Abzug seines Gewehrs von einem Tiger getötet worden war. Rathin sagte, er könne sich vorstellen, was in dem Mann vorgegangen war. »Du spürst, wie dich 450 Volt durchzischen«, sagte er. »Die Augen starren einfach wie gebannt auf das Tier! Dicker Speichel kommt aus dem Mund. Man muß schon sehr stark sein, um den Abzug zu ziehen.«

Zum Glück, sagte Rathin, hätte er nie auf einen Tiger schießen müssen. Anders als in vielen anderen Gegenden Indiens, wo Tiger wegen ihres Fells und wegen der Knochen getötet werden, gibt es in den Sundarbans nur wenig Wilderer. Der Wald ist zu dicht, die Tiger sind zu gefährlich. Aber *dacoits* – das war etwas anderes. Die Forstbehörde mußte oft mit Schmugglern und Piraten fertig werden, die illegal geschlagenes Holz und Schmugglerware nach Bangladesch transportierten. Die Piraten seien so dreist, daß sie auf die Regierungsboote schießen würden, sagte

Rathin, und er erzählte uns von Schießereien, die sie sich geliefert hatten, bei denen Mündungsfeuer rot und grün in der Nacht aufblitzte.

Abends, als alles im Halbschatten lag, glitten wir in die Sundarbans hinein.

In der Nacht fuhren wir den Matla hinab südwärts – der Matla ist, seit der Farakka-Staudamm den Ganges umleitet, kein Fluß mehr, sondern nur noch eine Rinne, die täglich von der Tide gefüllt und geleert wird. Am Morgen fuhren wir weiter nach Süden zu der Sandinsel Chaimar, die an der Spitze des Kerngebietes liegt, zwischen dem Fluß Mayadwip und dem Golf von Bengalen.

Die *Monorama* ging vor Anker, und wir kletterten in das kleine Motorboot, das an ihrem Heck festgebunden war, um näher an das Ufer von Chaimar, das keinen Anlegesteg besaß, heranzukommen. Ein paar Minuten später sanken wir mit unseren bloßen Füßen tief in den weichen, graubraunen Schlamm ein. Rathin warnte uns vor den Hental-Dornen. Es gäbe nur eine Methode, sie zu entfernen, sagte er: Man nimmt einen hohlen Dietrich, und indem man ihn tief in die Wunde hineindrückt, kann man das Ende des Stachels freilegen und mit einer Pinzette packen und herausziehen. Darauf war er gekommen, als seine Fußsohlen voller Dornen steckten, nachdem er für ein Krokodil-Brutprojekt Eier gesammelt hatte. »Das tut verteufelt weh!« sagte er und verzog das Gesicht.

Bald waren wir auf sandigerem Boden. Leuchtend orangefarbene Winkerkrabben huschten in großen Scharen seitwärts fort, mit merkwürdig aufeinander abgestimmten Bewegungen, ruckartig, wie das ferngesteuerte Spielzeugauto eines Kindes. Es gibt immer einen Leitkrebs, erzählte Rathin uns, der entscheidet, wann die Gruppe in Gefahr ist, und alle zum Wasser führt, wo sie sich sofort in den Sand eingraben.

Es war Ebbe. Etwa 100 Meter vom Wasser entfernt wuchs ein kleiner Fleck Saccharum-Gras, ein grüner Tupfer auf der kahlen Fläche zwischen den Mangroven und dem Meer. Hier war der Strand von den Hufspuren des Chitalwildes überzogen. Und dort, zwischen den Mangroven und dem Gras, deutete Rathin auf die Spur einer Tigerin.

Sie war gemütlich gegangen, langsam, war mit den Hintertatzen nicht in die Abdrücke ihrer Vordertatzen hineingetreten. Und hier, zeigte Rathin uns, hatte sie sich hinter das Gras gelegt, um das Wild zu beobachten. Später gingen wir am Waldrand entlang und sahen, wie zu ihren Pfotenabdrücken die ihres Jungen hinzukamen. Vor zwei Tagen, berichtete Rathin, hatte er im Sand die Geschichte gelesen, wie sie und ihr Junges mit einem Waran gespielt und ihn dann getötet und aufgefressen hatten.

Nachdem Rathin nachmittags routinemäßig die Fischfanglizenzen der vorbeifahrenden Boote überprüft hatte, übersetzte er, während ich zwei Fischer nach ihren Ansichten über Tiger fragte.

»Hat der Tiger übernatürliche Kräfte?« begann ich.

»Im Maul des Tigers schrumpft die Leiche des Opfers auf die Hälfte zusammen«, übersetzte Rathin. »Aber« – machte er eine Zwischenbemerkung – »dafür gibt es einen biologischen Grund. Denn der Tiger packt seine Beute am Hals und hält sie an der Achse ... bei uns ist das das Rückenmark und wenn es da zusammengedrückt wird, klappt der Körper zusammen und nimmt die Form einer Garnele an. Er rollt sich zu einem Komma zusammen und ist dann kürzer und hat eine kleinere Silhouette. Wenn der Tiger den Körper dann aufhebt, stellt man fest, daß nur die Zehen – nur der größte Zeh am Fuß« – und hier unterbrach

Rathin sich, denn er war auf das erste Sprachproblem ge-
stoßen, seit wir uns kennengelernt hatten. »Das hier«, fragte er und zeigte auf seinen großen Zeh, »ist der Zeh?«

»Ja.«

»Sie heißen *alle* Zehen?«

»Alle fünf heißen Zehen.«

»Und wie nennt ihr den größten Zeh?«

»Großer Zeh.«

Er dachte einen Moment lang darüber nach, als sei diese
Information ein Schatz, den er sorgfältig im Kopf spei-
chern müßte. Später erfuhr ich, daß das Bengali für jeden
Zeh und für jeden Finger einen eigenen Namen hat. Rathin
war erstaunt, daß das im Englischen nicht so ist.

»Acha«, fuhr Rathin fort – das bengalische Gegenstück
zu »okay« – »großer Zeh. Nur der große Zeh berührt den
Boden. So hat der Tiger keine Schwierigkeiten, das Opfer
wegzutragen. Die Leiche wird also wirklich kleiner.«

Außerdem, erzählten die Fischer mir mit Rathins Hilfe,
kann der Tiger durch die Luft fliegen. Auch dafür hatte Rathin eine biologische Erklärung: »Der Tiger ist in der Lage,
mit einem getöteten Menschen im Maul bis zu sechs Meter
weit zu springen, und so ein großer Sprung mit einem Menschen im Maul ist ein Symbol für Fliegen«, sagte er.

Wie kann sich, fragte ich, ein Mensch denn vor so einem
Wesen schützen?

»Hauptsächlich schützen sie sich«, sagte Rathin, »indem
sie die Waldgöttin Bonobibi anrufen. Sie verehren sie, indem sie ihr Süßigkeiten opfern. Bevor sie aus dem Boot
steigen, bevor ihre Füße den heiligen Lehmboden des Waldes berühren, legen sie die Süßigkeiten auf ein großes Blatt
und lassen es auf dem Wasser davontreiben.«

»Beten Sie zu Bonobibi?« fragte ich die Fischer durch
Rathin.

»Sie selbst beten nicht, aber die Männer, die die Gebete kennen, die einheimischen Schamanen, tun das«, übersetzte Rathin. »Aber es sind schon so viele Schamanen selbst vom Tiger geholt worden, daß sie sagen, heutzutage würden die Schamanen knapp.«

Als das Interview beendet war, zog Rathin mich zur Seite und stupste mich an. »Diese primitiven Menschen!« sagte er in sich hineinlachend. »Sie glauben diese komischen Sachen wirklich.«

Rathin ist als Christ erzogen worden, aber vom Christentum hält er auch nicht besonders viel. Später jedoch erbot er sich, uns aus der Hand zu lesen. Aus den Handlinien ersah er, daß Diannes Leben kürzlich von einer schweren Krankheit bedroht worden war (sie hatte das vergangene Jahr damit verbracht, sich von Unterernährung und verschiedenen Erkrankungen zu erholen, die sie sich bei ihrer Arbeit mit Orang-Utans auf Borneo zugezogen hatte). Er sah, daß ich als Kind sehr krank gewesen war (ich hatte mit noch nicht zwei Jahren Pfeiffersches Drüsenfieber gehabt) und daß ich immer eine sehr ernsthafte Studentin gewesen war. Seine eigene Handfläche, erzählte Rathin, sagte voraus, daß er nie vor Gericht verlieren würde; als einmal jemand einen Prozeß gegen ihn angestrengt hatte, hatte Rathin, ganz wie in seiner Hand zu lesen war, gewonnen. »Meint ihr nicht auch«, fragte er uns, »daß die Chiromantie eine Wissenschaft ist?«

Am nächsten Abend setzte Rathin uns im Sajnekhali Tourist Lodge ab, einem aus Beton und Holz errichteten Gebäudekomplex aus dreißig winzigen Doppelzimmern. Er versprach, im Laufe der Woche wiederzukommen, um uns zu helfen.

Wie sich herausstellte, konnte Rathin nicht wiederkommen. Er wurde plötzlich zu einem Ausbildungskurs an das indische Wildlife Institute nach Dehra Dun geschickt. Am Tag nach seiner Abreise zerstörten hinduistische Fundamentalisten eine muslimische Moschee in Ayodhya, wo, wie sie sagten, von Rechts wegen ein hinduistischer Tempel stehen müßte, und eine Welle der Gewalt fegte über den indischen Subkontinent hinweg. Mit Diannes Kurzwellenempfänger hörten wir BBC und erfuhren jeden Abend die Zahlen der Todesopfer: In Uttar Pradesh, dem Staat, in dem die Moschee verbrannt worden war, wurden bei Unruhen 362 Menschen getötet; in einem der Staaten im Osten wurden an einem Tag 200 Menschen von der wütenden Menge aus einem Zug gezerrt und erstochen. Am sechsten Tag der Belagerung waren 1100 Inder tot und 5000 verletzt. Auch in Bangladesch und Pakistan brachen gewalttätige Proteste aus, und beide Länder schlossen ihre Grenzen. In indischen Städten wurden Reisende, die in Gruppen von mehr als vier Personen unterwegs waren, verhaftet. Die größeren Städte wurden alle vom Militär abgeriegelt, so daß niemand sie betreten oder verlassen konnte.

Wir befürchteten nicht, daß die Welle der Gewalt die Sundarbans erreichen würde, wo Hindus und Muslime Seite an Seite beteten. Doch selbst wenn Kalyan Chakrabarti seine neuen Aufgaben hätte vernachlässigen können, so hätte er doch Kalkutta nicht verlassen dürfen, und Rathin kam nicht aus Dehra Dun heraus. Wir selbst konnten weder nach Kalkutta zurückfahren, um einen Übersetzer anzustellen, noch konnten wir darauf hoffen, daß Touristenboote englisch sprechende Bengalis aus Kalkutta mitbringen würden.

Was ich über die Sundarbans lernen würde, würde aus stummer Beobachtung herrühren oder von Girindra stammen, einem Mann, der meine Sprache nicht sprach und dessen Sprache ich nicht verstand.

Tigeraugen

*B*evor Dianne und ich aus Kalkutta abgereist waren, hatten wir einheimische Fachleute aufgesucht, die die Sundarbans kannten, weil wir von ihnen zu erfahren hofften, was uns dort erwartete.

Niemand maßte sich an, vorherzusagen, was in den Sundarbans auf uns zukommen könnte. Statt dessen erzählten alle von ihren eigenen Erfahrungen, und wir stellten daraus ein fragmentarisches, vorläufiges Bild zusammen, ein lückenhaftes Mosaik aus wissenschaftlichen Erkenntnissen, Geheimnissen, Phantasien und Widersprüchen.

Wir reisten ins Buxa Tiger Reserve im Norden von Westbengalen, um uns mit Pranabesh Sanyal, einem früheren Direktor des Sundarbans Tiger Reserve, zu unterhalten; wir fuhren zum Kanha National Park, wo George Schaller gearbeitet hatte; wir sprachen im Tollygunge Club, unserem Hotel in Kalkutta, mit Kalyan Chakrabarti. Ich hatte beschlossen, im Tolly zu wohnen, weil Anne Wright, Tigerexpertin und Mitglied der Cat Specialist Group in der World Conservation Union-IUCN, dort lebt. (Ihr Ehemann Bob, ebenfalls ein begeisterter Naturschützer, leitet den Club.) Anne machte uns freundlicherweise mit anderen Tigerfachleuten bekannt.

Dazu gehörte auch Bonani Kakkar. Bonani ist für eine

Inderin mittleren Alters eine ungewöhnliche Frau: Statt des gewickelten Sari trägt sie westliche Hosen und Hemden; sie schmückt ihre Stirn nicht mit einem *bindi,* das die meisten Inderinnen etwas oberhalb der Brauen mitten auf der Stirn tragen; sie läßt ihr dunkles, gewelltes Haar kurz schneiden, statt es in einem Knoten am Hinterkopf zu tragen. Sie hat sowohl allein als auch zusammen mit ihrem Mann ganz Indien bereist und ist in Afrika, Europa und Amerika gewesen, wo sie für den World Wildlife Fund, das Umweltschutzprogramm der Vereinten Nationen und die Weltbank gearbeitet hat.

Bonani ist zu Fuß Tigern begegnet. Nur wenig kann sie erschrecken. Sie ist eine zähe Frau, deren strenge Ausstrahlung sich erst verliert, wenn sie in ihr sprudelndes Lachen ausbricht. Wir lernten sie in Kanha kennen, und später besuchte sie uns im Tolly. Dort erzählte sie uns die Geschichte, wie ein Tiger, den sie nie zu sehen bekam, ihre Einstellung zu den Sundarbans für immer veränderte.

Bonani beschäftigte sich nicht mit Tigern, als sie im Februar 1986 in die Sundarbans fuhr, erklärte sie. Als freiberuflich tätige Naturschützerin suchte sie nach Spuren einer seltenen Flußschildkröte, der *Batagur baska.* Man nahm an, daß diese spitznasige Schildkröte, von der es früher viele Exemplare gegeben hatte, mittlerweile auf dem größten Teil des indischen Subkontinents ausgestorben war, doch es ging das Gerücht, daß in den Sundarbans einige Exemplare überlebt haben könnten. Bonani dachte, die Batagurschildkröte besuche vielleicht die gleichen Brutstrände wie die Bastardschildkröte, die jeden Winter aus dem Golf von Bengalen ans Land kommt, um ihre Eier in Löchern abzulegen, die sie oberhalb der Hochwassergrenze gräbt. Mit einer kleinen Gruppe von Forschern wollte Bonani auf der

Insel Mechua nach Spuren, Nestern und Eierresten der *Batagur* suchen.

Am Abend bevor die Expedition aufbrechen sollte, bekam Bonani einen Anruf von Pranabesh Sanyal, der damals Direktor des Reservates in den Sundarbans war. Sie erinnert sich genau an seine Worte: »Mrs. Kakkar, bitte seien Sie ein bißchen vorsichtig, wenn Sie auf diese Insel fahren, denn ich habe vergessen, Ihnen zu sagen, daß der Tiger da ein aggressiver Menschenfresser ist.«

»Was meinen Sie mit ›aggressiver Menschenfresser‹?« gab Bonani zurück. Sie hielt das für einen Scherz. »Ich dachte, alle Menschenfresser wären aggressiv!«

Doch Pranabesh meinte es ernst. »Nein, es gibt verschiedene Arten von Menschenfressern«, sagte er. »Dieser hier ist sehr aggressiv. Und wir wissen, daß er sich etwa in der Gegend aufhält.« Die Insel Mechua liegt an Sundarbans östlicher Meerseite in einer Gruppe von Inseln, die zusammen als Baghmara bekannt sind, das heißt »vom Tier getötet«.

Bonani bekommt nicht so leicht Angst, daher schreckten die Worte des Direktors sie nicht ab. Außerdem, sagte sie, war es zu spät, um die Reise abzublasen.

Das war nicht ihre erste Reise in die Sundarbans, erzählte Bonani. 1983 hatte Pranabesh sie eingeladen, sich das Ergebnis eines neuen Experimentes anzusehen.

Er hatte einen einheimischen Künstler, der sonst aus Lehm Götterfiguren für hinduistische Feste herstellte, beauftragt, mehrere lebensgroße Nachbildungen von Dorfleuten bei der Arbeit im Wald anzufertigen: einen Holzfäller, einen Fischer und einen Honigsammler. Ihre Haltungen waren lebensgetreu: Der Holzfäller schwang die Axt, der Fischer saß in einem Boot, und der Honigsammler hielt einen Korb unter einen Baum. Sie waren mit getragener Kleidung angezogen, die nach Menschenhaut und Schweiß duftete. Und ihr Gesichtsausdruck war herzzerreißend echt: schwarz geränderte, vor Schreck weit aufgerissene Augen, geschürzte rote Lippen – gemalte Gesichter, die in Angst erstarrt waren.

Um die Hälse legte Pranabesh ihnen verzinkten Draht. Jede Puppe wurde an eine Autobatterie angeschlossen, die ein paar Meter weiter unter einem Busch versteckt war. Bei seinem Versuch, die Tiger von Angriffen auf Menschen abzuhalten, machte der Reservatsdirektor sich Pawlows Erkenntnisse zunutze. Er wollte die Tiger lehren, den Überfall auf Menschen mit einem schmerzhaften elektrischen Schock zu assoziieren. Aber zuerst mußte er sehen, ob die Tiger die Puppen überhaupt angreifen würden.

Er ließ mehrere Puppen im Wald aufstellen, und eines Tages erreichte ihn zu Hause in Kalkutta die Nachricht, daß eine davon, ein Fischer, angefallen worden war.

Bonani und zwei Forsthüter begleiteten Pranabesh, um sich das Ergebnis anzusehen. Sie fanden die Lehmpuppe auf dem Gesicht im Schlamm liegend. Der Tiger hatte sie aufgerissen, als wäre sie aus Fleisch und Blut. Krallenspuren zogen sich von der Schulter zur Körpermitte hinunter. Ein Arm war abgerissen. Frische Tatzenabdrücke zeigten, daß der Angriff am frühen Morgen stattgefunden hatte.

Das Experiment – zumindest die erste Phase – war geglückt. Sie freuten sich beide, sagte Bonani, aber dann spürten sie noch etwas anderes. Pfotenspuren führten von der Puppe fort in das Flüßchen. »Wir gingen mit Pranabesh hin und her und betrachteten diese Spuren«, erzählte Bonani. »Und dann wurde uns plötzlich klar – es war ein ganz schmales Flüßchen, und auf der anderen Seite waren überall frische Pfotenabdrücke –, daß der Tiger möglicherweise im Gebüsch auf der Lauer lag.«

Pranabesh, ein agiler Mann in den Vierzigern, strahlt die Zuversicht und gute Laune eines Buddhas aus; Bonani hält ihn für völlig furchtlos. Aber er sagte zu ihr: »Wir kehren um.«

»Seht ihr«, sagte Bonani, »zu Fuß kann man sich in den Sundarbans keinen Augenblick sicher fühlen.«

Die Puppen waren die letzte Aktion in einer Reihe von Versuchen, das zu entschärfen, was die Forstbehörde beschönigend als »Mensch-Tier-Konflikt« bezeichnet. Diese Maßnahmen, zu denen auch ein Zuschlag zu der Versicherungssumme gehört, die an Familien von Tigeropfern ausgezahlt wird, machen Jahr für Jahr die größte Einzelausgabe im bescheidenen Budget des Reservates aus.

Die Versuche spiegeln die Vorstellungen der verschiedenen Reservatsdirektoren wider, warum die Tiger eigentlich Menschen töten und fressen. In früheren Programmen züchtete das Forstamt wilde Schweine und setzte sie in der Pufferzone des Reservates aus, um die Tiger mit mehr Beute zu versorgen – so als würde man Opfergaben vor einen Altar legen. Das Forstamt legte im Kerngebiet Süßwasserteiche an, in der Hoffnung, die Tiger damit zu verführen, dort zu bleiben, wo Menschen der Zutritt verboten war. Mitarbeiter sagen, die Tiger würden tatsächlich aus diesen Teichen trinken, sie würden aber auch Salzwasser trinken.

Mit anderen Projekten versuchte man, Waldarbeiter zu schützen. Manche Experimente waren grotesk. 1981 wurde aus kugelsicherem Fiberglas versuchsweise eine Tigerschutz-Kopfbedeckung hergestellt, die man bei Temperaturen bis zu 40°Celsius über Kopf und Hals tragen sollte; ein anderes Modell, ebenso klobig und unbequem, wies lange Stacheln auf, die wie Lanzen aus dem Nackenteil herausragten. Natürlich trug es niemand.

1986 versuchte man es mit einer neuen Methode, einer

eleganten Art der Täuschung. Arum Ram, Mitglied eines Wissenschaftlerzirkels in Kalkutta, bemerkte, daß die Tiger fast nie von vorn angriffen; sie sprangen ihr Opfer immer von hinten an und bissen es ins Genick. Seine Idee: Gesichtsmasken aus Plastik, die am Hinterkopf getragen wurden. Sie waren billig, sie waren leicht, und sie taten ihre Wirkung.

Im ersten Jahr, in dem die Masken in größerer Zahl eingesetzt wurden, wurde keiner der 2500 Dorfbewohner, die sie trugen, angefallen. Einige Männer berichteten, daß die Tiger sie weiterhin verfolgten, manchmal stundenlang. Oft hörten sie den Tiger knurren, als wäre er frustriert, weil der janusköpfige Mann ihn irgendwie hereinlegte, doch das Raubtier schien nicht in der Lage zu sein, Gleiches mit Gleichem zu vergelten.

Daß der Tiger den Menschen äußerst ungern von vorn angreift, ist in der Überlieferung der Sundarbans fest verwurzelt. Muslime erklären es so: Allah hat jedem Menschen auf die Stirn geschrieben, daß der Mensch der König aller Tiere ist. Das irritiert den Tiger so, daß er nicht ertragen kann, es anzusehen. Tiger halten so unbeirrbar an dieser Etikette fest, daß sie bekanntlich menschliche Beute im Stich lassen, wenn die Leiche sich, während sie sie fortschleifen, so zwischen Wurzeln oder Baumstämmen verkeilt, daß das Raubtier dem Opfer ins Gesicht sehen muß.

Die Masken wirkten so lange, wie die Tiger den Betrug glaubten. Und das war nicht lange. »Nach fünf oder sechs Monaten fanden sie heraus, daß das nicht die wirkliche Vorderseite des Menschen war«, erzählte Kalyan Chakrabarti mir, als er uns im Tollygunge Club besuchte.

Kalyan ist ein lebhafter, leidenschaftlicher Mann in den Fünfzigern, mit einer konzentrierten Energie, so als wären seine Eingebungen und Theorien, seine Geschichten und

Pläne alle physisch in seinem kräftigen, untersetzten Körper komprimiert. In einem Punkt bleibt er hartnäckig: »Tiger wissen, wie ein Mensch aussieht«, erklärt er. »Sie wissen, daß es einen Rücken und eine Vorderseite gibt. Und dann finden sie heraus, daß das keine richtige Vorderseite ist.« Die Masken, sagt Kalyan, seien »ein kleiner Trick, der eine gewisse Zeit lang funktioniert hat«.

(Obwohl die Masken von einigen immer noch für wirksam gehalten werden, scheint sie heute fast niemand mehr zu benutzen. Von allen Dorfleuten, denen ich in den Sundarbans begegnet bin, führte nur eine Gruppe von Fischern die Masken auf ihrem Boot mit.)

Anderen Maßnahmen waren unterschiedliche Erfolge beschieden. Das Projekt, bei dem Schweine ausgesetzt wurden, wurde schon vor Jahren aufgegeben. Weiterhin bewohnen fünf oder sechs elektrisch geladene Puppen den Wald, sie stehen wie Wachtposten an Stellen, wo Holz geschlagen wird oder Teiche gegraben werden. Jedes Jahr errichtet das Forstamt an den Grenzen des Reservates weitere elektrische Zäune, um den Menschen die Angst zu nehmen, daß Tiger sich in ihre Dörfer verirren könnten. Und ähnlich wie Stadtplaner Straßenlaternen aufstellen, um zu verhindern, daß parkende Autos geknackt werden, hat das Forstamt an einem 45 Kilometer langen Uferstück mehr als ein Dutzend mit Sonnenenergie betriebene Lampen aufgestellt. Die Dorfbewohner finden diese Lampen sehr praktisch, mögen sie nun Tiger abschrecken oder nicht.

Doch die Tiger fressen weiterhin Menschen. Nichts – weder Gesetze noch Genehmigungen, noch Patrouillengänge – hält die Männer davon ab, illegal das bewaldete Kerngebiet des Reservates zu betreten; und nichts – weder Opfergaben noch Rüstungen, noch Tricks – hält die Tiger auf, die sie dort empfangen.

»Wir kamen bei Hochflut in Mechua an«, erinnerte sich Bonani. »Es war etwa zwei Uhr nachmittags.« Die Forstbehörde hatte dem Team für die Schildkrötensuche fünf Forsthüter als Begleitung überlassen, eine doppelläufige Schrotflinte, ein Gewehr Kaliber .315, ein drei Meter langes Motorboot und eine große Barkasse und deren Besatzung. Der Kapitän ließ die Barkasse in einem Fluß ankern, und das Forscherteam fuhr mit dem Motorboot in einen Seitenarm hinein, von dem aus es zu Fuß den Sandstrand erreichen konnte.

Stundenlang suchten sie in dem hohen Saccharum-Gras und im weißen Sand nach Schildkrötenspuren und Resten von Eierschalen. Ein Forsthüter beobachtete ständig den Fluß, für den Fall, daß sich von dort ein Tiger nähern sollte. Ein anderer beobachtete den Wald, wo ebenfalls ein Tiger auf der Lauer liegen konnte.

Da die Forscher keine Schildkrötenspuren fanden, nahmen sie Pflanzen- und Bodenproben, bis es anfing zu dämmern. Dann machten sie sich auf den Rückweg.

Wo der Sandstrand endete, wateten sie in den Uferschlamm des Flusses hinein. Hier stießen sie auf ihre eigenen Fußabdrücke. Doch jetzt fanden sie, darübergelegt und in die entgegengesetzte Richtung weisend – in die Richtung, die sie gerade eingeschlagen hatten –, die Spuren eines Tigers.

Auf ein gefährliches Tier zuzugehen, das man nicht sehen kann, löst eine der tiefsten Ängste im Menschen aus. Selbst Menschen, die ihr ganzes Leben lang Tiger suchen, können sich dem Schrecken beim ersten Anblick des Tieres nie entziehen. Und so war auch Kalyan Chakrabarti erschrocken – entsetzt –, als er eines Tages auf den Spuren einer Tigerin einen kleinen Grat überquerte und dem Raubtier und seinem Jungen von Angesicht zu Angesicht gegenüberstand. Er berichtete uns von dieser Begegnung, während wir im Tollygunge Club zusammen Tee tranken.

»Sie sah mich an, während ich auf sie zukam, obwohl ich kaum Geräusche machte«, sagte Kalyan und beugte sich vor. »Ihr Blick war erst neugierig, dann aggressiv. Sie dachte an ihr Junges.« Das Paar, vielleicht 20 Meter entfernt, war eine tödliche Gefahr. In anderen Gegenden greifen Tigerinnen, die Menschen sonst ignorieren, manchmal an, wenn sie ihre Jungen in Gefahr glauben; in den Sundarbans lehren Tigermütter ihre Jungen, Menschen zu jagen, ganz so wie anderswo Tigerinnen ihrem Nachwuchs beibringen, Beutetiere zu schlagen.

Kalyan überlegte fieberhaft: »Wenn die Tigerin springt, was mache ich dann?« Er hatte keine Waffe, nicht einmal einen Stock.

Sein erster Impuls war, fortzulaufen, aber er wußte, daß das den gleichen Effekt haben würde, als wenn man vor einer Hauskatze ein Wollknäuel auf dem Fußboden entlangrollt. Und davonlaufen konnte er einer Tigerin nicht.

Ihm wurde klar, daß seine einzige Hoffnung darin bestand, sich still zu verhalten.

Dreißig Minuten lang beobachteten die Tigerin und der Mann einander. Kalyan blieb bewegungslos stehen. Ein Einsiedlerkrebs krabbelte in seinem Hosenbein hoch; doch er rührte sich nicht.

»Dann«, erzählte Kalyan, »fällte sie ein Urteil: Dieser Mann zerstört mich nicht, er ist mein Freund.«

Schließlich sprang die Tigerin auf, und das Junge folgte ihr in den Wald.

»Wir waren sehr besorgt«, erinnert sich Kushal Mookherjee. Kushal ist 35 Jahre alt, sportlich schlank und, wie Bonani, freiberuflich tätiger Naturschützer. Er wohnt mit seiner liebenswürdigen jungen Frau in einer großen Wohnung mit einem Balkon voller Blumen. Dort besuchten wir sie. Bonani beschreibt Kushal als »wachsamen, vorsichtigen Menschen«, aber nicht als ängstlich. Dann wäre er nämlich nie mit ihr zu der Schildkrötenexpedition in die Sundarbans aufgebrochen. Doch in den Stunden, die er nun schilderte, wünschte er sich, er wäre zu Hause geblieben.

Als sie die Tigerspuren über ihren eigenen Fußspuren entdeckten, wurde es bereits dunkel. »Die Sonne war untergegangen – in einer Dreiviertelstunde würde es völlig finster sein«, erzählte Kushal. »Und dann sahen wir plötzlich auf der weiten Schlammfläche vor uns etwas liegen. Es war unser Motorboot.«

Das Wasser war ein paar hundert Meter zurückgegangen und hatte ihr Boot auf dem Schlamm gestrandet liegen lassen.

Kostbare 15 Minuten des letzten Tageslichts verbrachten sie mit dem Versuch, das Boot durch Ziehen, Schieben und Stoßen ins Wasser zu bekommen. Dabei ließ einer der Fotografen die Kameras in das schlammige Salzwasser fallen. Und während ein Forsthüter versuchte, den Wissenschaftlern bei der Rettung der Apparate zu helfen, fielen ihm die Patronen für sein Gewehr ins Wasser.

Er hob die Munition auf, wischte sie mit der Hand ab und steckte sie wieder in seinen Gürtel. Bonani fragte, ob man damit noch schießen könnte. »Nein«, antwortete der Forsthüter sachlich, »aber sie sind an mich ausgegeben worden, und ich muß die richtige Anzahl haben, wenn mein Vorgesetzter mich danach fragt.«

Auch als sich alle dagegenstemmten, rührte das Boot sich nicht. Erst die Flut würde es anheben können. Die

Forsthüter weigerten sich, ihr Fahrzeug im Stich zu lassen. »Wir sind Bedienstete der Regierung«, erklärten sie dem Forscherteam. »Wir müssen hier bei dem Boot bleiben. Es liegt bereits fest. Jetzt kann es überflutet werden. Selbst wenn wir hier sterben, wir müssen das Boot retten.«

Also blieben zwei Forsthüter bei dem Boot. Sie behielten das Gewehr. Ein anderer Forsthüter nahm die Schrotflinte mit den durchnäßten, unbrauchbaren Patronen und führte die Forscher zu Fuß in Richtung der Barkasse, die mehrere Kilometer entfernt ankerte – in Richtung des Tigers.

Kalyan ist fest überzeugt, daß ein Tiger einen Menschen nicht angreift, wenn er glaubt, daß dieser nichts Böses im Schilde führt. »Ich glaube, daß sie in dieser Beziehung eine Art sechsten Sinn haben, mit dem sie herausfinden, wer den Wald schützt und wer ihn zerstört.«

»Dieses Tier muß also«, stellte er fest, »vollständige Kontrolle und Einsicht über sich selbst und die Gegend und das menschliche Verhalten haben; was die Verringerung der Todesopfer angeht, müssen wir meiner Meinung nach zeigen, daß wir alle den Wald schützen, daß wir den Wald achten und nicht zerstören, dann sollte es ausgeschlossen sein, daß ein Mensch von einem Tiger getötet wird.«

Aus diesem Grund, behauptet Kalyan, werden Forsthüter selten von Tigern umgebracht; die Tiere haben gelernt, die khakifarbenen Uniformen der Forstleute zu erkennen und ihre Träger als »Waldschützer« zu identifizieren.

Nun war allerdings gerade im März des Jahres ein Forsthüter getötet worden. Aber, erklärte Kalyan mir, der Mann war zu jenem Zeitpunkt nicht in Uniform gewesen, er hatte den traditionellen bengalischen *lungi* getragen. »Da versagte das Unterscheidungssystem des Tigers, mit dem er

Waldschützer und Waldzerstörer auseinanderhält«, meinte Kalyan. »Ein vorsichtiger, wachsamer, bescheidener Mensch wird in den Sundarbans nicht vom Tiger getötet.«

Später, an Bord der *Monorama,* befragte ich Rathin über den Vorfall. Er hatte den Tod des Forsthüters persönlich untersucht. Seinem Bericht zufolge hatte der Forsthüter, der in Begleitung von drei anderen Männern gewesen war, gesehen, daß der Tiger ihn anfallen wollte. Er hatte sich umgedreht und hingekniet, um besser zielen zu können, aber der Schuß war nicht losgegangen. Zwei seiner Begleiter standen hilflos und wie hypnotisiert neben ihm, während der Tiger ihn ansprang. Ein dritter, der eine Axt in der Hand hatte, fiel vor Angst in Ohnmacht; doch bevor er das Bewußtsein verlor, gelang es ihm noch, den Tiger zu schlagen. Das Tier lief fort, ohne die Leiche des Forsthüters mitzunehmen.

Zu Rathins Aufgaben bei der Untersuchung gehörte es auch, sich die Leiche anzusehen. Kalyan irre sich, erklärte er mir. Der Forsthüter hatte seine Uniform getragen.

»Der Wald bewegte sich allmählich auf uns zu – das Wasser und der Wald gehen ineinander über – und es war sehr schwer, vorwärtszukommen«, erinnerte Kushal sich. Am Rande der Erschöpfung kämpfte die Gruppe sich voran, um die Barkasse zu erreichen. Unter dem Gewicht ihrer Rucksäcke mit Fotoausrüstungen und Pflanzen- und Bodenproben sanken sie bei jedem Schritt bis zu den Knien in den saugenden Schlamm ein. Ihre Beinmuskeln zitterten und verkrampften sich. Schließlich stürzte ein Mann und konnte nicht wieder aufstehen.

Da sie nichts anderes tun konnten, ruhten sie sich aus. Um sie herum ragte bedrohlich der Wald auf, mit dichtstehenden Gruppen der knorrigen, verwachsenen *genwa-*

Mangrove. Schließlich brachten sie es fertig, den Einge-
sackten aus dem Schlamm zu ziehen. Seine Beine zitterten
so sehr, daß er immer noch nicht stehen, geschweige denn
laufen konnte. Sie überlegten, auf Bäume zu klettern, aber
der höchste war nur fünf Meter hoch. Wenn Einheimische
die Nacht im Wald verbringen müssen, klettern sie manchmal zum Schlafen auf einen hohen Baum. Man glaubt allgemein, daß Tiger, im Gegensatz zu Leoparden, nicht auf
Bäume klettern; doch das stimmt nicht. Im Bundesstaat Rajasthan erschoß Oberst Kesri Singh einen Tiger, der auf einen Banyanbaum an einer Wasserstelle geklettert war, um
dem Vieh aufzulauern, das dorthin zur Tränke kam. Zwei
Jäger, F. W. Champion und Oliver Smythies, berichten von
merkwürdig identischen Erlebnissen: Beide beobachteten,
wie ein verwundeter Tiger an einem Baum hochkletterte,
in dem die jeweilige Ehefrau voll Entsetzen wartete, während der Tiger mit den Vorderpfoten heftig den Baumwipfel schüttelte. Kenneth Anderson rissen Tigerklauen den
Rücken auf, als der Menschenfresser, den er jagte, fünf Meter hoch in den Baum hineinkletterte, in dem er sich versteckt hatte.

Überall kratzen Tiger gern an Bäumen, vielleicht um sie
zu markieren, um ihre Klauen zu schärfen oder um sich
eine Heilwirkung zunutze zu machen. Mindestens ein be-
vorzugter Baum, die Biga, scheidet ein adstringierendes,
blutrotes Gummi aus, das desinfizierend wirken kann. In
den Wäldern, wo diese Bäume wachsen, sagen die Einheimischen, der Tiger sehe gern Blut am Stamm hinunter-
laufen.

Später erzählte Rathin mir von einem Fall, den seine
Leute in einem Juni untersuchten. Drei Dorfleute waren
ins Khatuajhuri Compartment gefahren, ein Waldstück in
Staatsbesitz, das im Auftrag der Forstverwaltung regel-

mäßig abgeholzt wird, um dort illegal Holz zu schlagen. Da ihr Dorf weit entfernt war, übernachteten die Männer im Wald. Ihr Boot lag vor Anker, und sie schliefen jeder auf einem Baum.

In jener Nacht tobte mehrere Stunden lang ein Gewitter. Während es donnerte und blitzte, konnten die Männer das leise Flüstern der anderen, ihr Verständigungsmittel, nicht hören.

Im Morgengrauen, als das Gewitter aufhörte, stiegen zwei der Männer von ihren Bäumen herab und suchten nach dem dritten. Sein Baum war leer. Vielleicht, so dachten sie, war er schon früher heruntergeklettert. Sie suchten im Boot nach ihm, aber dort war er auch nicht. Voller Angst gingen sie zu einem Lager der Forstarbeiter, das ganz in der Nähe war.

Mitarbeiter des Forstamtes kletterten auf den Baum, auf dem der Mann gesessen hatte, auf einem Ast fünfeinhalb Meter über dem Erdboden. Dort fanden sie Krallenspuren, Blut und Fleischfetzen.

Pfotenabdrücke am Fuß des Baumes hätten wohl bestätigt, daß ein Tiger hinaufgeklettert war, aber inzwischen war Hochflut, und der Waldboden war überschwemmt. Jegliche Spuren waren ausgelöscht worden.

Die Einheimischen glauben, Tiger würden nicht auf Bäume klettern; sie ziehen aus dem Überfall einen anderen Schluß, sagte Rathin. Dieser Tod war das Werk eines *bagho bhuth*, eines Tigergeistes, und ein *bagho bhuth* hinterläßt keine Fußspuren.

Die Forscher trugen mittlerweile den verletzten Kollegen und schleppten sich weiter durch den Schlamm. Schließlich konnten sie durch ihre Ferngläser den Umriß der Barkasse sehen, doch es war niemand an Deck.

»Jetzt steckten wir in einem großen Dilemma«, erinnerte Kushal sich. »Denn wenn wir riefen, würden sie uns vielleicht hören und mit der Barkasse kommen, und wir könnten durch das Wasser waten und an Bord klettern – aber damit würden wir auch den Tiger auf uns aufmerksam machen.«

Obwohl die Barkasse noch weit entfernt war, beschlossen sie zu rufen. Das Wasser trug ihre Stimmen. Doch niemand erschien an Deck.

»Wir dachten uns, jetzt weiß der Tiger sowieso, wo wir sind«, berichtete Kushal. »Wir haben angefangen zu rufen, jetzt sollten wir auch weiter rufen. Wir brüllten, was das Zeug hielt!« Und dann hörten sie die Maschine der Barkasse anspringen. »Das schönste Geräusch, das ich je gehört habe!« meinte Kushal lachend.

Als die Barkasse sie aufnahm, war es sieben Uhr abends – stockfinstere Nacht, Neumond. Der Kapitän steuerte durch den schmalen Wasserlauf zurück zu ihrem winzigen Motorboot, wo die Forsthüter, mit ihrem alten Gewehr bewaffnet, warteten. Die Besatzung der Barkasse schaltete einen starken Suchscheinwerfer ein, der schließlich das Boot erfaßte. Es saß immer noch im Schlamm fest. Dann sahen sie auch die Forsthüter.

»Sie saßen etwa 15 Meter vor dem Mangrovenwald fest«, sagte Kushal, immer noch voller Bewunderung. »Sie hockten in einem Boot, das kaum größer war als ein Sofa. Sie wollten nicht rufen, denn das hätte den Tiger angelockt. Und dieser Tiger in Mechua, hörten wir später, hatte in den letzten fünf oder zehn Jahren 30 oder 40 Menschen umgebracht. Diese beiden Männer – ich weiß nicht, wo sie den Mut hernahmen.«

Etwa um neun oder halb zehn befreite die Hochflut das Motorboot, und die Forscher hörten, wie die Waldhüter den Motor anließen. »Bis zu dem Zeitpunkt hatten wir wirklich Angst, daß der Tiger sie holen würde«, erinnerte sich Bonani. »Aber der Tiger war auf dem anderen Ufer. Er wartete und beobachtete uns.«

In der Dunkelheit bellte ein Chital Alarm – ein hohes Jaulen, wie von einem Terrier. Der Tiger, dachten alle, muß ganz in der Nähe umherstreifen.

Wo ist der Tiger? Diese Frage hämmert sicherlich in den Köpfen des Wildes, während die Tiere ihre schlanken Hälse senken, um an den Laubresten zu schnuppern und zu knabbern. Von einem Beobachtungsturm in Bangladesch aus hatte ich gesehen, wie eine Chitalkuh sich einem Süßwassertümpel näherte, wie sie ihren abgehackten Gang auf den lehmverklebten Hufen gelegentlich durch nervöses Stampfen unterbrach und ihre trichterförmigen Ohren nach Geräuschen drehte, die wir nicht hören konnten. Innerhalb von fünf Minuten wagte sie es nur sechs Mal, den Kopf zum Boden zu senken, so daß die parallelen Reihen weißer Flecken zu beiden Seiten ihres Rückgrats zu sehen waren. An den Stränden der Sundarbans, ein Stück entfernt von den Waldböden, die den Tod so schnell verdauen, findet man manchmal die Wirbelsäulen dieser Tiere, porös vor Alter und zu einem unwirklichen Weiß ausgebleicht.

Im Tageslicht hält das Wild sich oft in Gesellschaft von Rhesusaffen auf. Unter den Bäumen, auf denen die Affen mit baumelnden rosa Hoden und orangefarbenen Hinterteilen sitzen, wartet das Wild auf einen Früchteregen, auf Stückchen von der olivenförmigen, beerenähnlichen Keora-Frucht und auf Blätter. Es heißt, das Wild folge den Affen, weil sie von ihrem Platz in den Baumwipfeln aus einen Tiger schon von weitem sehen können. Jede Tierart kennt den Warnruf der anderen, und auf die schnatternden Schreie der Affen oder das warnende Gebell des Wildes hin spritzen beide Gruppen in einem Wirbel von Hufen und Händen auseinander. Doch selbst bei so vielen aufmerksamen Augen und so vielen gespitzten Ohren ist der Tiger oft so leise, so geschmeidig, so geschickt, daß er sich nicht verrät.

Der Tiger zieht durch den Wald, lautlos wie der Schlamm, unsichtbar wie der Wind. *Was macht der Tiger?*

Der Tiger beobachtet.

»Während wir sie beobachten«, versicherte Kalyan Dianne und mir, »beobachten sie uns auch. Sie studieren die Menschen genauso: ihr Wesen, ihre Bewegungen, ihre Haltung, ihren Gang; das registriert der Tiger alles. Tiger überwachen ständig unser Verhalten, genauso, wie wir ihr Verhalten überwachen.«

Zwei Jahrzehnte der Forschung, sagt Kalyan, würden seine Behauptung stützen. Seine Daten, gesammelt zwischen 1962 und 1982, bei internationalen Kongressen vorgetragen und in einigen der renommiertesten wissenschaftlichen Zeitschriften Indiens veröffentlicht, zeigen, daß gut über die Hälfte der Fälle, in denen Tiger Menschen angreifen, zwischen sieben und neun Uhr morgens und zwischen drei und fünf Uhr nachmittags liegen, genau zu den Zeiten, an denen die Wahrscheinlichkeit, daß Menschen den Wald betreten oder verlassen, am größten ist – zu Zeiten, sagt Kalyan, zu denen die Menschen am wenigsten auf der Hut sind.

Tiger kennen den Tagesablauf ihrer Beute genau: Das wurde in Chitawan und Kanha gut belegt, wo Beobachter die Aktivitätsphasen von drei Wildarten – Chital, Schweinshirsch und Sambar – aufzeichneten und die Unterschiede zwischen der kühlen und der heißen Jahreszeit und zwischen bewölkten und sonnigen Tagen festhielten. Ihre Ergebnisse überraschen nicht: Sie stellten fest, daß die Tiger ihre Jagdgewohnheiten auf die Zeiten abstimmten, in denen ihre Beute am aktivsten und daher am leichtesten auszumachen war. (Aufgrund ihrer Retinastruktur ist es für eine Katze schwierig, bewegungslose Beute zu entdecken.) Beobachtungen an amerikanischen Berglöwen und an asiatischen Löwen im Gir Forest in Indien bestätigen, daß diese ihren Tagesrhythmus ebenfalls dem ihrer Beute anpassen. In Chitawan, wo Tiger an Ködertieren für Raubkatzen Leoparden töteten, änderten die Leoparden ihren Rhythmus, um den Tigern aus dem Weg zu gehen.

Es ist daher kein Wunder, daß die Tiger in den Sundarbans wissen, wann Menschen den Wald betreten und verlassen und wann sie sich schlafen legen. Die nächtlichen Angriffe finden meistens etwa um elf Uhr abends statt, wenn die Menschen auf ihren Booten fest schlafen. Die Tiger wissen auch, wann die Honigsammler in den Wald kommen: Die Honigzeit beginnt im April, und das ist der Monat, in dem die meisten Menschen getötet werden. Die Gebiete, in denen Honigsammeln erlaubt ist, ändern sich nach den Vorschriften der Forstbehörde von Zeit zu Zeit, und das wissen die Tiger ebenfalls. Als acht der fünfzehn Waldstücke im Naturschutzgebiet 1974 für Menschen gesperrt wurden, zogen die Tiger in die neuen Sammelgebiete.

Zusammen mit A. B. Chaudhuri, dem früheren Leiter der Forstvermessung Indiens, analysierte Kalyan die Faktoren, die bei tödlichen Angriffen von Tigern eine Rolle spielen: die Tageszeit, die Jahreszeit, das Habitat, den Ort des Überfalls und den Beruf der angefallenen Person. »Diese Ergebnisse belegen ebenfalls, daß die Tiger der Gegend einen hohen Intelligenzgrad und eine teuflische Kenntnis des menschlichen Verhaltens besitzen«, schrieben sie in einem

Aufsatz, den sie beim internationalen Symposium über Tiger vorlegten, das 1979 in Delhi abgehalten wurde.

»Der Tiger versteht das menschliche Denken«, schrieb Pranabesh Sanyal 1987 im Organisationsplan für das Naturschutzgebiet, »und seine Angriffspläne sind alle an menschlichen Aktivitäten ausgerichtet.«

Endlich war das Forscherteam wohlbehalten und vollzählig wieder auf dem großen Boot. Sie wuschen sich den Schlamm von Füßen und Beinen und packten ihre Pflanzensammlung aus, während die Besatzung Tee machte.

Dann hörten sie einen dumpfen Schlag. Das Boot machte einen Satz. »Es fühlte sich an, als wenn jemand einfach den hinteren Teil des Bootes heruntergezogen hätte«, sagte Kushal. »Der vordere Teil ging hoch und kam dann – *peng* – wieder herunter.«

Alle erstarrten. Etwas war auf dem Rand draußen vor dem Unterdeck gelandet, auf den Planken, wo die Bootsleute mit ihren langen Bambusstäben hin- und hergehen, um das Boot freizustaken, wenn es im Schlamm steckenbleibt. Jemand schloß hastig alle Fenster unter Deck.

Und dann fing die Besatzung an zu singen: »Ma-mama-ma.« *Ma-ma* heißt auf bengalisch Bruder der Mutter. »Ma-ma-ma-ma.« *Ma*, das bengalische Wort für Mutter, verwendet man auch, um eine Göttin anzurufen.

Da fiel Bonani ein, daß sie zu Beginn der Reise einen der Bootsleute gefragt hatte, ob er jemals einen *bagh*, einen Tiger, gesehen habe.

»Und der Mann war so böse auf mich«, erinnerte Bonani sich. »Er sagte, das Wort *bagh* nimmt man in den Sundarbans nie in den Mund. Man muß ihn *Ma-ma* nennen. Man nennt ihn nicht *bagh*. Das ist respektlos. Man fordert die Gefahr heraus, wenn man ihn einfach *bagh* nennt.«

Zehn Minuten lang rührte sich niemand. Bonani sagte, sie seien ihr wie zehn Stunden vorgekommen. Kushals Gesicht war aschgrau. Dann hörten sie ein Platschen, und das Boot schwankte leicht.

»Merkwürdige Dinge geschehen in den Sundarbans, und die Leute sprechen nur ungern darüber«, erzählte mir ein Forstbeamter. So ungern sprach er darüber, daß ich ihm versprechen mußte, niemals zu verraten, von wem die Geschichte stammte, bevor er sie mir erzählte.

Er war einmal mit einer Regierungsbarkasse im Tigerreservat unterwegs, eben außerhalb des Kerngebiets. Es war etwa elf Uhr abends, aber ein sanfter Wind wehte, der ihn verleitete, wach zu bleiben und die Nacht über an Deck zu sitzen.

Müßig betrachtete er den Wald. In einer Flußbiegung bemerkte er, daß die Vegetation auf den beiden Ufern deutlich verschieden war. Zu seiner Rechten hingen ausschließlich Keora-Bäume wie Weiden über das Wasser; auf dem Ufer zu seiner Linken wuchs eine Gruppe von Mangroven: Dhundul, mit melonengroßen grünen Früchten, Gargan, die wie auf Zehenspitzen auf einem Wald von Stelzwurzeln stehen, und die niedrigen Genwa mit nach unten zeigenden, gebogenen Blättern.

In diesem Augenblick wuchs die Brise plötzlich zu einem starken Wind an, der ächzte und seufzte und stöhnte. Er wehte so stark, daß die großen Keora-Bäume auf dem rechten Ufer schwankten und sich bogen. Aber das war nicht das Besondere an diesem nächtlichen Wind. Das Merkwürdige, ja Unheimliche war, daß sich an den Mangroven auf dem linken Flußufer, hundert Meter entfernt, kein Blättchen rührte.

»Es war so unglaublich seltsam«, erzählte der Mann mir,

»daß ich Mourali, meinen Burschen, zu mir rief, der in der Koje an Deck schlief, damit er sich dieses seltsame Phänomen ansah und es nach Möglichkeit erklärte.« Mourali arbeitete seit dreißig Jahren beim Forstamt. Er war in den Sundarbans geboren und aufgewachsen, und er wußte vieles.

»Er sah mir direkt in die Augen«, erinnerte sich der Beamte, »und mit mildem Lächeln bat er mich, das alles nicht zu beachten. Aber er bestand darauf, daß wir hinunter in die Kajüte gingen, daß wir nicht an Deck blieben.«

Der Beamte hatte an der Universität gelernt, Fragen an die Natur zu stellen und Erklärungen für das zu finden, was er sah. »Ich sagte: ›Das ist sehr merkwürdig, aber Sie sehen aus, als hätten Sie das schon einmal erlebt.‹ Mourali blieb ganz gelassen. ›Aber‹, fragte ich, ›wie ist das möglich? Das linke Ufer war doch absolut ruhig.‹ Mourali lächelte weiter – als wüßte er, was vor sich ging, und als würde ich es nicht glauben, wenn er es mir erzählte.«

Mourali sagte, er hätte in den Sundarbans schon seltsame Dinge erlebt. Der Beamte drängte weiter auf eine Erklärung. Schließlich gab Mourali, immer noch lächelnd, zur Antwort: »Geister der Toten lassen oft plötzliche Wirbelwinde entstehen; sie fügen jedoch niemandem Schaden zu.« Doch er meinte trotzdem, sie sollten sich nach unten begeben.

Das überzeugte den Beamten. »Ich ging sofort und wartete nicht ab, wie lange das andauern würde«, sagte er. »Ich hatte Angst.«

Der *sareng*, der das Boot steuerte, sagte später, der Wind hätte noch etwa zwanzig Minuten weiter in dieser Weise geweht, nur auf einem Ufer, bis das Schiff eine Gegend namens Chogazi erreichte. Da habe er plötzlich aufgehört.

»Sie sagen, das sind die Geister von Menschen, die von Tigern getötet wurden«, sagte der Mann, »und weil die Geister ruhelos sind, schütteln sie die Bäume.«

»Glauben Sie das?« fragte ich.

»Wenn Sie das miterlebt hätten«, sagte er, »würden Sie fast alles glauben.«

Als Wissenschaftler sagen Bonani und Kushal beide, sie wüßten bis heute nicht mit Sicherheit, was das Boot in jener Nacht bewegt hätte. »Bestimmt war es etwas Starkes, etwas sehr Schweres, das entweder den vorderen Teil des Bootes hochdrücken oder den hinteren Teil herunterziehen konnte – ein riesiger Hai vielleicht oder ein Krokodil«, meinte Kushal. Das Platschen? An manchen Mangroven wachsen große Früchte, die *gol* heißen, sagte Bonani, und mit lautem Plumpsen ins Wasser fallen. Aber die Mannschaft zweifelte nicht daran: Es war ein Tiger.

Vor jener Reise hatte Bonani von der Hausangestellten ihrer Mutter, die nach dem Tod ihres Ehemannes aus den Sundarbans fortgezogen war, eine traurige Geschichte gehört. Eines Tages war die Frau nach einem Besuch bei ihrer Familie weinend nach Kalkutta zurückgekehrt. Ihr Sohn, der Fischer war, hatte in einem der Flüsse gefischt, sagte sie, und ein Tiger war aus dem Wasser gekommen, hatte ihn ins Maul genommen, war über Bord gesprungen und fortgeschwommen. Niemand hatte etwas tun können.

Damals hatte Bonani gedacht: »Na, vielleicht ist er über Bord gefallen. Aber daß der Tiger wirklich ins Boot gesprungen ist und ihn herausgeholt hat?« Das konnte doch nicht wahr sein.

Doch heute denkt sie darüber anders. »Ich glaube«, sagte sie, »nach diesem Erlebnis werden wir alle, die wir an dem Tag auf dem Schiff waren, darauf hören, was die Einheimischen sagen, wenn wir noch einmal in die Sundarbans fahren.«

Gestern

Auf der *Mabisaka*, dem 15 Meter langen, selbstgebauten Holzboot, das Girindra nach seiner Mutter getauft hat, tuckerten wir mit der auflaufenden Flut flußaufwärts.

So begannen wir jeden Tag. Dianne und ich saßen auf der weißen Bank auf dem Vorderdeck, die an eine Kirchenbank erinnerte, und beobachteten, wie die Sundarbans sich neu erschufen: wie die Flut den Wald mit langsamer, sinnlicher Regelmäßigkeit füllte, so wie ein Mensch im Schlaf atmet. Kleine Strudel bildeten sich im Wasser und sammelten die Gaben der Nacht ein: Schlamm vom Himalaja, Wirbel aus abgefallenen Blättern, Blüten und Früchten, die lebendgeborenen Sprößlinge der Mangrove, deren Samen schon am Baum keimen, Schuppen und Eingeweide, die von Fischern über Bord geworfen wurden, Aschereste von verbrannten Toten – ein Kranz aus Blühen und Verwesung. Davon ernähren sich die Sundarbans, damit formen sie selbst ihre Gestalt. Die Abhänge der Lehmufer breiteten sich vor dem Wasser aus und erwarteten seine Umarmung.

An diesem Tag waren wir zum Netidhopani-Wachturm unterwegs, zu dem uns die *Mabisaka* mit ihrer 10-PS-Maschine, eigentlich ein Allzweckgenerator, in etwa drei Stunden bringen würde. Der künstliche Süßwassertümpel dort, hatte Rathin mir erzählt, wurde häufig von einer Tigerin mit zwei Jungen besucht. Also waren wir im Morgengrauen aufgebrochen, als die Sonne rund und rot wie ein zinnoberrotes *bindi* an der klaren Stirn des Morgens aufstieg. Wir fuhren auf dem Biddyatori südwärts.

Rauch kräuselte sich über den strohgedeckten Lehmhütten des Dorfes und trug den Duft von Chapati, dem weichen indischen Fladenbrot, zu uns herüber. An den Ufern zogen Frauen in Saris Fischernetze hinter sich her, im brusttiefen Wasser watend, das die Farbe von Krokodilen hatte.

Doch bald lagen die Dörfer weit hinter uns. Eisvögel mit schwarzen Häubchen fielen von den Bäumen, rote Schnäbel glühten durchscheinend in der Sonne. Ein watender Fischreiher öffnete schlammfarbene Flügel und flog dann auf himmelsfarbenen Schwingen. Bei dem Geräusch von *Mabisakas* Generator erhoben sich S-förmige Silberreiher in die Luft und verwandelten sich in Wolken. Dunst stieg wie Atem über dem Wasser auf, während der Fluß zu Himmel wurde.

Nun gehörten die Ufer, an denen wir vorüberfuhren, allein den wilden Tieren. Sie dürfen von Menschen nicht betreten werden, denn dieses Gebiet steht unter strengem Naturschutz. Doch an einer Stelle sahen wir einen schlanken Pfahl im Ufer stecken, an dessen Spitze wie eine Fahne ein verknoteter, verblichener Lappen wehte. Was sollte der hier?

»Ekhane« – »hier« auf bengalisch – sagte ich zu Girindra, der sich zu uns auf die Bank gesetzt hatte, während Sonaton, sein halbwüchsiger Sohn, das Ruder bediente. »Keno?« – »Warum?«

»Gestern«, erklärte er mir in Lehrbuch-Englisch, »Tiger-Unfall hier auf Fluß.«

Gestern! Erst gestern hatte ein Tiger hier jemanden getötet, und die Überlebenden hatten die Stelle schnell mit diesem Pfahl markiert! Dianne und ich faßten uns an den Händen. »Tini ke?« fragte ich – »Wer ist das?« (die Vergangenheitsform konnte ich nicht) – ich wollte gern herausfinden, ob das Opfer ein Fischer, ein Holzfäller, ein Ranger oder ein Wilddieb gewesen war.

Dann fiel mir ein, daß die einzigen Berufsbezeichnungen, die ich auf bengalisch wußte, »Dichter« und »Schriftsteller« waren.

Was war geschehen? Wer war getötet worden? Wer war dabeigewesen? Was hatten sie gerade gemacht? Zu welcher Tageszeit war es passiert? Hatte der Tiger die Leiche gefressen? Hatten die Menschen vorher zum Tigergott gebetet? Oder war dieser Tod die Strafe für eine Unterlassungssünde gewesen? War der Tiger aus dem Wald gekommen? Aus dem Wasser? Hatte das Opfer eine Maske getragen?

Alle diese Fragen versuchte ich zu stellen. Ich streute Bangla in mein Englisch ein, ich führte Pantomimen auf. Ich veränderte die Wortstellung. Zur Vereinfachung strich ich alle Artikel. Doch ich war nicht zu verstehen.

Meine wenigen Wörter waren reine Renommierstückchen. Die liebenswürdigen Bengalis schätzen es, wenn man sie in ihrer Sprache begrüßt, und freuen sich über die ungewohnte Situation, sich mit einem Ausländer auf bengalisch unterhalten zu können: »Wie-geht-es-Ihnen? Wo-kommen-Sie-her? Ich-bin-Schriftstellerin. Wir-leben-in-Amerika. Ihr-Land-ist-sehr-schön. Das-Essen-ist-sehr-gut.« Doch für die Fragen, die ich stellen, und die Antworten, die ich verstehen mußte, war mein Bangla unbrauchbar. Ich würde auf Girindras Englisch angewiesen sein – denn trotz meines vierjährigen Studiums und meines Zugangs zu den Bibliotheken von Harvard waren Girindras Fremdsprachenkenntnisse, die er vor dreißig Jahren in einer Grundschule aus Lehm erworben hatte, viel besser als meine.

»Kannst du mir bitte sagen, was bei diesem Tigerunfall passiert ist?« fragte ich auf englisch.

Girindra sah mich an, als versuche er, meinen Augen den Sinn meiner Worte abzuringen. Er zog kräftig an seinem Bidi, vielleicht, um den Sinn des Satzes zu inhalieren.

»Keine Ahnung«, sagte er.

Ich rieb mir den Kopf. Dianne verdrehte die Augen zum Himmel. »Noch nie habe ich erlebt«, sagte sie, »daß jemand so hart arbeitet und sich so sorgfältig vorbereitet wie du und dann so wenig damit erreicht.«

Als guter Gastgeber litt Girindra darunter, seine Gäste enttäuscht zu sehen. Als wollte er uns aufmuntern, bot er uns an: »Mein Onkel, Tigerunfall.«

»Dein Onkel, Tigerunfall?« fragte ich beinahe ungläubig.

»Drei Onkel, Tigerunfall.«

Statt Fragen zu stellen hörte ich einfach zu.

»Kleiner Onkel und ich«, sagte er. »Ich gucke. Holz sammeln, zwei Mann, Onkel und ich.« Girindra steigerte sich in seine Geschichte hinein und begann zu gestikulieren: Er führte vor, wie sie den Anker ausgeworfen hatten, ans Ufer gewatet waren und mit ihren Äxten Holz geschlagen hatten. Sie mußten sich beeilen, erklärte er, denn sie hatten keine Genehmigung. An den Innenseiten seiner starken, schlanken Arme traten die Adern hervor, während er diese Pantomime aufführte und angestrengt noch einmal das Holz sammelte. Dann richtete er sich auf, sog Luft in seine schmale Brust und donnerte: »Tiger kommt!« Dann, leise, mit einer schlenkernden Bewegung des Handgelenks: »Onkel weg.«

Mein Gott, was für eine Geschichte, flüsterten wir.

Wann, fragte ich Girindra, war das geschehen?
»Gestern.«

Wir kamen etwa um neun am Beobachtungsturm von Netidhopani an. Knapp 200 Meter von dem hölzernen Turm entfernt liegt ein flacher, von Palmen gesäumter Regenwassertümpel. Dahinter ragt eine Tempelruine auf, ein übergroßer Ameisenhaufen aus übereinandergestürzten roten Ziegelsteinen, mit Bäumen und Baumstümpfen überwachsen. Hoch oben auf den Steinen steht eine von der Forstbehörde errichtete Tafel, die mich seltsam an das Zeichen der Howard Johnson's-Restaurants erinnert. »Netidhopani-Tempel« verkündet das Schild und zeigt ein weißes Bauwerk mit einer Kuppel und Säulen an einem blauen Meer. Im Vordergrund richtet sich eine Kobra auf, und ein weißgewandeter Priester sitzt unter einem Baldachin auf einem Floß auf dem Meer.

Hier wurde früher Manasa verehrt, die vierarmige Göttin der Schlangen. Die Schlange ist das hinduistische Symbol für Wasser, für die Lebenskraft einer Region, die auf Monsunregen angewiesen ist. Viele Hindus glauben, daß die Schlangen den Regen bringen: Sie sind zwar zu jeder Zeit zu sehen, aber kurz vor und während der Monsunzeit tauchen sie zahlreicher auf. Viele Arten, darunter auch die Kobra, schlüpfen kurz vor der Regenzeit aus, und die Monsunregen treiben die Schlangen aus ihren Löchern.

In Indien werden jedes Jahr Tausende von Menschen von Schlangen getötet, trotzdem werden diese Reptilien verehrt und geliebt. Vishnu, der auf dem unergründlichen Ozean schläft, ruht auf Ananta, der Schlange mit dem endlosen Leib; manchmal wird sie als siebenköpfige Kobra dargestellt, deren sieben Hälse Vishnus schlafendes Gesicht beschirmen. Schlangen werden als Manifestation Shivas, des

Gottes der Zeugungskraft, betrachtet, dessen Symbol – dem Lingam, dem Phallus – sie ähneln. (Dem amerikanischen Herpetologen Sherman Minton zufolge versuchten im 19. Jahrhundert Frauen an der indischen Malabarküste, Kobras dazu zu bringen, in ihre Vaginas einzudringen, um so Shiva willkommen zu heißen und zu verehren.)

Die Göttin Manasa behütet diese tödlichen, lebensspendenden Geschöpfe und schützt außerdem die Menschen vor ihrem Gift. Es heißt, daß ein Kaufmann mit Namen Chand Saudagar die Verehrung Manasas einführte. Anfangs weigerte er sich, sie anzubeten, daher befahl sie Schlangen, sechs seiner Söhne zu töten. Nur ein Sohn, der hübsche Lakindor, blieb übrig, und am Abend seiner Hochzeit schickte Manasa eine Schlange, um ihn ebenfalls zu töten. Behula, Lakindors Braut, weigerte sich, die Leiche ihres Mannes einäschern zu lassen. Statt dessen fuhr sie mit dem Toten auf einem Floß in den Himmel, wo sie die Götter mit einem hinreißenden Tanz erfreute. Sie gewährten ihr einen Wunsch. Behula bat Manasa, ihren Mann und ihre Schwäger wieder zum Leben zu erwecken, was die Göttin auch tat. Von da an verehrte Chand Saudagar, dessen Familie nun wieder vollzählig war, die Göttin täglich mit Opfergaben aus Milch und Süßigkeiten.

Die Gläubigen haben den Netidhopani-Tempel aufgegeben und seine Ziegel den Schlangen überlassen. Doch Manasa wird in den Sundarbans, wie in ganz Indien, weiterhin verehrt, und der Glaube an ihre Kräfte ist groß. Daher werden Menschen, die an Schlangenbissen sterben, nicht eingeäschert. Die Toten werden auf einem Floß flußabwärts geschickt – wo Manasa ihnen vielleicht ebenfalls die Auferstehung gewährt.

Über das Gebiet verstreute Ruinen bezeugen, daß in den Sundarbans einst viele bedeutende Tempel unterhalten wurden, Beweis für vergangenen Reichtum. Als der europäische Reisende Ralph Fitch 1586 in den Sundarbans unterwegs war, fand er »fruchtbares Land, stolze Häuser, die Sturm und Flutwellen standhalten«. Kürzlich wurden im Norden in einem Gebiet namens Chandraketugarth Überreste einer 6,5 km^2 großen Stadt mit Stadtmauer gefunden, die möglicherweise aus dem 4. Jahrhundert stammen. Indische Archäologen haben dort Stätten ausgegraben, an denen Tempel und Klöster standen, und kunstvolle Keramik sowie Gold-, Silber- und Kupfermünzen gefunden. Sie glauben, daß dieses jetzt verlassene Gebiet einst ein blühender internationaler Hafen war.

Heute sind die Süßwasserflüsse, die jene Stadt nährten, ausgetrocknet, ebenso wie große Teile der Sundarbans. Früher erstreckten sich Mangrovenwälder fast von den Außenbezirken des heutigen Dakka bis zum jetzigen Kalkutta. Selbst 1895 noch berichteten Landvermesser, die ungeteilten Sundarbans erstreckten sich über gut 20 000 km^2, das Doppelte ihrer heutigen Größe.

In den letzten sechs Jahrhunderten ist das Land ausgetrocknet und geschrumpft und hat sich geneigt, durch Verschlammung, Absenkung und das langsame Auf und Ab der Erde wurde es von seinen Süßwasserzuflüssen abgeschnitten. Die Bodenschichten unter dem bengalischen Becken sinken ab und kippen das Gangesdelta dabei von Westen nach Osten. Seit dem 17. Jahrhundert hat sich der heilige Ganges, der sich so beeilt, im Golf von Bengalen Vishnus Ozean zu erreichen, zunehmend nach Osten verlagert. Vor zwanzig Jahren wurden durch den Bau des Farakka-Staudamms, der 250 km nördlich von Kalkutta errichtet wurde, um den Lauf des Hooghly durch die Stadt zu verbessern, die direkten Wasserverbindungen zwischen dem Ganges und den Sundarbans, die auf indischer

Seite noch übrig waren, abgeschnitten; heute erhält in den indischen Sundarbans nur noch der Thakuran regelmäßig Süßwasser vom Oberlauf des Hooghly; der Harinbhanga bekommt Süßwasser aus Bangladesch im Osten. In Bangladesch bringt nur der Baleswar das Süßwasser des Ganges in die Sundarbans. Und da die Bevölkerung der Region enorm gewachsen ist – Kalkutta allein versorgt 9 Millionen Einwohner –, haben landwirtschaftliche Nutzung und Bebauung diese Flüsse weiter verschlammt. Die Sundarbans werden immer salziger.

Als François Bernier zum Ende des 17. Jahrhunderts die Gegend besuchte, hatte dieser Prozeß längst begonnen. Der Schlamm hatte die Nebenflüsse bereits zugesetzt, und Felder, die früher mit Süßwasser bewässert worden waren, wichen meergetränkten Wäldern. »Gegenwärtig sind im Norden des Ganges so viele schöne, jetzt verlassene Stätten zu sehen«, schrieb Bernier, »die früher gut bevölkert waren und wo jetzt keine anderen Bewohner mehr zu finden sind als wilde Tiere, vor allem Tiger.«

Den halben Nachmittag lang beobachteten und warteten wir auf dem Netidhopani-Turm. Die Tigerin und ihre Jungen erschienen nicht, allerdings konnten wir durch unsere Ferngläser auf dem Boden ihre Spuren sehen.

Wann war sie zum letzten Mal hiergewesen? Wo waren ihre Jungen? Hatte sie das Wasser im Licht des Halbmondes, unter funkelnden Sternen, getrunken? War sie gekommen, um sich im grellen Mittagslicht zu erfrischen? Oder hatte sie die anderen Tiere gejagt, die an das Wasserloch kamen – Chitalwild, Wildschweine und Dschungelhühner? Hatte jemand sie gesehen?

Die Tatzenabdrücke am Wasser zeugten, wie die Ziegel des verfallenden Tempels, unbegreiflich von einem verschwundenen Schöpfer.

Oft hatten wir das Gefühl, nur knapp etwas verpaßt zu haben. Eine blitzschnelle Bewegung, und wir drehten die Köpfe und sahen nur noch ein Loch im Schlamm, in das gerade ein Einsiedlerkrebs hinuntergekrochen war, oder vielleicht einen Kletterfisch, einen kleinen Fisch, der manchmal auf Bäume klettert. Beide Wesen haben genau die Farbe des Schlammes.

Als wir den Tempel der Bonobibi, der Göttin des Waldes, besuchten, der sich gleich neben dem Sajnekhali Tourist Lodge befindet, sah es aus, als hätten wir gerade eine Puja verpaßt, einen Gottesdienst. Die Forstbehörde hatte den Tempel am Mangrove Interpretation Center errichtet, gleich neben der Ausstellung von Pythons in Gefangenschaft. Unter seinem strohgedeckten Dach standen Lehmgeschöpfe wie Krippenfiguren im Kreis, erstarrt in einem Moment eines wortlosen Schauspiels: Ein kleiner Junge mit verbundenen Augen ritt auf einem Krokodil; zwei Honigsammler griffen nach einer dicken Wabe in einem Baum; ein schnauzbärtiger Krieger in spitzen Schuhen hob seine Keule. Daksin Ray, der Tigergott, war als gutaussehender Mann mit bloßem Oberkörper und blutunterlaufenen Augen auf dem Rücken eines Tigers dargestellt. Mitten auf der Bühne saß in einem rosafarbenen, mit silberner Spitze gesäumten Sari die schöne Bonobibi auf ihrem Thron, die rechte Hand zu einer segnenden Geste erhoben. Zu ihren Füßen waren gerade erst einige Räucherstäbchen verglimmt, und frisch gepflückter roter Hibiskus lag welkend in der Sonne. Früher am Tag hatte hier jemand gebetet und um Schutz vor dem Tiger gefleht.

Überall entdeckten wir Tigerspuren. Am Eingang zum Sudhanyakhali-Beobachtungsturm, per Boot nur zehn Minuten vom Tourist Lodge entfernt, war der mit Maschendraht eingezäunte Fußweg von Pfotenabdrücken umringt.

Hier hatte ein Tiger seine Runde gemacht und den Menschengeruch eingeatmet. Was hatte er über uns gedacht? Er wußte soviel mehr von uns als wir von ihm. Vielleicht hatte er uns beobachtet, während wir mit unseren Ferngläsern blind auf den Wald gestarrt hatten. Sicher wußte er, wer hier gekommen und gegangen war und wann. Vielleicht erkannte er die Boote, die regelmäßig vorbeifuhren, am Motorengeräusch (wie Hunde und Eulen in amerikanischen Vorstädten die Autos aus der Nachbarschaft erkennen). An unserem Geruch konnte der Tiger wahrscheinlich erkennen, daß wir Ausländer und Frauen waren; vielleicht wußte er etwas über unser Alter, vielleicht kannte er sogar die Phase unserer Monatszyklen. Indem der Tiger mit dem an ein höhnisches Grinsen erinnernden sogenannten Flehmen über chemische Sensoren im Gaumen den Geruch einsaugt, erfährt er diese »Daten« über Tiger und Tigerinnen in seiner Nähe. Aber wir unsererseits wußten nichts über den Tiger.

Häufig sahen wir, wo ein Tiger den Fluß überquert hatte: Spuren, die aus dem Wald ins Wasser führten und dann, auf der anderen Seite des Flußbettes, aus dem Wasser wieder in den Wald. Einmal entdeckten wir die Spuren von drei Tigern, die alle gleichzeitig aus dem Wald gekommen waren. Sie waren etwa 150 Meter über den Fluß geschwommen und hatten dann, mit ausgestreckten Klauen, ihre nassen Leiber aus dem Wasser gezogen. Wir konnten sehen, wo das Wasser aus ihrem Fell geflossen war, denn dort war der Lehm weicher. Ihre Pfotenabdrücke, zehn Zentimeter tief, waren vielleicht zehn Minuten alt.

»Bagh kothai?« fragte ich Girindra täglich, als wäre das ein alter Witz: »Tiger wo?«

»Du guckst, Tiger kommt nicht«, antwortete er scherzhaft. »Du guckst nicht, Tiger kommt.«

Er hatte natürlich recht. Der Grund, warum wir keine Tiger sahen, war der, daß Tiger nicht gesehen werden wollen. Also machen sie sich unsichtbar. Einmal fragte ich einen Schamanen, woher er wüßte, daß der Tiger ein übernatürliches Tier sei, und er antwortete mit einer Beobachtung, von der viele Wissenschaftler berichten: Jeder weiß, daß der Tiger ein magisches Wesen ist, sagte er, weil er hinter einem Grashalm verschwinden und aus dem Nichts entstehen kann. Der Tigerexperte Charles McDougal berichtet von einem derartigen Erlebnis, einem Augenblick, der seinem schönen Buch *The Face of the Tiger* den Titel gab. McDougal saß in einer Lichtung auf einem kleinen Plateau im indischen Bundesstaat Orissa und hielt bei einem Büffel Nachtwache, der, wie er meinte, von einem Leoparden gerissen worden war. Er hatte gehofft, daß der Leopard zu seiner Beute zurückkehren würde, doch das geschah nicht, und McDougal dachte daran, aufzubrechen. Da »sah ich plötzlich über den Büschen zu meiner rechten, am Rand der Lichtung, einen großen Kopf auftauchen. Er war so ungeheuer groß, daß er ein paar Sekunden lang keinen Sinn ergab und fast wie etwas Übernatürliches erschien.« Zuerst, obwohl die Nacht klar, das Wesen ganz in der Nähe und McDougal zu jener Zeit Berufsjäger war, *wußte er nicht, was es war.* »Dann«, schrieb er, »löste der Kopf sich zu dem eines sehr großen Tigers auf.«

Aus dem Nichts ein Kopf; aus dem Kopf das Gesicht eines Tigers. Das sanskritische Wort für »es ist« heißt auch »es wird«; das Wort für »Welt« ist eine Abwandlung der Wurzel »bewegen«. Daß die Welt vergänglich ist, ist in Indien wohlbekannt.

Nirgends ist das offensichtlicher als in den Sundarbans: Was immer man auch gerade ansieht, war noch vor wenigen Augenblicken etwas anderes. Ein Baumstamm wird ein Krokodil. Ein Lehmklumpen wird ein Krebs und klettert einen Baum hinauf. Aus Blättern entstehen Eisvögel und Bienenfresser: Aus dem tristen, olivgrünen Laub brechen sie blau, türkis, orange, rot und schwarz hervor. Die Verwandlung ähnelt einer Zeitrafferaufnahme des Herbstes in Neuengland. Sommerlaub erscheint zwar grün, enthält aber einen Regenbogen an Farben – die Gold- und Orangetöne des Herbstes sind Karotine, die immer vorhanden sind, doch im Sommer sind sie durch grünes Chlorophyll getarnt.

Doch welche Farbe haben die Blätter wirklich? Als Kind erklärte mir einmal jemand, unser Blut sei in Wirklichkeit blau, wie die blauen Venen an unseren Handgelenken. Wir würden nur *glauben,* unser Blut sei rot, weil es bei einer chemischen Reaktion mit der Luft seine Farbe verändere. Zu jener Zeit überlegte ich, wie ich überprüfen könnte, ob das stimmte; mir fiel aber keine Methode ein, wie ich Blut untersuchen konnte, ohne es der Luft auszusetzen. Wir können das Blut überhaupt erst sehen, wenn es der Luft ausgesetzt wird, dachte ich damals.

Vielleicht ist es das, was hier mit den Vögeln geschieht: Vielleicht ist es das Zusammentreffen mit der Luft, das ihre Farben hervorruft; vielleicht sind die Vögel in der übrigen Zeit tatsächlich alle grün, und die Blätter sind zwar mit Chlorophyll getarnt, haben aber in Wirklichkeit die Farben von buntem Gefieder.

Schon nach wenigen Tagen in den Sundarbans spürst du, wie ihr unheimlicher Zauber dich beschleicht. Das Wasser folgt dir ans Land: Nachts, im Tourist Lodge, spürst du immer noch die Wellen unter dir, so wie sich die Berührung des Geliebten auf der Haut hält, selbst wenn er fort ist. Der Tag folgt dir in die Nacht: Du wachst wiederholt auf, tauchst auf wie eine Schildkröte, wie auf Wellen des Schlafes. Und die Nächte folgen dir in die Morgendämmerung. Wenn du aufwachst, bleiben deine Träume haften wie Spinnweben – durchsichtig, hauchdünn, aus dem Körper eines vielbeinigen Geschöpfes gesponnen, eines Außerirdischen, der auf demselben Planeten lebt. Morgens konnte ich meine Träume zwar noch fühlen, konnte mich zwar an ihre Gestalt und an ihren Klang erinnern, aber nicht an die Worte oder an ihre Bedeutung. Es war, als träumte ich in einer Sprache, die ich nicht verstand.

Häufig, sagt man, hören wir in unseren Träumen die Stimmen der Götter. (Ich fragte einen Schamanen, warum Götter durch Träume zu uns sprechen. »Es ist gnädiger«, sagte er.) Im Schlaf können Götter uns vielleicht das offenbaren, was wir in wachem Zustand nicht verkraften könnten.

Aber wie Götter offenbaren, so verhüllen sie auch. Der große Indologe Heinrich Zimmer wies in seinen Schriften darauf hin, daß die Hindus neben Schöpfung, Zerstörung, Erhaltung und Gunst die Verhüllung als eine der »fünf Tätigkeiten« der »ewigen Energie« verehren. Weil soviel verhüllt ist, ist unsere Welt Maske; sie ist eine Illusion, Blendwerk, eine Vorführung. Die hinduistischen Mystiker nennen dieses Phänomen Maya. Die Maya der Götter ist ihre Macht, verschiedene Gestalten anzunehmen, um unterschiedliche Aspekte ihres Wesens darzustellen. Die Maya ist der Grund, warum im Hinduismus so viele Götter gebraucht werden, um die göttliche, ewige Energie darzustellen. (Ein Waldhüter im Buxa Tiger Reserve verwendete bei dem Versuch, das Pantheon des Hinduismus zu erklären, folgendes Beispiel: »Es ist wie bei der Farbe weiß«, sagte er, »unsere Götter sind alle ein Gott, so wie das Weiß alle Farben gleichzeitig enthält.«) Die Götter selbst sind Geschöpfe der größeren Maya, die das Universum schafft.

Die Maya ist das heilige Mysterium des Hinduismus. Der bengalische Heilige Ramakrishna verwendete die folgende Parabel, um das Wesen der Maya zu veranschaulichen. Narada, ein Asket, gewann die Gunst Vishnus, und der Gott gewährte ihm die Erfüllung eines Wunsches. Er bat darum, Vishnus Maya sehen zu dürfen. Gott und Mensch wanderten eine Weile zusammen, und als der Gott durstig wurde, bat er Narada, ihm Wasser zu holen. Narada ging zu einem Haus, um nach Wasser zu fragen; eine schöne Frau öffnete die Tür. Er sah ihr in die Augen – die denen seines göttlichen Herrn und Freundes glichen – und vergaß auf der Stelle, weswegen er gekommen war. Er verliebte sich in sie.

Narada fühlte sich im Elternhaus der jungen Frau sofort heimisch, und als er bei ihrem Vater um ihre Hand anhielt, war dieser erfreut. Das Paar lebte zwölf Jahre lang glücklich im Haus der Eltern. Drei Kinder wurden geboren. Als Naradas Schwiegervater starb, übernahm er selbst die Rolle des Hausvaters, baute Reis an und kümmerte sich um das Vieh. Doch in einem Jahr war der Monsun außergewöhnlich heftig. Eine Überschwemmung drohte die Strohhütten, das Vieh und die Menschen fortzureißen. Alle Bewohner des kleinen Dörfchens flohen. Narada nahm seine Frau an die eine Hand, führte zwei seiner Kinder an der anderen, hob das jüngste Kind auf die Schultern und machte sich mit ihnen auf, um Schutz vor dem Unwetter zu suchen. Doch die reißenden Fluten waren zu stark: Er stolperte, und das jüngste Kind stürzte von seinen Schultern. Er ließ die beiden anderen Kinder los, um das Kleinste aufzufangen, aber ohne Erfolg. Alle drei wurden von der Strömung fortgetragen. Und dann entriß die wilde Flut ihm die Hand seiner Frau, und er selbst wurde von den Wellen fortgespült.

Er wurde an ein Ufer getrieben, und als er dort die Augen öffnete, stand Vishnu da und wartete immer noch auf sein Wasser. Der Gott fragte: »Begreifst du nun das Wesen meiner Maya?«

Wie Narada geht auch dem Besucher der Sundarbans das Zeitgefühl verloren, und er überquert, ohne es zu wissen, die Grenzen zwischen dem Realen und dem Irrealen, dem Natürlichen und dem Übernatürlichen. Träumend und wachend, zu Land und zu Wasser zog ich umher, verloren in einer Landschaft, die mit unsichtbaren Göttern und Tieren bevölkert war, eine Figur in einer Geschichte, die in einer Sprache erzählt wurde, die ich nicht verstand.

Wir durchstreiften die Gegend und boten unsere Gegenwart allem, was sich uns zeigen wollte. An manchen Tagen hatten wir ein Ziel, einen Ort, den Rathin oder Bonani oder Kalyan erwähnt hatten. An anderen Tagen baten wir Girindra, etwas auszuwählen. Er überlegte und meinte dann: »Mein Beschluß, immer mitkommen!«

Eines Tages nahm er uns mit nach Gosaba. Das Dorf liegt ganze Welten vom Urwald entfernt, ist ordentlich und gepflegt, mit ausladenden Bäumen und Palmen voller Kokosnüsse. Ringelschwänzige gelbe Hunde schlafen in den Höfen, Hühner scharren und Frauen stillen ihre Babys und tragen Tonkrüge in die Beugung ihrer Hüften geschmiegt, während sie auf rotbemalten Fußsohlen durch ihre Reisfelder tappen. Die kleinen Kinder laufen oft nackt, aber nur selten ohne Schmuck herum: Selbst die kleinsten Mädchen tragen in Ohren und Nasen Schmuck, und ihre Augen sind oft mit Antimonpulver schwarz umrandet, das sie angeblich kühl hält. Die kleinen Jungen tragen Amulette aus Metall, die ihnen mit einer Schnur um den Bauch gebunden sind. Als Girindra seinen *lungi* trug, sah ich, daß auch er ein Amulett an einer Schnur um die Hüften trug, und ich fragte ihn, was darin sei. Er sagte, er wüßte es nicht, erklärte aber: »Meine Mutter weiß.«

Wir lernten seine kräftige, zahnlose Mutter kennen, der zu Ehren er sein geliebtes Boot *Mabisaka* genannt hatte. Eines Tages nahm Girindra uns zu seinem gepflegten Lehmhaus in Jamespur mit, dem Dorf, das dem Tourist Lodge gegenüber am anderen Flußufer lag. Wir lernten seine schöne Frau Namita kennen, anmutig und rundlich, mit einem lieben, schüchternen Lächeln. Bis vor vier Jahren ihr jüngster Sohn geboren wurde, hatte sie 16 Jahre lang alle zwei Jahre ein Kind bekommen.

Auch in Girindras Dorf besuchten wir den Tempel der Bonobibi. Hier, wie im Tempel beim Tourist Lodge, hatte jemand erst kürzlich frisches Räucherwerk abgebrannt, sowohl zu Füßen der Göttin als auch vor den krallenbewehrten Füßen des Daksin Ray. Als Girindra vor dem Heiligtum stand, legte er seine Handflächen zusammen, hob die Hände an die Stirn und murmelte leise: »Ma.«

Wo wir auch hingingen, sahen wir Wunder: Gruppen von rosagesichtigen Makaken erschienen in Bäumen; zierliches Chitalwild trippelte auf Zehenspitzen um die spitzen Pneumatophoren herum; ein sechs Meter langes Krokodil wuchtete seine gepanzerte Masse von einem Lehmufer herunter und glitt wie eine Seele, die einen Körper verläßt, in die Schwerelosigkeit des Wassers; nächtliche Nebel zersetzten den Mond.

Jeden Abend, wenn wir aus den Wäldern zurückkehrten, saß Girindra zwischen Dianne und mir auf der weißen Bank auf der *Mabisaka* und sang – weniger für uns, hatte ich das Gefühl, als für die Nacht selbst, eine Nacht, die so schwarz war, daß sie selbst die Sterne zu schlucken schien. Das Lied schwoll an wie eine Welle, klang ab und schwoll dann wieder an. Natürlich verstand ich die Worte nicht, aber ich erkannte ihre Gestalt wieder, denn ich hatte sie in meinen Träumen gespürt: flehend, rufend, suchend. Girindra warf jeden Ton in die Nacht wie ein Fischer sein Netz in trübes Wasser wirft, die Stimme der Sehnsucht, der unverhüllten Einsamkeit angesichts des Mysteriums.

An einem Tag fuhren wir nach Bagna, einem zwei Stunden entfernt liegenden Gebiet im Norden, das, wie Rathin uns erzählt hatte, besonders von Tigern »verseucht« war. Als wir angekommen waren, weigerte Girindra sich, ohne bewaffneten Forsthüter die *Mabisaka* in die schmalen Wasserläufe hineinzusteuern. »Gestern hier großer Tigerunfall«, erzählte er uns.

Aber kein Forsthüter wollte uns begleiten. Wegen des öffentlichen Zorns über die Zerstörung der Moschee in Ayodhya war ein landesweiter Streik ausgerufen worden, und niemand arbeitete. Wir beschlossen, auf dem größten Fluß entlangzufahren, und studierten die Ufer sorgfältig mit unseren Ferngläsern.

In einer Entfernung von knapp tausend Metern entdeckten wir auf einem Lehmufer eine unförmige, weißbraune Masse. Während wir näher heranfuhren, strengten wir uns an, durch unsere Feldstecher mehr zu erkennen. Was war das? Ein Haufen Fischernetze? Ein Stapel Stäbe? Die Reste eines zusammengeknüllten Segels?

Um zehn Uhr morgens war das gleißende Licht über dem Wasser so hell, daß es Gewicht annahm, wie Nebel. Selbst mit unseren Ferngläsern war es schwer, Einzelheiten zu erkennen, denn zusammen mit dem Bild, das wir sehen wollten, vergrößerten sie auch die verzerrenden Vibrationen vom Motor der *Mabisaka*.

Aus 500 Metern Entfernung konnten wir ein weißes Tuch erkennen, das über ein Drittel der Masse gebreitet war, drapiert wie ein Sari. Abgesehen davon war der Gegenstand hauptsächlich braun. Jetzt konnten wir seine Größe und seine Form ausmachen. Er war recht groß: Etwa so groß wie ein auf der Seite liegender Mensch, der sich zum Schlafen eingerollt hat. An einem Ende war ein aufgedunsenes violettes Oval, etwa von der Größe eines menschlichen Kopfes, sichtbar.

Und dann konnten wir dort, wo die Masse nicht von dem weißen Tuch verdeckt war, hell glänzend gegen die umliegende braune Haut, Rippen erkennen.

Wir machten uns darauf gefaßt, das Gesicht zu sehen.

Das Boot drehte sich, um an die Leiche heranzufahren, näher und näher. Wir konnten immer noch nicht richtig sehen. Auf dem Fleisch wimmelte es von Fliegen. Wir starrten angestrengt auf den Körper hinunter. Erst als wir so dicht heran waren, daß wir die Fliegen aufscheuchten, konnten wir ihn deutlich sehen.

Es war eine Kuh. Das weiße Tuch war ein Stück Bauchfell, das violette Oval ihr Pansen.

Was in den Sundarbans gutartig wirkt, erweist sich oft als unheilvoll, und was zuerst unheilvoll erscheint, erweist sich als gutartig.

Als wir Bangladesch verließen, um nach Indien zu fliegen, hatte unsere Freundin Hasna einen Wagen für uns bestellt, der uns zum Flughafen Zia bringen sollte. Kurz vor der Abenddämmerung holten ein Fahrer und sein Begleiter (in jedem Taxi scheinen immer zwei Männer mitzufahren – einer, der es fährt, und einer, der es repariert) uns ab. Als der Himmel dunkler wurde, an einer einsamen Stelle, wo keine Tankstelle, kein Laden und kein Teestand zu sehen war, hielt der Fahrer unerklärlicherweise am Straßenrand. »Hier werden wir jetzt ausgeraubt und ermordet«, murmelte Dianne vor sich hin. Sie fing an, in ihrer Handtasche nach ihrem Tränengas-Sprüher zu suchen. Auf ein Zeichen des Fahrers öffnete der Begleiter das Handschuhfach. Was er da herauszog, konnten wir nicht sehen. Dann öffnete der Fahrer die Tür, und die beiden Männer stiegen aus.

Es war eine Gebetsmatte. Sie hatten angehalten, um ihr Abendgebet zu verrichten.

Und so war es auch mit Girindra. Zuerst trauten wir ihm nicht. In Kalkutta hatten wir gehört, daß die Bootsleute in den Sundarbans versuchen, einen zu betrügen: Sie erzählen, ein Tag auf ihrem Boot würde 300 Rupien kosten (etwa elf Dollar), aber am Abend haben sie den Preis auf 1000 Rupien erhöht, für den zusätzlichen Sprit und Reis und Dahl, die sie für dich zum Mittagessen gekocht haben, behaupten sie. Also baten wir Girindra anfangs am Ende des Tages, wenn wir unsere 300 Rupien bezahlten, uns zu quittieren, daß er sein Geld bekommen hatte. Selbst nachdem offensichtlich war, daß er ehrlich war, ließen wir uns weiter von ihm auf unser Zimmerchen im Tourist Lodge begleiten, wo er vergnügt eine von Diannes India Kings rauchte, ein wenig plauderte und dann die Quittung unterschrieb – eine rituelle Vorführung seines Könnens, denn er unterzeichnete nicht mit einem Daumenabdruck, sondern schrieb in lateinischer Schreibschrift *G. Mridha*.

In der Grundschule hatte er etwas Englisch gelernt. Um sich besser mit uns verständigen zu können, studierte er jeden Abend, nachdem er uns abgesetzt hatte und nach

Hause gefahren war, bei Lampenlicht einen Paperback-Sprachführer. (Einmal brachte er ihn mit und zeigte ihn uns. Ich schlug »Tiere« nach und fand unter der kleinen Handvoll Säugetiere, von denen die Verfasser gemeint hatten, die Leser sollten sie kennen, das Zebra und das Nilpferd – Tiere, die es in Indien nirgends gibt, die aber nach Ansicht der Verfasser von Englisch sprechenden Ausländern im Gespräch erwähnt werden könnten.)

Trotzdem hatten wir relativ wenige gemeinsame Wörter, daher verwendete Girindra jedes einzelne variabel, wie ein Schweizer Offiziersmesser. »Groß« hieß außerdem noch »reich«, »älter« und »viele«. »Gucken« hieß »suchen«, »beobachten« und »sehen«. »Schwarz« hieß »wütend«, aber auch »illegal« – Leute, die ohne Genehmigung Holz schlugen oder fischten, waren »Schwarzsammler«. Ein weiteres Wort, das er oft gebrauchte, war »Geschichte«, worunter er aber nicht eine ereignisgetreue Nacherzählung verstand, wie wir sie im Westen kennen, sondern eine eher östliche Sichtweise: »Meine Geschichte« bedeutete »*Meine Version der Geschichte lautet …«* Wenn er fragte: »Deine Geschichte?«, fragte er uns nach unserer Meinung zu einer bestimmten Sache.

Und so ging mir langsam auf, daß »gestern« – als Girindras jüngerer Onkel getötet wurde, als der Pfahl in das Lehmufer gesteckt wurde, als der Unfall in Bagna geschah – auch eins dieser flexiblen Wörter war. Es bedeutete: »irgendwann in der Vergangenheit«.

»Gestern«, verriet uns Girindra, kamen seine Eltern aus dem Bezirk Khulna, der jetzt zum bangladeschischen Teil der Sundarbans gehört, auf die indische Seite, und hier wurde Girindra vor etwa 40 Jahren (er äußerte sich nie genau zu seinem Alter) geboren. »Gestern« – kurz nachdem sein Vater gestorben war, als Girindra noch ein Kind war –

fing er an, seiner Mutter beim Geldverdienen zu helfen, um die Familie zu ernähren. Er hatte als Fischer gearbeitet, als Holzfäller, Honigsammler und Schiffer.

»Gestern« heiratete er seine schöne Namita, baute ein Haus, gründete eine Familie. »Gestern« wohnten sie zwischen dem Haus, das Namitas Eltern gebaut hatten, und dem Haus, in dem Girindras vier Onkel lebten. Und »gestern« starben diese Onkel alle bis auf einen im Rachen des Tigers.

Beinahe hätte der Tiger auch Girindra geholt. Er hatte ziemlich dicht neben seinem jüngsten Onkel gestanden, als der Tiger aus dem Wald gesprungen kam und den jungen Mann zwischen den Zähnen forttrug. An einem anderen Gestern hatte Girindra die *Mabisaka* festgemacht, um kurz zu seinem Haus zurückzulaufen; als er zum Boot zurückkam, wartete am Ufer ein Tiger auf ihn. Girindra kehrte um und floh.

Einmal, als Girindra mit zwei Kollegen fischte, blickte er zufällig auf und sah, wie ein Tiger durch die Luft auf ihn zuflog. Doch der Tiger hatte sich verschätzt; Girindra sprang über Bord und entkam.

Warum, fragte ich ihn, hatte er soviel Glück?

»Göttin«, sagte er, indem er sich verbeugte und mit der rechten Hand seine Stirn berührte. »Göttin immer, ich gucke.«

Wenn wir mit den flachen, motorlosen Booten aus Holz und Schilf unterwegs waren, in denen die Fischer die Flüsse entlangpaddeln, sorgten wir uns nicht um unsere Sicherheit. Girindra hielt nicht viel davon, daß wir in diesen kleinen Booten fuhren, denn ein schwimmender Tiger kann sie spielend überholen, wenn sie nur von einem Mann gerudert werden, und dann hineinspringen. Doch

Girindra war vorsichtig, und mit dem kleinen Boot blieben wir auf den breiteren Wasserstraßen, weit von den Wäldern entfernt.

Auf der *Mabisaka*, sagte Girindra, seien wir sicher, solange wir nicht im Schlamm steckenblieben. So wagten wir uns eines Tages in einen schmalen Seitenarm. Wir schauten nur nach vorn, machten uns gar nicht die Mühe, hinter uns zu blicken. Problemlos wendeten wir am Ende des kurzen Seitenarms.

Doch dann staunten wir. Kaum waren wir umgekehrt, da entdeckten wir eine frische Spur am Ufer. Vor fünf Minuten war sie noch nicht dagewesen.

Hier war der Tiger aus dem Wasser gestiegen und im Wald verschwunden. Und wir hatten ihn nicht gesehen. Wir suchten am gegenüberliegenden Ufer nach Spuren, denn wir nahmen an, daß er von dort aus herübergeschwommen war. Aber wir sahen keine.

Wir fuhren den gleichen Weg zurück. Wir waren aus einem breiteren Fluß in den kurzen Seitenarm abgebogen, und auch dessen Ufer suchten wir nun nach frischen Spuren ab. Und hier, ein paar Dutzend Meter bevor wir abgebogen waren, entdeckten wir sie. Kurz nachdem unser Boot vorbeigefahren war, war hier ein Tiger aus dem Wald gekommen und mit dem Wasser verschmolzen. Er war den Fluß entlanggeschwommen und in den Seitenarm abgebogen, genau wie wir.

Vor kaum fünf Minuten war ein Tiger hinter unserem Boot hergeschwommen.

Der heilige Atem Gottes

Von einem Tiger gejagt werden.

Ganz selten betrachten wir Menschen aus dem Westen unseren Körper als Fleisch. Ganz selten sehen wir uns als Nahrung eines anderen Wesens. Ganz selten wagen wir den Gedanken, daß ein krallenbewehrtes Raubtier uns anschleichen könnte, uns mit seinem Gesicht töten könnte, uns das Fleisch von den Knochen abfressen könnte.

Sicherlich taucht diese Vorstellung ab und zu aus dem Meer unseres Unbewußten auf, so wie eine Meeresschildkröte zum Atmen auftaucht – aber wenn das geschieht, sehen wir gerade nicht hin. Doch wie die Schildkröten, die im Meer nicht zu sehen sind, wie das Krokodil, das im teefarbenen Wasser untergetaucht ist, wie der Tiger, der hinter einem Grashalm unsichtbar ist, so lauert die Angst, riesenhaft, auch wenn sie verborgen ist, so schrecklich, daß wir nicht wagen, ihren Namen auszusprechen.

Zu Beginn seiner Laufbahn arbeitete mein Freund Dr. Richard Estes (der jetzt ein weltbekannter Fachmann für Antilopen ist) an einem Projekt in Burma. Zwei Nächte lang war er gezwungen, in einer Gegend zu zelten, in der ein menschenfressender Tiger umherstreifte. Am ersten Abend, als Richard den großen Sambarhirsch zum Abendessen jagte, spürte er ein Prickeln im Nacken; er hatte das Gefühl, daß er ebenfalls gejagt wurde. In der nächsten

Gefühl, daß er ebenfalls gejagt wurde. In der nächsten Nacht wachte er um drei Uhr auf und stellte fest, daß sein Feuer, die einzige Wache bei seinem dünnwandigen Zelt, erloschen war. Er zündete es wieder an und schlief weiter, aber als er bei Tageslicht wieder erwachte, sah er, daß sein Zelt von den Spuren eines Tigers eingekreist war. Richard, der damals in den Zwanzigern war, erinnert sich heute, daß er eher empört war als erschrocken. Ein Tiger hatte ihn als Futter in Erwägung gezogen. Richard weiß noch, wie er dachte: »Weiß dieser Tiger denn nicht, *wer ich bin*?«

Natürlich weiß der Tiger ganz genau, wer wir sind.

Im Sajnekhali Mangrove Interpretation Center hängt in einem der kleinen Holzgebäude ein Foto mit der Überschrift: »Opfer eines Tigerunfalls«. Das Foto zeigt einen kleinen, braunhäutigen Mann, der gekrümmt wie eine Garnele auf dem Boden liegt. Bauch und Rücken sind aufgerissen; aus dem unteren Rücken quellen die Eingeweide hervor. (Rathin hat einmal die Leiche eines Mannes mit ähnlichen Verletzungen untersucht: »Die Eingeweide kamen aus der Wunde wie kleine Ballons, wie Beutel voller Schmerz«, sagte er.) Als Dianne und ich hier ankamen, betrachteten wir dieses Foto und dachten: Ich nicht, ich nicht.

Wir leben in einem Land, in dem unsere Vorfahren die Wälder abgeholzt und die Raubtiere ausgerottet haben, so daß wir so tun können, als wären wir nicht aus Fleisch.

Aber der Tiger weiß, daß das nicht stimmt. Denn unter unseren Berufen und unseren Worten, unter unserer Kultur und unserer Kleidung – gleich unter unserer Haut – sind wir immer noch, bleiben wir immer, was wir in der Vorstellung und im Rachen des Tigers seit der Erschaffung der Menschheit sind: Beute.

Das ist eine Tatsache, an die wir uns als Kinder in den

107

Träumen von Monstern, die im Dunkeln lauern, erinnern. Die Vorfahren der Tiger, die Leoparden, jagten im Pliozän und im Pleistozän unsere Ahnen; ihre furchterregenden Vettern, die Säbelzahntiger mit ihren gebogenen, dolchähnlichen Eckzähnen, so lang wie der Unterarm einer Frau, jagten uns ganze Zeitalter hindurch. Diese Tatsache können wir, genauso wie unsere instinktive Angst vor dem Fallen – Vermächtnis unserer baumbewohnenden Vorfahren –, selbst heute noch nicht völlig vergessen. Wir mögen zwar in Wolkenkratzern mit Stahlgerippen wohnen und Kinder in Reagenzgläsern zeugen können, und unsere Wissenschaftler mögen chemische Ersatzstoffe für das menschliche Blut erfunden haben – doch in unseren dunkelsten Träumen werden wir nachts von unheimlichen Raubtieren gejagt.

Vielleicht war der Tiger, der unserem Boot folgte, bloß neugierig. Vielleicht wählte er einfach zufällig den gleichen Weg wie wir. Oder vielleicht jagte der Tiger uns. Wir können es nicht wissen. Wir wissen jedoch, daß uns, wenn der Tiger uns zur Beute gewählt hätte, auch die Eingeweide aus den Bäuchen herausgerissen worden wären und unsere Knochen ihr Mark preisgegeben hätten. Indem der Tiger unseren Körper mit seinen Zähnen öffnet, deckt er die Tatsache auf, die wir im Westen zu ignorieren versuchen: Wir alle – Chital und Wildschwein, Frosch und Fisch, Astronaut und Bettler – bestehen aus Fleisch.

Die Menschen in den Sundarbans allerdings wissen das. Doch sie wissen auch um den heiligen Atem Gottes unter unserem Fleisch.

Mit Hilfe des jungen Sonaton und zweier Forsthüter begann Girindra, unter einem Piara baen-Baum am Rande des Wasserlochs neben dem Sudhanyakhali-Beobachtungsturm einen winzigen Tempel zu bauen.

Wir waren viele Male zu diesem Beobachtungsturm gefahren. Jeder Besuch war eine Art Pilgerfahrt. Seite an Seite mit Dianne hatte ich viele Stunden auf dieser bröckelnden Konstruktion aus Holz und Beton hoch über dem Wasserloch verbracht, hatte schweigend hinuntergestarrt, geschwitzt, gewartet.

Manchmal hatten wir Wildschweine aus dem Wald heraustraben sehen: stämmige kleine Panzer in Ballettschühchen. Wir sahen zierliches Chitalwild über die Pneumatophoren trippeln; wir beobachteten, wie Warane sich aus dem Wasser schlängelten, gefolgt von den Spuren ihrer Schwänze und krallenbewehrten Füße. Und wir beobachteten und warteten immer noch. Meine Ungeduld wuchs.

Auf was wartete ich denn? Daß ein Übersetzer vom Himmel fiele? Daß Rathin aus dem Wald gesprungen käme? Daß mir ein Ast auf den Kopf fiele und ich plötzlich Bangla verstehen würde?

Genau darauf. Während ich wortlos Tag für Tag die Mangroven beobachtete, wartete ich auf ein Wunder: daß die Sundarbans sich mir zeigten.

Das war zum Teil der Grund, weswegen wir Girindra gefragt hatten, ob wir für die Waldgötter der Sundarbans eine Puja abhalten könnten, einen Gottesdienst. Wir wollten natürlich unseren Respekt vor Girindra und seinem Glauben zeigen. Wir wollten sehen, wie die Waldgötter verehrt werden. Aber außerdem hofften wir beide – obwohl Dianne Agnostikerin ist und ich Christin bin – heimlich, im Hinterkopf, daß Girindras Götter dem Wald ein Wunder entlocken könnten.

An vielen Vormittagen waren wir auf den rutschigen Anlegesteg aus handgelenkdicken Goran-Stämmchen geklettert und dann den Ziegelweg entlanggegangen, der zu den Betonstufen des Beobachtungsturmes führte. Zum

Schutz der Touristen und des Personals sind der Beobachtungsturm und die Gehwege von einem Maschendrahtzaun eingeschlossen, der die Menschen von dem Wasserloch und von den Tigern trennt, die zum Trinken kommen. An der Schwelle zwischen diesen beiden Welten steht ein Tor aus Metall. Jetzt gingen wir mit Girindra und Sonaton und den unbewaffneten Waldhütern durch dieses Tor hindurch nach draußen und stiegen dabei über alte Tigerspuren hinweg, die um den Zaun herumliefen.

Morgens hatten wir in Jamespur an einem strohgedeckten Stand aus gewebtem Bambus einen Teil der heiligen Gegenstände für die Puja gekauft. Aus einem Zwanzig-Liter-Glas mit Schraubverschluß, in dem es von Ameisen nur so wimmelte, hatte Girindra *batasha* herausgefischt, flache, runde, weiße Süßigkeiten. Die, sagte er, äße die Waldgöttin Bonobibi am liebsten. Er hatte ein Stück rote Schnur gekauft und zwei rote und goldene Cellophan-Halsketten, die wie billige hawaiische Blumenketten aussahen. Rot, die Farbe unseres Blutes, sei den Hindus heilig, erklärte Girindra, und es sei eine Farbe, die Daksin Ray, dem Tigergott, sehr gut gefalle.

Außerdem kaufte Girindra Räucherstäbchen und zwei kleine Papierstäbe, etwa so groß wie Bidis, mit Spitzen aus rosa und violettem Papier und Fransen aus weißer Schnur. Girindra nannte sie *latu*. Er sagte, sie wären für Sha Jungli, Bonobibis Bruder.

Außer diesen wenigen Dingen brachten wir nichts mit. Um das kleine Heiligtum, den Altar und die Götterbilder zu bauen, vertrauten Girindra und seine Freunde auf den Wald. Mit einer Machete schnitt einer der Forsthüter von einem Busch in der Nähe mehrere etwa einen Meter lange Pfähle. Das würden die Balken des kleinen Tempels werden. Ein Palmwedel von einer Kokospalme in der Nähe diente als Dach und wurde mit weiteren Kokosblättern auf den Balken festgebunden. Der fertige Tempel war etwa so hoch wie ein hockendes Kind. Für den Fußboden holte Girindra Schlamm vom Rand des Wasserlochs. Die Männer gingen ihrer Arbeit still und ohne Unterbrechungen nach. Ihre Bewegungen waren zwar sehr verschieden, doch ihre sanfte Beharrlichkeit ließ mich an eine Mutter denken, die ihrem Kind das Haar flicht.

Etwa zehn Minuten, nachdem die Männer mit dem Bau des Heiligtums begonnen hatten, kam ein großer männlicher Makak aus dem Wald. Dianne und ich erinnerten uns daran, wie wir ihn zum ersten Mal gesehen hatten. Nach einem stillen Vormittag, den wir, die Ferngläser vor die Gesichter geklebt, wartend auf der lehnenlosen Bank auf dem Beobachtungsturm verbracht hatten, war unsere Wache von bengalischen Stimmen unter uns unterbrochen worden. Entsetzt hatten wir entdeckt, daß drei Forsthüter in *lungis*, mit Plastiktüten in der Hand, das Tor zum Wasserloch öffneten. Sie gingen bis ans Wasser heran – und dort packten sie unter lautem Geplauder Shampoo, Seifenpulver und schmutzige Wäsche aus und machten sich zu unserer Verwunderung daran, sich die Haare und ihre Wäsche zu waschen.

»Also gut«, hatte Dianne gesagt, »wir haben gerade vier Stunden regungslos in der Hitze gesessen, um zu beobachten, wie drei Bengalis ihre Wäsche waschen.«

Beinahe wären wir sofort gegangen, so sicher waren wir, daß die Männer die bewegungslose Stille, die wir den wilden Tieren, die wir anzulocken hofften, so sorgsam dargeboten hatten, unwiederbringlich zerstört hatten. Aber kaum hatten die Männer ihre Wäsche beendet und waren durch das Tor verschwunden, da erschien der männliche Makak zögernd am Waldrand. Merkwürdigerweise kam er von der Seite des Waldes, die der Stelle, wo die Männer eben noch gewaschen hatten, am nächsten lag.

Zuerst näherte das Männchen mit seinem rosa Gesicht sich vorsichtig dem Wasser. Es nippte an der Oberfläche. Dann, auf ein Zeichen hin, das wir nicht ausmachen konnten, erschienen die anderen Makaken: kleinere Männchen, einem fehlte die Schwanzspitze; Weibchen mit langen Brustwarzen und Babys, die sich in ihr helles Bauchfell klammerten; tobende Halbstarke. Insgesamt zählten wir 13 Affen.

Sie tranken; die Halbwüchsigen jagten sich und schnatterten; zwei Weibchen kletterten auf einen Baum und pflückten mandarinengroße, behaarte Früchte, bissen Stücke aus dem blaßgelben Fleisch und ließen viel davon fallen. Der erste Baum, den die Affen sich zum Klettern aussuchten, stand nur fünf Meter von dem Waschplatz der Männer entfernt, obwohl andere früchtetragende Bäume der gleichen Art ganz in der Nähe standen, und tatsächlich wechselten die Affen später auf diese über, um dort zu fressen.

Warum waren sie unmittelbar nach dem lärmenden Besuch der Forsthüter gekommen? Dianne verstand das sofort. Die schwerfälligen Männer – zusammen mochten die drei knapp 400 Pfund Fleisch haben – hätten einem Tiger ein leichteres Ziel und eine größere Mahlzeit geboten als die kleinen, flinken Makaken. Vom Wald aus hatten die Affen beobachtet, ob *die Männer einen Tiger anlokken würden*. Da kein Tiger erschienen war, um sich den Köder zu schnappen, wußten die Affen, daß keine Gefahr drohte.

Fünfundvierzig Minuten lang spielten und fraßen und schnatterten die Makaken um uns herum, manchmal so nah, daß wir die strohfarbenen Wimpern an ihren bleichen

Augenlidern sehen konnten. Dann verschwanden sie einfach, lösten sich im Wald auf wie Salz im Meer.

Jetzt, als wir auf dieser Lichtung am Rande eines Tigerwaldes standen, waren wir sehr froh, das große Männchen wiederzusehen. Bald folgte ihm der Rest der Gruppe. Ihr Erscheinen zeigte uns, daß nach Ansicht des Anführers kein Tiger in der Nähe war. Wenn ein Tiger hier auf der Lauer gelegen hätte, hätte er uns inzwischen angegriffen.

Die Affen tranken friedlich am Wasserloch, weniger als 50 Meter entfernt, auch während Girindra und die anderen Männer weiter an dem Heiligtum bauten. Wir alle – Affen und Menschen – fühlten uns sicher.

Auf dem Lehmboden des Tempels errichtete Girindra drei Podeste aus Lehm. Auf jedes legte er eine Kugel von der Größe eines Babypuppenkopfes. Dann wurde oben auf jede Kugel ein Blatt gelegt, wie ein Hut.

Anschließend wuschen die Männer sich im Teich und reinigten Dianne und mich zeremoniell, indem sie uns die Köpfe mit Wasser besprengten. Ein Forsthüter zündete zwei Räucherstäbchen an und stellte sie vor die beiden vorderen »Säulen« des kleinen Tempels.

Girindra legte einen flachen Teppich aus glänzend grünen Piara baen-Blättern vor die drei Hügelchen. Ein Waldhüter fädelte die beiden kurzen Stücke *latu* auf die rote Schnur, die wir in Jamespur gekauft hatten, und hängte sie dann wie ein Spruchband in das Dach des Tempelchens, so daß die *latu* wie zwei Laternen herabbaumelten. Eine rotgoldene Kette wurde sorgsam und mit großer Ehrerbietung im Kreis um die drei Lehmkugeln herumgelegt. Auf jedes blattgekrönte Hügelchen kam eine weiße Süßigkeit und auf das mittlere zwei. Die Tüte mit den übrigen *batasha* wurde in das Heiligtum gestellt.

Alles war vorbereitet: Der Tempel war für seine Bewohner bereit. Girindra sprach leise bengalisch und rief die Götter an, in die Lehmkugeln einzudringen. Gleißendes Licht floß wie Milch aus einem Krug von der Sonne herab.

In vielen westlichen Überlieferungen wird gesagt, daß Jahwe uns aus Staub zauberte, doch hier in den Sundarbans beruht die Beziehung eher auf Gegenseitigkeit. Gewöhnliche Sterbliche zaubern Götter aus dem Lehm.

Die Hände flach auf den Boden gelegt, verneigte Girindra sich vor seinen Göttern.

Beim Umherwandern in einer magischen Landschaft können selbst die Heiligen in Verwirrung geraten.

Die hinduistische Mythologie erzählt die Geschichte Markandeyas, eines uralten Weisen. Tausende von Jahren durchwandert der unverwüstliche alte Mann glücklich die ideale Welt im Innern des schlafenden Vishnu. Doch Vishnu schläft mit leicht geöffneten Lippen; Markandeya schlüpft unabsichtlich aus dem Mund des Gottes und stürzt in das Meer, auf dem der Gott ruht.

Markandeya ist zu Tode erschrocken, als er merkt, daß er im dunklen Wasser des kosmischen Ozeans schwimmt. Hinduistische Lehren berichten uns, daß auch das Wasser Vishnu ist, genauso wie Ananta, die endlose Schlange, auf der der schwimmende Gott ruht. Doch Markandeya erscheint das Meer nicht als die Fülle, auf der ein Gott ruht, sondern als Nichts. Die Welt, so wie er sie kannte, ist fort. Hat sie überhaupt jemals existiert?

Doch dann entdeckt der verzweifelte Heilige in den Wassern die riesenhafte, leuchtende Gestalt des schlafenden Gottes. Gerade als Markandeya fragen will, wo er ist, ergreift Vishnu ihn und schluckt ihn wieder herunter.

Der Heilige findet sich im Körper des Gottes wieder – so einfach und geheimnisvoll, wie ein Traum in unseren

Schlaf, wie Essen in unseren Mund, wie Atem in unsere Lungen eindringt.

Das Universum, sagen die Mystiker, ist durchlässiger, als es scheint. Die Grenzen zwischen Mensch und Tier, Geistern und Göttern sind nur eine Illusion, ein Werk des Mayazaubers, der die Gleichheit des Gegensätzlichen verbirgt.

Jeder Atemzug singt von dem Wunder der durchlässigen Welt. Mit jedem Einatmen, heißt es, sagen wir »ham«, mit jedem Ausatmen »sa«. »Ham-sa« atmen wir und sprechen damit das sanskritische Wort für den Wildgänserich – einen Vogel, der auf dem Wasser schwimmt, aber auch durch die Luft fliegt –, das Reittier Brahmas, des viergesichtigen Schöpfergottes, der aus dem Lotus hervorgeht, welcher aus Vishnus Nabel wächst. »Ham« für sich gesprochen heißt »ich«, »sa« bedeutet »dies«. »Sa-ham« atmen wir und verkünden damit »Dies bin ich«. Mit jedem Atemzug – während wir den Sauerstoff einsaugen, der unser Blut rot färbt – sprechen wir neben unserem eigenen Namen den Namen Gottes. »›Ich bin Er, der frei und göttlich ist‹. Das ist die Lehre, die jeder Augenblick der Ein- und Ausatmung dem Menschen singt, die göttliche Natur Dessen, in dem der Atem wohnt, bekräftigend«, schreibt Heinrich Zimmer in *Indische Mythen und Symbole.*

Hier in den Sundarbans, wo das Meer das Land durchdringt und umfängt und das Land das Meer durchdringt und umfängt, lösen sich Grenzen leicht auf, wie Lehm im Wasser. Hier nehmen aus dem Wasser gezogene Fische beim Trocknen die Farbe des Sonnenaufgangs an; hier bringen die Baumwipfel neben Knospen auch Vögel hervor; und daher rufen Menschen aus Fleisch und Blut hier ohne weiteres Götter herbei, auf daß sie in Lehmkugeln eindringen.

Girindra bat drei Götter zu uns: Daksin Ray, den Tigergott des Dschungels; Sha Jungli, den keulenschwingenden Krieger, den Beschützer der Menschen; und Bonobibi selbst, die Waldgöttin.

Nacheinander verneigten wir uns alle vor ihnen. Girindra sprach leise bengalisch. Im Knien führte er die rechte Hand zur Stirn, zum Herzen und berührte sich oben auf dem Kopf – ein Zeichen der Ehrfurcht, das wir nachahmten. Anschließend nahm jeder Mann aus dem Blätterteppich vor den Göttern ein Blatt und aus der Tüte zwei *batasha*. Jedes Blatt wurde mit einer Ladung Süßigkeiten wie ein Floß auf dem Wasserloch ausgesetzt. Dann wurden sie wiedergeholt und die nun feuchten *batasha* wurden über den Köpfen aller Anwesenden zerkrümelt. Anschließend aßen wir die restlichen Süßigkeiten, denn sie waren nun heilig. Wir schluckten sie ebenso mühelos, wie Vishnu Markandeya verschluckte.

Girindra und Sonaton kehrten zur *Mabisaka* zurück, und Dianne und ich gingen zum Beobachtungsturm, um unsere Sachen zu holen.

Am Morgen hatte Girindra zwei Halsketten aus Cellophan gekauft, aber in der Puja hatte er nur eine verwendet. Ich fragte mich, was er mit der anderen vorhatte. Als Dianne und ich auf die *Mabisaka* zurückkamen, fanden wir ihren Bug damit bekränzt. Sechs *batasha* waren wie Knöpfe auf ihrem roten Bugspriet aufgereiht, und in einer Ritze im Holz klemmte der Rest eines Räucherstäbchens.

»Bonobibi, Daksin Ray, Sha Jungli – sind sie schon einmal zu dir gekommen?« fragte ich Girindra später.

»Gestern Bonobibi gekommen«, erzählte er mir. »Schlaf-Zeit, Bonobibi, ich gucke.«

Girindra sieht vieles in seinen Träumen: Götter in Gestalt von Tigern, Tiger in Gestalt von Geistern, Geister in Gestalt von Tieren. In seinen Träumen wurde er schon von Fabelwesen gejagt, die im echten Dschungel und selbst in der Mythologie nicht zu finden sind. Er ist in Gebiete des Dschungels gereist, die er noch nie gesehen hat. Manche seiner Träume sind, das ist ihm klar, reine Schlafspiele, ohne besondere Bedeutung; andere sind seiner Überzeugung nach Visionen. Und manche waren dunkel und furchteinflößend.

Girindra konnte mir damals nichts von diesen Visionen erzählen. Der einzige Traum, der so einfach war, daß unsere gemeinsame Sprache ihn faßte, war folgender: Bonobibi kam im Wald zu ihm, leuchtend wie der Mond, und nahm ihn wie eine Mutter in die Arme.

Nach der Puja wirkte Girindra sichtlich kühner. Schon am nächsten Tag beschloß er, uns wieder nach Bagna zu fahren, in jene »tigerverseuchte« Gegend, vor deren Erkundung er sich vorher gefürchtet hatte.

»Bagh kothai?« scherzte ich unterwegs. »Tiger wo?«

»Shekane bagh ache« – »Der Tiger ist da«, versicherte er. »Aber«, fuhr er in meiner Sprache fort: »Du guckst nicht!«

Als wir in Bagna ankamen, trafen wir uns mit dem Ranger M. S. Hazra, der uns einen bewaffneten Forsthüter mitgab, der uns in die schmalen Wasserläufe des Jhingakhali Block (»stark tigerverseuchtes Gebiet«, versprach er) begleiten sollte.

Wie auf einer Gratwanderung fuhren wir die Wasserstraßen entlang, in der Hoffnung, einen Tiger zu sehen. Aber während der gesamten zweistündigen Bootsfahrt entdeckten wir, zum ersten Mal, seit wir in den Sundarbans waren, kein einziges Säugetier.

Der Forsthüter klammerte sich den ganzen Nachmittag

lang an sein russisches Gewehr, so als könnte uns jederzeit ein Tiger anspringen. Dianne und ich starrten in den Wald und versuchten, unsere Augen in Röntgenstrahlen zu verwandeln. Bagnas Ufer sind dicht mit stacheligen Hental-Wedeln bewachsen. In diesen Gebieten ist das Gestrüpp so dicht, daß man sagt, das Wild würde sich im Dickicht verfangen. Die Muster, die von den schwarzen leeren Flächen zwischen den Palmblättern gebildet werden, sehen genauso aus wie die Streifen eines Tigers.

Wie kann ein 400 Pfund schwerer Tiger sich hinter einem Loch verstecken? Wie kann ein so grüner Wald das lodernde Orange des Tigers verbergen? Diese Wälder bilden einen dunklen Spiegelsaal, in dem jeder Spiegel sein Gegenteil wiedergibt, in dem Räume massige Gestalten verstecken und Orange Grün spiegelt, in dem Gewalt unerwartet schön erscheint und Schönheit gewalttätig und fremd wird.

Wir sahen den ganzen Nachmittag lang nichts, doch wir kehrten mit tief verstörten Seelen zurück.

Lausche der Stimme des Absoluten: »Dies bin ich«, seufzt das mondgelenkte Wogen des Meeres; »Dies bin ich«, verspricht der Silberreiher im Flug; »Dies bin ich«, sagt das Gold der Sonne, das sich im Wasser spiegelt.

Wie Markandeya, der die ideale Welt im Innern Vishnus durchwandert, kann man im Auf und Ab in den Sundarbans die Vervollkommnung von Frieden und Stärke sehen. Die Mangroven schenken dem Wasser mit unbekümmerter Freude ihre abgestorbenen Blätter. Sie wehen und kämpfen nicht im Wind wie herbstliche Blätter in Wäldern des Nordens, sondern lösen sich von selbst und fallen gleich ins Wasser, so als wären die Fluten, nicht die Äste, ihre Heimat. Und im Wasser inkarnieren die Blätter sich tatsächlich neu, denn hier werden sie verwandelt, erneut verwendet, wie die Seelen von Menschen und Tieren im großen Rad der Wiedergeburt.

Selbst im Schlamm ist die Herrlichkeit der höchsten Götter zu erkennen. Oder man kann statt dessen eine Orgie aus Gebären und Fressen sehen, im verschlungenen Gewirr der Stelzwurzeln, in dem Schlamm, der gierig die Haut verschlingt, so wie ein Feinschmecker an einem Entenknochen saugt. Und vom Boot aus, neben dem Wogen der ansteigenden Fluten, wirkt das Meer wie ein offener Mund, der ewig das Land ableckt, ewig voller Begierde, ewig hungrig.

In diesem geistgesättigten Tigerwald sind die Götter so nah wie der Atem und so fremd wie Träume; was auf den ersten Blick geradezu obszön offensichtlich wirkt, kann im nächsten Augenblick aus dem Gesichtsfeld versinken oder sich in sein Gegenteil verwandeln. In diese Wälder hineinzusehen ist, als starrte man abwesend auf seine eigene Hand und erblickte an ihrer Stelle eine Klaue.

Eines Morgens, als wir nach Jamespur fuhren, um Kokosnüsse zu kaufen, hörten wir dumpfes Trommelschlagen und den näselnden Ruf einer Flöte. Oben auf dem Lehmdamm, der das Dorf vor dem Fluß schützt, versammelten sich festlich gekleidete Menschen. Girindra sagte, das sei eine Hochzeit. Wir legten an, um zuzusehen, wie das Paar sich das Jawort gab.

Alle Augen waren scheinbar auf eine schöne Frau gerichtet, die einen roten Schleier trug. In einen rot-goldenen Sari gehüllt, schlängelte sich ihre hochgewachsene, geschmeidige Gestalt verführerisch zu den Klängen der Flöte. Die Männer um sie herum grinsten breit. Als wir näher kamen, betrachteten wir sie genauer: Sie trug eine dicke Schicht rosa Make-up, ihre Augen waren mit *kohl* umrandet; das lange schwarze Haar war eine Perücke, und ihre kleinen runden Brüste waren falsch. Sie war ein als Frau verkleideter Mann. Später in Kalkutta sagte Kushal, die Tänzerin sei wahrscheinlich ein Eunuch gewesen. Eunuchen, erklärte er, werden auch oft gerufen, um die andere große öffentliche Feier des Geschlechts zu segnen, die Geburt eines ersten Kindes.

Während diese Tänzerin zur Musik herumwirbelte, wurde der neunzig Zentimeter mal ein Meter zwanzig große Palankin, der auf dem Lehmboden stand, von den meisten Besuchern ignoriert, obwohl er sorgfältig mit Blumen aus Kreppapier, buntem Zeitungspapier und Schmetterlingen aus Papier und Folie geschmückt war. Wir sahen hinein und fanden darin, wie den Preis in einer Schachtel Knallkörper, die Braut. Man sah, daß sie sehr lange geweint hatte; jetzt war kein Schluchzen mehr übrig, nur noch Tränen. Sie sah aus, als wäre sie etwa zwölf Jahre alt.

Sie war kein hübsches Mädchen; sie hatte einen starken Überbiß und einen eckigen Körper, den ihr wogendes rosa Hochzeitskleid nicht verbarg. Die roten und goldenen Armreifen betonten nur die Plumpheit ihrer Handgelenke. Aber für die fröhliche Gesellschaft lag ihre Schönheit in ihren dunklen Augen, die vor Tränen glänzten – dem Gipfel weiblicher Sittsamkeit.

Es wird als Zeichen der Ehrbarkeit betrachtet, wenn eine bengalische Braut weint: Sie ist im Begriff, ihr Zuhause, ihr Dorf und alle, die sie kennt und liebt, zu verlassen, um mit einem Mann zusammenzuleben, den sie sich höchstwahrscheinlich nicht ausgesucht und den sie möglicherweise noch nie gesehen hat. Hier, wie in den meisten Gegenden Indiens, werden die Ehen von den Eltern der Brautleute organisiert. Die Tiefe des Kummers der Braut spiegelt ihren Respekt vor den Wünschen der Eltern wider. »Morgen gehe ich in ein neues Land, in das meine Verwandten nicht kommen können«, heißt es in einem bengalischen Brautlied, das von Katy Gardner in *Songs at the River's Edge* übersetzt wurde. »Sie werden mich in meinem Sarg forttragen, und ein Leichentuch wird mein Kleid sein.«

Der Bräutigam sah das Mädchen, das er zur Frau nahm, nicht an. Der dünne junge Mann, gerade so alt, daß ihm der weiche Schatten eines Schnurrbarts sproß, wirkte genauso verängstigt wie die Braut. In seinem ordentlichen weißen Hemd mit Nehru-Kragen und den cremefarbenen Hosen stand er steif da, und der hohe, spitze Hut, der aussah wie mit Elfenbeinschnitzereien überzogen, ließ ihn zwergenhaft klein erscheinen. (Später sahen wir in einem kleinen Laden in Jamespur den undekorierten Hochzeitshut zum Verkauf; er war aus Zeitungspapier.)

Die Braut kletterte aus ihrem Palankin und stellte sich neben ihn; sie hakten die kleinen Finger ineinander und starrten auf den Lehm zu ihren Füßen, während auf bengalisch Worte über sie gesprochen wurden. Dann bestiegen sie den Palankin, wurden von Trägern auf die Schultern gehoben und auf den guten Wünschen der versammelten Menge zum Hochzeitsboot getragen. Kleine Jungen schossen Feuerwerk ab, die Trommelschläge dröhnten lauter, und die Flöte trillerte, der Bootsmotor sprang tuckernd an, und das Paar und die Hochzeitsgesellschaft schwammen auf dem Wasser davon wie süße *batasha* auf einem treibenden Blatt. Immer noch weinend winkte die Braut Dianne und mir zu. Später fragten wir uns, ob sie uns vielleicht für Würdenträger auf Besuch gehalten hatte, die sie irgendwie retten könnten.

Dianne entdeckte nach dem Fest, daß jemand aus der Menge einen Druckknopf auf ihrer Westentasche geöffnet hatte. Wenn der Taschendieb den Reißverschluß ihrer Geldkatze aufgezogen hätte, hätte er Hunderte von Rupien, ein paar amerikanische Dollars und einen unbezahlbaren amerikanischen Paß stehlen können; statt dessen hatte er Diannes kleine Sprühdose mit Tränengas erwischt. Wir malten uns die anfängliche Enttäuschung des Diebes aus. Dann stellten wir uns seinen Schrecken vor, wenn er ausprobierte, ob das Diebesgut wirklich Parfüm war, wie er vermutlich annahm – oder Mundspray. Wir lachten über diese kleine, phantasierte Gewalttat; das war Gerechtigkeit wie im Bilderbuch.

Die Gewalttätigkeit von Unschuldigen ist es, die uns den Atem raubt, denn sie ist immer unerwartet; eines Tages beobachteten wir, wie sie sich vor unseren Füßen entwickelte. Als Girindra uns nach einem Tag im Urwald nach Hause brachte, hielt er zwei Bootsleute an und tauschte zwei von Diannes Zigaretten gegen Krebse ein. Der ältere der beiden Fischer, um den Kopf eine *gamcha* gewickelt und mit runzligen, schwieligen Füßen wie die eines Elefanten, suchte aus dem flachen Aluminiumtopf im dunklen Laderaum des kleinen Paddelbootes aus der Masse von wirbelnden Scheren zwei dicke, grünliche Krebse aus. Er setzte sie auf das Deck der *Mabisaka*. »Mann und Frau Krebs«, erklärte Girindra. Er kannte sich aus, denn er hatte früher als Krebsfischer gearbeitet.

Sofort packte das Männchen das Weibchen am Augenstiel und zog ihr das Auge heraus. Mit der anderen Schere zerdrückte er ihren Kopfpanzer. Im gleichen Moment riß sie ihm, mit einer Schere wie einer Kneifzange, die rechte Klaue aus dem Gelenk, während er ihren Augenstiel noch in seinem Keratingriff gepackt hielt. Als der sonst so sanfte Girindra sah, daß unser Nachmittagsimbiß im Begriff war, sich selbst zu vernichten, schnappte er die Krebse, brach ihnen alle Scheren und Beine ab und warf sie, immer noch lebendig, in den Wassereimer.

Lausche auf die Stimme des Absoluten: Dies bin ich.

Wir waren auf dem Rückweg nach Sajnekhali und warteten darauf, daß der Sonnenuntergang sich über den Himmel ausbreitete, als wir den Tiger sahen.

Wir hatten den ganzen Tag auf der *Mabisaka* verbracht und die Nebenflüsse erkundet. Wir hatten ein besonders großes Krokodil gesehen, etwa sieben Meter lang. Wir hatten Schweine und Wild gesehen. Wir waren an mehreren Pfählen vorbeigekommen, die Tigerunfälle kennzeichneten, und wieder hatte Girindra versucht, mir zu erzählen, was dort geschehen war; wieder hatten wir unsere frustrierende Konversation mit gegenseitigen Entschuldigungen abgeschlossen:

»Tut mir sehr leid, ich nicht gut Englisch spreche.«

»Tut mir sehr leid, ich nicht gut Bangla spreche.«

»Ich bin sehr traurig.«

»Ich bin auch sehr traurig.«

Dianne hatte einen großen Teil des Tages mit dem Versuch verbracht, Eisvögel zu fotografieren. Sie spielen endlos Fangen mit den Booten; einer stürzt sich von seinem Ausguck herunter und saust den Fluß entlang, ein Pfeil aus Türkis und Weiß; er setzt sich auf einen Ast, der über den Fluß hängt, wartet, bis das Boot ihn einholt, und fliegt wieder los. »Ich kriege das kleine Biest schon noch!« schwor Dianne dann und lachte los wie ein Seeräuber. Und dann blinzelte sie durch ihre Fotolinse und faltete ihre Beine und Ellbogen auf dem Deck zusammen – und der Verschluß klickte genau in dem Moment, in dem der Vogel seinen Ausguck wieder verließ.

Girindra kochte uns an dem Tag ein Fischcurry zum Mittagessen. Als späteren Imbiß kochten wir auf seinem Lehmofen ein Paket gefriergetrocknete »Maritime Pasta Supreme«, einen Leckerbissen, den ich aus Amerika mitgebracht hatte. Sonaton mochte das Gericht nicht, aber als Girindra grüne Chilischoten hinzugefügt hatte, erklärte er, es sei »sehr gut«.

Normalerweise aß Girindra mit den Fingern, eine Handlung von schlichter, aber beunruhigender Anmut, ein Ballett der Finger und der Handfläche. Ich erinnerte mich, wie ich zum ersten Mal unsere Freundin Hasna dabei beobachtet hatte: Mit der Zeigefingerspitze nahm sie ein bißchen Salz auf und betupfte, mit einwärts gebogenen Fingern, das Curry damit; und dann verknetete sie Fisch, Reis und Dahl, indem sie das Essen mit dem Daumen und allen Fingern in ihre Handfläche drückte, bis ihre ganze Hand, selbst ihre goldenen Ringe, vor Fett glänzten. Mit der Hand zu essen, verstärke das sinnliche Erleben des Essens, meinte Hasna. »Einem Bengali würde es nicht im Traum einfallen, ein traditionelles Gericht mit Messer und Gabel zu essen«, erklärte sie uns, »es hätte nicht den gleichen Geschmack.« Anscheinend folgte Girindra dieser Argumentation, als er die »Maritime Pasta Supreme« verzehrte: Um sie, seine erste Kostprobe »amerikanischen« Essens, intensiver zu erleben, aß er mit dem Löffel, mit dem er sonst das Dahl umrührte.

Nach dem Mittagessen ruhten wir uns aus. Dianne packte ihre große Kamera fort, Girindra wusch ab. Dianne und ich saßen auf der weißen Bank auf dem Vorderdeck der *Mabisaka*, sahen zu, wie das Nachmittagslicht verblaßte und warteten darauf, daß die Sonne auf dem Wasser schmolz. Wir fuhren um eine Flußbiegung.

Sonaton sah den Tiger als erster. Sein Arm schoß nach vorn, und er rief seinen Namen so heftig, wie ein Mensch in einem brennenden Haus »FEUER!« schreien würde. »BAGH!« rief er und dann, für uns, »TIGER!«

Einen Augenblick lang sah er aus wie ein Felsen: ein rundlicher, beschatteter Gegenstand mitten in einem 40 Meter breiten Fluß, an dessen Rändern das Wasser weiß schäumte. Doch der Felsen bewegte sich. Der Felsen war ein Kopf – das Gesicht eines Tigers – und der Tiger schwamm über den Fluß, im rechten Winkel zum Weg der *Mabisaka*.

Der Tiger war so naß, daß er im Wasser schwarz aussah. Aber sein Kopf war trocken und unwirklich mit Flamme und Kohle und Wolke gefärbt. Wie kann ein Wesen so aussehen? Er wirkte unwirklich groß, unwirklich stark; er erschien mindestens drei Meter lang. Der Tiger sah uns nicht an. Wir waren für den Tiger ein Nichts; ihm war es nur wichtig, den Fluß zu überqueren und zu erreichen, was immer ihn auf die andere Seite zog.

Wir konnten die weißen Flecken auf der Rückseite seiner Ohren sehen. Innerhalb von zehn Sekunden, nachdem wir ihn entdeckt hatten, erreichte der Tiger das Ufer. Er kletterte auf den Lehm hinauf, dabei floß ihm das Wasser aus dem Fell und von dem langen, gebogenen Schwanz, und schlüpfte in den Wald.

Tag für Tag hatte ich Ausschau gehalten und auf diesen Moment gewartet, auf dieses Wunder, hatte darauf gewartet, daß die Sundarbans mir, wie ein Gott in einer Vision, in Gestalt eines Tigers erscheinen würden.

Doch der Zauber des Tigers war so undurchdringlich wie der Wald selbst. Aus dem Wasser zu klettern und zu verschwinden kostete das Tier weniger als zwei Sekunden. Nahtlos verschmolz es mit dem Mangrovengewirr – ohne sich zu schütteln, ohne ein Blatt zu bewegen, ohne ein Zweiglein zu knicken. Schwerelos und masselos, unsichtbar wie der Atem, löste der Tiger sich im Wald auf.

Tigerzählung

Viele Forscher, darunter auch einige, die sich mit Tigern gut auskennen, würden sagen, daß die Tiger in den Sundarbans nicht real sind.

Natürlich bestreitet niemand, daß es hier Tiger gibt, wo so viele Spuren überall in den Sand und in den Lehm gedrückt werden. Aber Tiger, die hinter Booten herschwimmen, um Jagd auf Menschen zu machen? Tiger, die durch die Luft fliegen? Tiger, die vor den Augen der Menschen auf das Zweifache ihrer normalen Größe anwachsen? Tigergötter, die mit Gebeten und Räucherwerk besänftigt werden müssen? Eben das sind die Tiger, die die Menschen in den Sundarbans kennen, und die westliche Wissenschaft behauptet, solche Wesen könne es nicht geben: Sie seien unmöglich. Wie kann ein schwimmender Tiger aus dem tiefen Wasser heraus auf das Deck eines Bootes schnellen? Wie kann ein großes Säugetier überleben, wenn es nichts anderes als Salzwasser trinkt? Wie kann ein Tier, das bis zu 450 Pfund wiegt, auf ein drei Meter langes Holzboot springen, ohne die gesamte Mannschaft aufzuscheuchen? Genauso unmöglich ist es, daß es plötzlich aus Luft entsteht.

Aber selbst zuverlässige Quellen berichten, daß die Tiger in den Sundarbans sich nicht so verhalten wie die Tiger in gut untersuchten Forschungsgebieten.

George Schallers Untersuchungen in Kanha und das Projekt Chitawan von der Smithsonian Institution bestätigen, daß Tiger typischerweise nachts jagen. Daß Tiger sich zu Nachtjägern entwickelten, zeigt sich im *tapetum lucidum*, der lichtreflektierenden Schicht in der Retina, die bewirkt, daß ihre goldenen Augen im Mondlicht grün und im Strahl einer Taschenlampe rot leuchten. Man nimmt an, daß die Sehfähigkeit eines Tigers bei Tag etwa so gut ist wie die eines Menschen, aber nachts, wenn das Wild am aktivsten ist, sind die Augen des Tigers sechsmal leistungsfähiger als unsere.

Im grellen Licht und der Hitze des Tages ruhen Tiger sich normalerweise am liebsten aus, vor allem, wenn der nächtliche Beutezug erfolgreich war. Häufig bleiben sie in einem Versteck bei der angenagten Beute der Nacht liegen. Forscher in Chitawan stellten fest, daß Tiger, die sie in der heißen Jahreszeit (März bis Mai) bis zum Vormittag lokalisieren konnten, in 82 Prozent der Fälle eine bis sechs Stunden später noch am gleichen Platz lagen. Selbst in der kühlen Jahreszeit, wenn die Tiger am aktivsten sind, konnten die Forscher damit rechnen, daß sie die Tiger in gut über der Hälfte der Fälle eine bis sechs Stunden später noch am gleichen Ort vorfanden.

Doch die Tiger in den Sundarbans jagen dem Vernehmen nach mindestens genausooft am Tag wie in der Nacht. Menschen scheinen sie sogar lieber tagsüber zu jagen. Als Kalyan Chakrabarti den geschätzten Todeszeitpunkt bei Tigeropfern in den Sundarbans analysierte, stellte er fest, daß in 80 Prozent der Fälle das Opfer bei Tageslicht getötet wurde.

Fischer, Führer und Forsthüter sagen, die Tageszeit würde den Geschöpfen der Sundarbans wenig bedeuten; das Wasser spielt die Hauptrolle. Bei Ebbe sind die Opfergaben des Wassers wie ein Festmahl auf dem Schlamm ausgebreitet und locken Chitalhirsche, Affen und Wildschweine, Dschungelhühner und sogar die Warane zum Erforschen an. Das ist die beste Zeit, um in den Sundarbans Tiere zu beobachten, und niemand weiß das besser als die Tiger. Daher richten sie sich bei der Jagd nach den Gezeiten und kümmern sich nicht darum, ob es Tag oder Nacht ist.

Überall können die Tiger schwimmen, und sie gehen gern ins Wasser; in der heißen Jahreszeit ruhen in den Tropen lebende Tiger sich oft in kühlen Wasserläufen aus. Doch in den Sundarbans sind die Tiger im Wasser genauso zu Hause wie auf dem Land. Man hält sie für *völlig amphibisch* – dieser Ausdruck taucht in der spärlichen Literatur über diese Raubtiere immer wieder auf.

Viele normalerweise ans Land gebundene Geschöpfe können in den Sundarbans schwimmen. Warane, Verwandte der Komodowarane, sind ausgezeichnete Schwimmer – auf den ersten Blick kann man sie fälschlicherweise für Krokodile halten. Das Wild schwimmt. Die Schweine schwimmen. Sogar die Affen schwimmen. Häufig wird gesagt, Affen und Menschenaffen könnten nicht schwimmen – selbst Orang-Utans nicht, unsere orangehaarigen Vettern, die häufig durch die indonesischen Sümpfe waten. Aber an unserem ersten Tag mit Girindra draußen auf dem Wasser sahen wir einen Rhesusaffen wie einen Hund durch einen Flußarm paddeln, ein so merkwürdiger Anblick, daß Dianne und ich uns gar nicht vorstellen konnten, daß es ein Affe war, bis unser Boot das Tier beinahe überfuhr.

Die Tiger in den Sundarbans sind starke, schnelle Schwimmer. Rathin erzählte mir, daß er einmal einen Tiger gestoppt habe: Er schwamm in sieben Minuten und achtzehn Sekunden 550 Meter gegen die Strömung. Rathin, der auf dem Bauch im Bug des Bootes lag, mit Gesicht und Kamera über dem schwimmenden Tiger, hatte seinen Leuten befohlen, das Tier mit dem Boot zu umkreisen. Der Tiger, sagte er, richtete sich aus dem Wasser auf, 15 cm höher als seine Schwimmhaltung, und knurrte und fauchte ihn an. Rathin sagt, die Schwänze der Tiger in den Sundarbans seien muskulöser und durchgängig dicker am Ansatz als die anderer Tiger. Sie benutzen ihren Schwanz wie eine Gliedmaße zum Schwimmen, schlagen damit geschmeidig und schwungvoll wie die Krokodile hin und her.

Vielleicht jagen die Tiger in den Sundarbans sogar im Wasser. Niemand weiß das, denn noch niemand hat einen Tiger in den Sundarbans etwas anderes töten sehen als ein Mitglied der eigenen Gruppe. Doch diese Tiger lieben Fisch, und ihr Kot glitzert manchmal vor silbrigen Schuppen. Aber sie könnten den Fisch auch vom Ufer aus jagen, so wie die wenig bekannten fischenden Katzen in den Sundarbans es machen, die den Fisch mit ihren merkwürdigen, nicht einziehbaren Krallen aus dem Wasser holen.

Die Tiger in den Sundarbans unterscheiden sich von Tigern anderswo möglicherweise auch in ihrem Revierverhalten. Sowohl Schaller als auch Mel Sunquist von der Smithsonian Institution fanden heraus, daß die Tiger, die sie studierten, buchstäblich Land besaßen: Nach den Worten der Wissenschaftler hielten sie »ein Pachtsystem aufrecht, das auf Vorzugsrecht beruht«. Alle Tiger in ihren Untersuchungen hielten sich an die Regel: Der Bewohner hat die Rechte auf ein Gebiet, und diese Rechte werden mehrere Jahre, wenn nicht sogar sein ganzes Leben lang, von allen respektiert. In den untersuchten Gebieten teilen Tiger oder Tigerinnen ihr Revier nicht mit anderen erwachsenen Tieren des gleichen Geschlechts, allerdings kann das Revier eines Tigers sich mit denen von drei bis sechs Tigerinnen überschneiden. Weibliche Nachkommen können die Jagdgründe ihrer Mütter erben.

Ein Tiger, der ein bestimmtes Gebiet bewohnt, verteidigt sein Land nicht und macht auch keine Streifengänge, wie die Untersuchungen in Kanha und Chitawan zeigten. Statt dessen verbringt er viel Zeit und Mühe damit, seine Gegenwart kundzutun: Er ritzt mit den Klauen tiefe Spuren in die Baumrinde, er hinterläßt an auffälligen Punkten – häufig auf einer Straße – Kothaufen und sprüht mit aufgestelltem Schwanz nach rückwärts Urin gegen Baumstämme und hohe Grasbüschel. David Smith vergleicht den Geruch mit dem von gebuttertem Popcorn. Schaller lernte, den Geruch sogar noch drei Monate nach dem Sprühen zu entdecken, die Tiger achten jedoch darauf, die Duftmarken in ihrem Gebiet alle paar Wochen aufzufrischen.

Wenn ein Revier einen Monat lang nicht genutzt wird, halten andere Tiger es für frei und ziehen möglicherweise ein. Daher besucht der Revierbesitzer den größten Teil seines Gebiets alle paar Tage bis alle zwei Wochen. Diese Streifzüge, betonte Sunquist, sind nicht immer Jagdexpeditionen: Das Revier eines Tigers schließt »nichtproduktive« Gebiete, wie Salwald, ein, wo er normalerweise kaum Fleisch findet. Er benutzt solche Gebiete als Pufferzonen zwischen seinem eigenen Revier und dem anderer Tiger und als Zugang zu anderen Teilen seines Territoriums.

Für Berglöwen, Jaguare, Leoparden, Rotluchse und Luchse ist vergleichbares Revierverhalten belegt – und diese Raubtiere wissen, wie die Tiger auch, zwar alle genau über die Identität und die Aktivitäten der Reviernachbarn Bescheid, verbringen aber ihre Zeit größtenteils allein.

Doch in den Sundarbans ist das Revierverhalten der Tiger, wenn es überhaupt existiert, möglicherweise völlig anders. Etwa die Hälfte des Gebietes liegt unter Wasser. Kann eine amphibische Raubkatze Wasser ebenso bewohnen wie Land? Und wenn, wie würde sie ihren Besitz markieren? Darüber wissen wir nichts.

Einige Fachleute des Sundarbans Tiger Reserve sind überzeugt, daß diese Tiger überhaupt keine Reviere haben. Pranabesh Sanyal weist darauf hin, daß in weiten Gebieten des Landes, das die Tiger durchstreifen, Duftmarken und Kot, mit denen Tiger sonst ihr Revier markieren, täglich von der Flut weggespült werden würden. Andere, wie Kalyan, behaupten, die Tiger in den Sundarbans besäßen sehr wohl eigene Reviere. Kalyan meint, die Tiger würden nur in solchen Gebieten sorgfältig ihre Duftmarken setzen, von denen sie wüßten, daß sie nicht von der Flut überspült werden. Wiederum andere Forscher glauben, daß die Tiger hier besonders stark an ihren Revieren hängen. Daß ihre Duftmarken ständig wieder weggespült werden, könnte ihre außergewöhnliche Aggressivität gegenüber Eindringlingen erklären.

»Die Sundarbans sind eine sonderbare Gegend, ganz ungeeignet als Tigerhabitat«, bemerkt Peter Jackson, der Katzenspezialist von der World Conservation Union-IUCN. Er besuchte die Sundarbans 1986, um mit der BBC einen Film zu drehen. Er sah dort nur einen Tiger – er kam in der Abenddämmerung an ein Wasserloch bei einem Beobachtungsturm zum Trinken –, aber, sagt er, diese Tiere scheinen tatsächlich anders zu sein als die vielen Dutzend Tiger, die er anderswo in Indien und in anderen Teilen Asiens beobachtet hat. »Offensichtlich müssen diese Tiger durch die Zerstörung der einheimischen Wälder von Tigern in anderen Habitaten seit vielen, vielen Jahren abgeschnitten sein.« Bei ihrer Weiterentwicklung in der Isolation hat diese Gruppe möglicherweise ein Verhaltenssystem, eine Kultur, aufgebaut – oder bewahrt –, das sich von dem aller anderen Tiger auf der Erde unterscheidet.

Aber niemand weiß es. Hier wurden niemals offizielle Langzeitstudien unternommen. Niemand weiß, wie weit die Tiger wandern. Niemand weiß, wie lange sie leben. Es ist nicht einmal bekannt, wie viele Tiger es hier gibt. Denn die Methoden, die der Wissenschaft in Kanha und Chitawan zur Verfügung stehen, lassen sich in den Sundarbans nicht anwenden.

Als ich meine erste Reise in die Sundarbans plante, fragte ich George Schaller, was er von der Gegend hielte. Im Rahmen einer kurzen vergleichenden Untersuchung zur Ergänzung seiner in Kanha gewonnenen Daten hatte er die Sundarbans drei Tage lang besucht. Als Forschungsgebiet hätte er sie sofort abgelehnt, sagte er; sie seien zu dicht bewaldet, um Tiger zu entdecken, und erst recht, um ihnen zu folgen. »Fahren Sie da nicht hin«, sagte er zu mir, zog die Nase kraus und runzelte die Stirn. »Sie werden in den Sundarbans keine Tiger sehen. Wenn Sie Tiger sehen wollen, fahren Sie nach Kanha.«

Das tat ich. Kurz nachdem wir in Kalkutta angekommen waren und bevor wir in den indischen Teil der Sundarbans aufbrachen, reisten Dianne und ich an den Ort von Schallers wegweisender Untersuchung: eine weite, grüngoldene Fläche aus Sal- und Bambuswäldern, hohem Grasland, tiefen Schluchten und niedrigen Hügeln in Zentralindien. Dies ist das idyllische, wilde Indien, das wir meist in Naturfilmen sehen. Belinda Wright drehte hier den größten Teil ihres Filmes *Land of the Tiger*, für den sie den Emmy Award bekam. Chitalwild versammelt sich in Herden von mehreren Dutzend Tieren, brunftende, an die 700 Pfund schwere Schweinshirsche bekränzen ihre

Geweihe mit Salblättern, und die stahlgrünen, (poetisch benannten) Pflaumenkopfsittiche huschen über den Himmel.

Bei seinen Wanderungen durch die Wiesen und entlang der Waldstraßen Kanhas oder von seinem Landrover aus konnte Schaller manchmal eine halbe Stunde lang Tiger beobachten – oder noch länger, wenn der Tiger Beute gerissen hatte. Ein geschlagenes Beutetier war für die normalerweise allein umherziehenden Großkatzen ein »sozialer« Anlaß, und mehrmals beobachtete Schaller zwei Familien – zwei Tigerinnen mit ihren Jungen – gemeinsam an einer Mahlzeit. Manchmal pflockte er ein lebendes Tier als Köder an, während er in einem Versteck wartete. Eines Abends beobachtete er, wie eine Tigerin ihren Jungen beibrachte, einen angebundenen Büffel zu töten.

In Indien werden keine Ködertiere mehr benutzt, um Tiger zur Beobachtung anzulocken. Doch es ist heutzutage leicht, in Kanha einen Tiger zu sehen. Durch Erlasse geschützt und durch Jahrzehnte des Tourismus konditioniert, sind die Tiger in Kanha Menschen gegenüber heute längst nicht mehr so mißtrauisch, wie sie es zu Schallers Zeiten waren. Frühmorgens machen Angestellte des Naturschutzparks auf speziell abgerichteten Elefanten Tiger ausfindig und kehren dann vormittags zurück, um die Touristen abzuholen, die am Informationszentrum warten. Innerhalb von zwei Tagen sahen Dianne und ich eine Tigerin und ihr einjähriges Junges und einen Tiger, der bei seiner Beute lag.

Trotz ihrer großen Masse scheinen die Elefanten wie Wolken durch den Wald zu schweben. (In der hinduistischen Mythologie heißt es tatsächlich, daß Elefanten früher Flügel hatten und wie Wolken frei durch den Himmel zogen; man glaubt, daß weiße Elefanten Wolken produzieren können.) Aufgrund des Knochenbaus ihrer Füße gehen Elefanten auf Zehenspitzen; ihre Fußabdrücke können flacher sein als die eines Tigers. Mit ihren vorsichtigen, flachen Schritten regen die Elefanten ihre Reiter zu ehrfürchtigem Schweigen an. Als wir den Tiger bei seiner Beute besuchten – einer Chitalkuh, deren Schulter er bereits gefressen hatte –, saßen 22 Wagenladungen Touristen still zusammengedrängt auf den Rücken von vier Elefanten. Indem der Mahut dem Elefanten mit bloßen Fersen Anweisungen gegen den Kopf trommelte, ließ er ihn hin und her treten und sich drehen, damit man aus verschiedenen Blickwinkeln fotografieren konnte. Die Verschlüsse klickten wild, aber niemand sprach. Der Tiger sah mit goldenen Augen zu uns hinauf, gelassen und unbeteiligt wie eine Statue.

Jahrhundertelang jagten Raiput Mogul und dann britische *shikaris* vom Elefantenrücken aus, wobei sie sowohl relative Sicherheit als auch eine schöne Aussicht für die Suche nach dem Wild genossen. Als gleichermaßen praktisch haben Elefanten sich für die Forschung erwiesen. Forscher der Smithsonian Institution verwendeten abgerichtete Elefanten, um Tiger von ihrer Beute fort auf Bäume zuzutreiben, in denen Männer mit Betäubungsgewehren warteten. Die betäubten Tiger wurden gewogen, gemessen, auf Verletzungen hin untersucht und von Zecken befreit. Dann maßen die Forscher ihre Fangzähne und entfernten einen Schneidezahn – mit einem Schnitt durch den Zahn läßt sich das Alter des Tieres bestimmen. Fünf bis sieben Stunden später erwachte der Tiger dann wieder mit einer Tätowierung und einem Halsband mit Peilsender. Nun können Forscher diesem Tier folgen, auf dem Elefantenrücken, im Landrover, im Flugzeug oder zu Fuß, und seine Bewegungen aufzeichnen. Mit einer Handantenne horcht der Forscher auf das leicht schmatzende Geräusch des Sendesignals in den Kopfhörern und notiert die Richtung, aus der das lauteste Geräusch kommt. Von einem anderen Punkt aus wird eine zweite Richtung gemessen, und am Kreuzungspunkt der beiden Linien lokalisieren die Forscher den Tiger.

Doch solche Arbeit ist in den Sundarbans nicht möglich. Elefanten lassen sich dort nicht einsetzen. (Einmal gibt es keine Möglichkeit, sie dorthin zu transportieren, und soweit bekannt ist, haben hier auch nie wilde Elefanten gelebt, allerdings hat es einmal Nashörner gegeben.) Landrover kann man auch nicht verwenden, denn es gibt keine Straßen. Telemetrie, die Funkpeilung also, klappt hier nicht – sie funktioniert nur in ziemlich offenem Gelände, wie auf den Wiesen in Kanha oder der mit hohem Gras bewachsenen *terai* in Chitawan. Bäume stören die Signale.

Das einzige gebräuchliche Hilfsmittel, das den Forschern in den Sundarbans zur Verfügung steht, ist das Betäubungsgewehr. Doch selbst das Betäuben der Tiger scheint hier nicht so gut zu funktionieren wie an anderen Untersuchungsorten.

In seinem ersten Jahr als Direktor des Sundarbans Tiger Reserve wurde Pranabesh Sanyal einmal gerufen, um eine Tigerin zu betäuben, die in einem Dorf in einen Rinderstall eingedrungen war. Als Dianne und ich Pranabesh im Buxa Tiger Reserve besuchten, einem angepflanzten Teak- und Salwald, wo er jetzt Direktor ist, tranken wir auf der Veranda eines der Bungalows zusammen Tee, und dort erzählte er uns beim Schein der Petroleumlampe folgende Geschichte:

»Bei unseren Nachfragen vor Ort fanden wir heraus, daß der Rinderhirte morgens, als er die Rinder herauslassen wollte, die Tigerin im Stall entdeckt hatte. Der Junge war sofort aus dem Stall gerannt und hatte die Tür verschlossen! Die Dorfbewohner wurden ausgeschickt, um uns von Gosaba aus anzurufen, das eine Telefonverbindung zur Fernleitung in Canning hat.«

Pranabesh bekam den Anruf um sechs Uhr nachmittags. Um zehn hatte er das Dorf Uttarbanga erreicht und sich im Dunkeln einen halben Kilometer weit durch den Schlamm gequält. Da fand er die Tigerin, immer noch im Rinderstall.

»In jener Nacht stellten wir etwas sehr Merkwürdiges fest«, sagte Pranabesh. »Normalerweise nimmt man fünf Milliliter Ketaset, um einen Tiger zu betäuben. Aber wir gaben ihr die Dosis, und keine Reaktion. Dann nahmen wir nochmal fünf Milliliter. Sie hatten keine Wirkung. Wir bekamen Angst. Ungefähr 1000 Zuschauer waren da, und die Tigerin versuchte, aus dem Rinderstall auszubrechen! Dann versuchten wir es natürlich mit zehn Millilitern – insgesamt also mit zwanzig Millilitern. Aber immer noch zeigte sich keine Wirkung.«

Niemand wußte weiter. Dann trat der Bootsführer des Direktors vor. Er hieß Ben Behari – Dschungelwanderer. »Genau zu dem Zeitpunkt, als die Tigerin versuchte, aus dem Stall herauszukommen«, sagte Pranabesh, »nahm er einen Bambusstab, lang aber dünn, und klopfte ihr damit dreimal auf die Nase.« Da legte die Tigerin sich hin.

Ich fragte Pranabesh, woher Ben Behari wußte, daß er das tun mußte. Wußte er, warum es funktioniert hatte? War Ben Behari eine Art Schamane? Pranabesh schaukelte mit dem Kopf hin und her, auf diese östliche Art, die nicht ganz Nicken und nicht ganz Kopfschütteln ist, weder Ja noch Nein, und uns aus dem Westen so verwirrt. »Ich weiß nicht, wie er darauf kam«, meinte Pranabesh, »aber es funktionierte.«

Dann schob Ben Behari der Tigerin mit der Hand eine Valium fünf ins Maul. Er strich ihr die Augenlider zu. Die Männer luden sie in einen Käfig, und sie wurde nach Kalkutta in den Zoo gebracht, wo sie noch heute lebt und Sundari genannt wird.

Wie kann man ein Tier studieren, das nicht zu sehen ist? Wie kann man einen unsichtbaren Bestand betreuen?

Meistens kann man in den Sundarbans den Tiger nicht sehen. Genausowenig kann man die Götter oder den Wind sehen, aber man kann sehen, was sie berührt haben. Und darauf ist die Forstbehörde in Westbengalen angewiesen: In dem Versuch, das Geheimnis des Tigers in Umrissen nachzuzeichnen, suchen die Männer nach Abdrücken im Schlamm.

Die Tigerzählung, die etwa alle zwei Jahre in jedem der 21 Tigerreservate Indiens durchgeführt wird, beruht auf der Annahme, daß die Tatzenabdrücke eines Tigers ebenso unverwechselbar einmalig sind wie menschliche Fingerabdrücke. *Shikaris* verwendeten diese Methode, um bestimmte Menschenfresser aufzuspüren. Indische Tigerexperten haben den Gedanken weiterverfolgt und eine Methode entwickelt, Pfotenabdrücke auf Papier zu übertragen und durch Vergleichen die einzelnen Tiere zu identifizieren und somit zu zählen. Aus diesen Spuren haben indische Naturforscher seit der Entstehung des Netzwerkes der Tigerreservate im Jahr 1972 versucht, wie Handleser das Schicksal der Tiger des Landes herauszulesen.

Fast alle 130 Männer, die zum Personal des Tigerreservates auf der indischen Seite der Sundarbans gehören – Verwaltungsbeamte, Forsthüter, Köche, Laufburschen – sind an der Zählung beteiligt. Sie sind in 30 Meter langen Barkassen unterwegs, wie der *Monorama* mit ihrem starken

40-PS-Motor, der hohen, peitschenähnlichen Funkantenne und dem Porzellanwaschbecken; sie nehmen kleinere Boote mit Namen wie *Jai Guru*, die von 10-PS-Allzweckgeneratoren angetrieben werden; sie benutzen Dinghis und Motorboote; selbst die 18 Hausboote der Forstbehörde, auf denen das Personal, das die Patrouillen durchführt, schäbig und gutgelaunt wohnt, fahren los.

Die Stimmung ist vergnügt, wenn die Zähler und ihre Helfer zu den 37 Aufzeichnungslagern aufbrechen, wo sie die nächsten sechs Tage arbeiten werden. Etwa 100 ehrenamtliche Helfer werden angeworben, um bei der Tigerzählung zu helfen; zusätzliche Bootsleute aus den Dörfern werden angestellt, um die 250 Zähler an ihre Einsatzorte zu fahren. An Bord der Boote wird es jeden Abend lange Kartenspiele bei Lampenlicht, Schnaps und Gelächter geben.

Die Gruppen von fünf bis sechs Zählern verlassen ihre Boote bei Ebbe, wenn die größten Landflächen freiliegen. Jede Gruppe ist mit einem Set ausgerüstet, das aus zwei rechteckigen Glasplatten von 20 mal 25 Zentimetern, die an den Ecken von Schrauben zusammengehalten werden, einem Filzstift, einem ein Meter langen Metallmaßband, Papier und zwei Gummibändern besteht. Das ist der sogenannte »Tiger Tracer«, mit dem sie versuchen werden, jeden unsichtbaren Tiger im knapp 2600 km^2 großen Kerngebiet des Reservates zu erfassen.

Sieben Monate, nachdem im Dezember 1992 die Zählung durchgeführt worden war, gab die Forstabteilung dem Minister für Umwelt und Forsten die Zahlen bekannt. Danach gab es in den indischen Sundarbans 251 Tiger. Aus den 613 erfaßten Pfotenspuren wurden 92 Tiger, 132 Tigerinnen und 27 Junge herausgelesen.

Die Ergebnisse dieser Zählungen werden allgemein für so präzise gehalten, daß selbst geringe Veränderungen genau untersucht werden. Verglichen mit den Zahlen, die zwei Jahre vorher bekanntgegeben wurden, ergibt die Zählung von 1992 einen Rückgang von 18 Tieren. »Nur noch 250 Tiger in den Sundarbans«, lautete die Schlagzeile des *Calcutta Telegraph*. (In dem Artikel wurde außerdem berichtet, daß 1988 noch 295 Tiger gezählt worden waren und 1990 nur noch 196 – ein Rückgang, der viel eher Grund zur Besorgnis hätte geben sollen. Die tatsächlichen Zahlen der Forstbehörde lauteten 265 für 1988 und 269 für 1990.) Doch Rathin, ein alter Hase, der seit 16 Jahren in Regierungsdiensten steht, war darauf vorbereitet. Der Bericht, den er für das Ministerium anfertigte, versicherte, daß der vermeintliche Rückgang nur durch die geringere Genauigkeit früherer Schätzungen zustande kam. »Die neueste Schätzung jedoch«, schrieb er, »kann definitiv als zuverlässig angesehen werden.«

In wenigen Stunden kann man lernen, im trockenen Staub einer unbefestigten Straße das Geschlecht der Tiger, die vor kurzem hier entlanggezogen sind, zu erkennen: Der Abdruck der Hintertatze des Männchens ist quadratischer als der des Weibchens, außerdem sind seine vier Zehen kürzer und stumpfer. In Reservaten wie Kanha und Ranthambhore sind die frischen Abdrücke mit einer Präzision in den Straßenstaub eingeprägt, die jeder Kommissar sich beim Abnehmen von Fingerabdrücken wünschen würde. (Tiger scheinen gerne auf Straßen zu wandern.) Oft gibt es weitere Merkmale für die Unterscheidung der Spuren der verschiedenen Tiere. Einer Tigerin in Chitawan trugen ihre unverwechselbaren Tatzenabdrücke den Namen Chuchchi oder »Spitze Zehen« ein. Auch die Form der drei Ballenkissen unter der Pfote kann einzigartig sein. Wo die Ballenkissen zusammenkommen, hinterlassen die spitz zulaufenden Furchen unter der Tatze Grate im Staub. Ein

guter, klarer Abdruck in leichtem Staub zeigt als Charakte-
ristikum die sehr gut ausgeprägten Spitzen dieser Grate.

Raghu Chundawat, Lehrer am angesehenen Wildlife Institute of India, bringt Reservatsangestellten im ganzen
Land die »Tiger Tracer«-Technik bei. Auf meiner zweiten
Indienreise lernte ich Raghu in Ranthambhore kennen, Ra-
jasthans atemberaubendem Tigerreservat, in dem die
Überreste eines tausend Jahre alten Forts liegen und das
von Seen umkränzt ist. Hier unterrichtete der junge,
schnauzbärtige Lehrer die Forscher des Reservats in den
Feinheiten der Identifikation von Tatzenabdrücken.

»Sie müssen die Abdrücke sorgfältig auswählen«, riet er,
während er sich über einen vierzehigen Abdruck im Staub
beugte. »Man braucht einen perfekten Abdruck.« Er betonte, daß der gläserne »Tiger Tracer« oben auf den Abdruck
gesetzt werden müsse. Augen und Filzstift müssen sich
direkt über dem Teil befinden, den man gerade nachzeichnet – sonst wird der Umriß durch die Parallaxe verzerrt.
Man muß Spiegelungen und Schatten berücksichtigen. Besonders aufpassen muß man, wenn man den flachen Rand
oben am Ballen, die Ballenkissen und die Zehenspitzen
nachzeichnet.

Tatsächlich gibt es mehr als ein Dutzend »Parameter«,
die als »symptomatisch« für den jeweiligen Abdruck angesehen werden, aber jeder einzelne kann durch den
kleinsten Fehler verzerrt werden. Ein Schottersteinchen
unter der Tatze kann dazu führen, daß sie sich verdreht
oder gespreizt wird. Nasser Untergrund vergrößert den
Abdruck stark; wenn die Katze auf glattem Boden Halt
sucht, wird der Abdruck durch Klauenspuren weiter verzerrt. »Zum Beispiel«, fuhr Raghu fort, »dieser Abdruck
hier« – er war entschieden kleiner als die Abdrücke, die in
Gegenrichtung auf der Straße entlangliefen und die wir

als zu einem erwachsenen Tiger gehörig identifiziert hatten. »Ist das ein Weibchen oder ein Junges?« Der Ballenabdruck zeigte, daß das Tier Schwierigkeiten mit seinen Tatzen hatte, so daß es sein Gewicht stärker auf die Außenkante des Ballens verlagern mußte – aber als wir der Fährte folgten, sahen wir, daß das nicht durchgängig der Fall war.

»Solche Tiere schaffen Verwirrung«, sagte Raghu, während er den Tatzenabdruck aufzeichnete. »Und«, fragte ich, »wie löst man die Verwirrung? Wie können Sie dieses Tier identifizieren, wenn seine Tatzenabdrücke nicht gleich bleiben?« »Das«, antwortete er, »ist eben die Kunst.«

Selbst unter idealen Bedingungen ist es schwer, die Feinheiten der Tigertatze zu erkennen. Wenn ein Tiger mit normaler Geschwindigkeit auf hartem Boden geht, setzt er seine Hintertatze genau dort auf, wo er eben mit der Vorderpfote der gleichen Seite aufgetreten war, so daß ein doppelter Abdruck entsteht. Harsh Vardan und T. K. Bapna, die in Ranthambhore Tigern nachspürten, behaupteten, daß ein Tiger »Tatzenabdrücke von unterschiedlicher Größe und Form hinterlassen kann, je nachdem, in welcher Stimmung er unterwegs ist, ob er auf Beutejagd ist oder ob er sich verstecken will.«

Ist die Kunst des Umgangs mit dem »Tiger Tracer« so verläßlich, daß man die Zahl der Tiere damit genau angeben kann? Das Forscherteam der Smithsonian Institution probierte die Methode in Chitawan aus und war nicht dieser Meinung. In einem Forschungsbericht kamen die Verfasser zu dem Schluß, daß »es normalerweise nicht möglich war, die Abdrücke bestimmten Tieren zuzuordnen, es sei denn in Fällen [wie bei Chuchchi], in denen die Spur des Tigers ein ungewöhnliches Muster aufweist.« Sie fügten hinzu: »Bei einer nur auf Spuren beruhenden Zählung bestünde die Tendenz, die Zahl der Tiger in einem Gebiet zu unterschätzen.« Häufig fanden sie von einem Tiger keine Spuren, obwohl sein Peilsender ihnen anzeigte, daß er sich ganz in der Nähe aufhielt.

In vielen indischen Tigerreservaten verwenden die Forscher den »Tiger Tracer«, um die Ergebnisse der Sichtzählung, die in der Trockenzeit an Wasserlöchern durchgeführt wird, zu ergänzen. Die Forscher nehmen an, daß in der Trockenzeit jeder Tiger im Reservat während einer dreitägigen Wache rund um die Uhr mindestens einmal zum Trinken am Wasserloch erscheint. In manchen Reservaten, wie Kanha und Ranthambhore, erkennen die Forscher jeden Tiger an seiner individuellen Gesichtszeichnung.

Doch in den Sundarbans sind die Zähler ausschließlich auf Spuren angewiesen. Und in dem schwappenden, matschigen Lehm sehen die meisten Tatzenabdrücke wie formlose Schlammlöcher aus.

Die Sundarbans entziehen sich den neugierigen Blicken der Wissenschaftler. Wie der Wächter einer Unterwelt kann ein Krokodil aus dem Wasser auftauchen und dich packen; ein Tiger könnte dich vom Land her oder aus dem Wasser anspringen; während du aus dem Dinghi ans Ufer watest, können Haie angreifen. Es gibt hier sechs Haiarten, darunter den aggressiven Tigerhai, der bis zu fünfeinhalb Meter lang wird. Es gibt giftige Schlangen, darunter die von Menschen aus dem Westen am meisten gefürchteten: den Gelben Bungar und die Kettenviper. Doch die Einheimischen kennen noch weitere, die genauso gefährlich sind: die grünliche *shutanuli*, von der es heißt, daß sie sich von einem Baum fallen läßt und dir mit der Zunge in den Kopf sticht, und die *kalash*, die nachts in dein Bett kriecht. Und im Wasser gibt es Seeschlangen mit paddelförmigen Schwänzen, deren Gift zehn- bis vierzigmal so tödlich ist wie das der Kobra.

Jederzeit, vor allem aber von August bis November, können Zyklone die Küsten heimsuchen. Eine Windgeschwindigkeit von 197 Stundenkilometern wurde gemessen. Kleine Tiere werden kilometerweit fortgeweht, und nach einem großen Zyklon sammeln sich noch tagelang die aufgetriebenen Leichen der Opfer an den Anlegestegen. Die Toten sind so zahlreich, daß die Forstangestellten sie mit Bambusstangen wegschieben müssen, damit sie flußabwärts treiben.

Im November 1988 tobte ein Zyklon, als die Boote sich gerade zur Tigerzählung versammelten. Eine große Barkasse der Forstbehörde, die *Rangabilia*, sank, und die Menschen an Bord ertranken. Ein Taucherteam aus Madras wurde gemietet, um nach dem gesunkenen Schiff zu suchen, aber es wurde nie gefunden. Der Boden des Flußbettes, sagten die Taucher, sei so weich und lose wie Treibsand. Die Sundarbans verschlingen ihre Opfer im Ganzen.

Unscheinbare Gefahren richten sogar noch mehr Schaden an. Rathin erzählte mir, daß ein ungewöhnlich großer Teil seines Personals blind wird. Von einem Arzt hat er erfahren, daß hier bestimmte Fliegen leben, die vom menschlichen Auge angezogen werden. »Zack! Sie sausen rein und legen ihre Eier«, warnte er mich. Fünfzehn Jahre später schlüpfen die Maden aus, und dann »ist nichts mehr zu machen«.

Die Gewässer hier schäumen über vor Krankheiten. Das Forstamt bekommt sein Trinkwasser aus großen Tanks bei Canning – etwas trübe und salzig, aber immerhin trinkbar. Vom Flußwasser jedoch kann man krank werden, selbst wenn man es nicht trinkt. Als wir die bangladeschische Seite der Sundarbans besuchten, tauchte eine Französin, mit der wir zusammen reisten (deren Mann eine Stelle in Dakka bei der Weltbank hatte), einen Finger in das Flußwasser, um zu probieren, wie salzig es war; innerhalb von sechs Stunden, während sie in einem Wagen auf der Fähre nach Bagherhat saß, befiel sie so heftiger Durchfall, daß er durch ihr Kleid und über den Rücksitz spritzte. Sie brauchte sofort Antibiotikaspritzen. Wenn wir nicht bereits auf dem Weg aus den Sundarbans hinaus gewesen wären, als sie krank wurde, hätte sie sterben können.

Angesichts dieser täglichen Gefahren hat die Forstbehörde in Westbengalen weder das Geld noch die Technologie, um Wissenschaft nach westlicher Art zu betreiben. Westbengalen ist einer der ärmsten Bundesstaaten Indiens, und es ist kaum zu glauben, wie kümmerlich die Mittel der Behörde sind. Obwohl die Gegend zu den schlangenreichsten Gebieten der Erde zählt, besitzt die Behörde nur eine Spritze mit Universalserum, das vermutlich inzwischen verdorben ist. Schlangenserum muß kühl gehalten werden, daher kann es auf den Booten der Forstbehörde nicht mitgenommen werden. Nur die Polizeistation in Gosaba besitzt einen mit Petroleum angetriebenen Kühlschrank. Wenn diesem Kühlschrank auch nur einen Tag lang das Petroleum ausgehen würde, würde das Schlangenserum darin unbrauchbar.

Verständlicherweise erscheint die Ausrüstung, die westlichen Forschern zur Verfügung steht – Computer, Halsbänder mit Peilsendern, Satellitentelemetrie –, den wenigen bengalischen Forschern, die versucht haben, die Tiger in den Sundarbans zu studieren, überwältigend. Und wenn man die westliche Technologie dazu verwenden könnte, das Leben der Tiger in den Sundarbans zu erforschen? Kalyan, der einen Doktor in Ökologie und einen Magister in Statistik besitzt, denkt über diese Frage nach,

Oben: Vom Sudhanyakhali-Beobachtungsturm aus, der an einem künstlich angelegten Regenwassertümpel steht, beobachteten wir häufig Tiere. Zum Schutz von Touristen und Mitarbeitern umgibt ein Maschendrahtzaun den Turm und die Fußwege dorthin. Er trennt die Menschen von den Tigern, die zum Trinken und zum Jagen an das Wasserloch kommen.

Unten: Bei unseren Fahrten an Bord der großen Regierungsbarkasse Manorama herrschte oft dichter Morgendunst, wenn wir aufwachten, und der Fluß wurde zu Himmel.

Oben: Auf den Sandstränden am Golf von Bengalen sind häufig Tatzenspuren von Tigern zu sehen.

Unten: Als wir die tote Chitalkuh aus dem Wasser holten, sickerte noch Blut aus den Löchern, die ein Tiger ihr in den Hals gebissen hatte. Eleanor fühlte sich fast geblendet von der Schönheit des Tierkörpers, der auf der Oberfläche von Leben und Tod trieb und in dessen Augen sich der blaue Himmel und die weißen Wolken spiegelten.

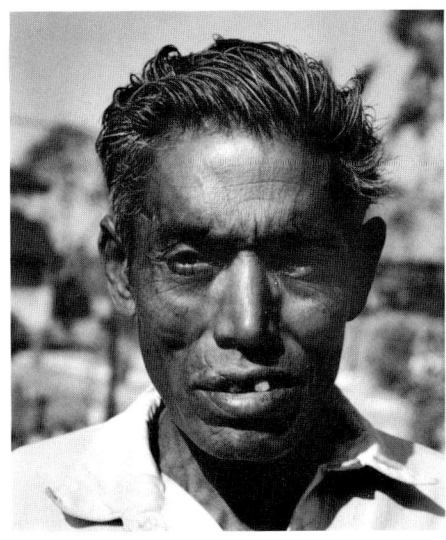

Oben: Rathin (mit Mütze) brütet auf der Monorama über der Karte der Sundarbans, während er mit Girindra Nath Mridha, rechts, und Angestellten der Forstbehörde die Fahrtroute bespricht.

Unten rechts: Phoni Guyan, ein mächtiger gunin, trägt Narben von einem Tigerangriff aus dem Jahre 1984. Er überlebte, aber der Tiger tötete einen anderen Mann aus der Gruppe und schleppte die Leiche in den Wald.

Auf seinem selbstgebauten Boot, der
Mabisaka, öffnet Girindra gekonnt
eine grüne Kokosnuß, ohne auch nur
einen Tropfen der süßen Flüssigkeit
zu verschütten.

Girindra illustriert seine auf bengalisch erzählten Geschichten mit Gesten, damit ich sie besser verstehe.

Links: Mit Namita, Girindras schöner Frau, konnte ich mich kaum verständigen, aber oft hielten wir uns einfach an den Händen. Hier steht sie mit ihrer jüngeren Schwester Sobita (rechts) und einigen Dorfkindern.
Rechts: Girindras vierzehnjähriger Sohn Sonaton hält eine Puja, einen Gottesdienst, für die Mabisaka ab, um ein günstiges Schicksal für das Boot zu erwirken und für seine Dienste zu danken.

Zwischen den strohgedeckten Lehmhütten der Mridhas versammeln sich Verwandte, um Netze zu reparieren. Im Vordergrund sitzt der vierjährige Modhushudan, Spitzname Nantu, das jüngste Kind von Girindra und Namita.

Lehmfiguren von Honigsammlern schmücken das Schaubild bei der Puja für Bonobibi, die Waldgöttin. Honigsammeln ist die gefährlichste Arbeit in den Sundarbans, aber die Gläubigen sind überzeugt, daß Gebete den Tiger dazu bewegen, ihr Leben zu schonen.

Es heißt, daß der reich geschmückte Tigergott als »Herr des Südens« einst allen Reichtum der Sundarbans besaß, daß er Heere von Krokodilen, Dämonen und Geistern befehligte und nach Belieben in den Körper eines Tigers eindringen konnte. Jetzt teilt er sein Land und seinen Reichtum mit Bonobibi, und Hindus und Muslime versammeln sich in den gemeinsamen Tempeln der beiden Gottheiten, um sie zu verehren.

In Sajnekhali wird Bonobibi mit Gebeten, Gesang und Opfergaben aus Räucherwerk, Kerzen, Süßigkeiten, Reis, Früchten und Geld verehrt. Links oben ist ein Teil des Schaubildes zu sehen, das die Geschichte von der Geburt der Göttin im Wald darstellt: Ihr Vater Ibrahim will gerade ihre Mutter Gulalbibi verlassen, die unter einem Baum im Dschungel schläft.

Die Mabisaka bringt Daksin Ray zur Puja in Khahtjhuni. Musiker beschützen die Statue auf der Reise mit den Klängen der heiligen Trommel und der bekkenähnlichen kanshi. Amarendra Nath Mondal, der während der Puja für mich übersetzte, sitzt auf der weißgestrichenen Bank. Der Brahmanenpriester, der die Puja abhielt, sitzt über ihm, in Weiß. Girindra steht links oben auf dem Boot.

Im Tempel in Khahtjhuni beginnen die Vorbereitungen für die Daksin Ray-Puja. Der Mann rechts malt den doppelten Dreizack Shivas in Zinnoberrot auf einen Tontopf. Daksin Ray wird jede Ehre und Bequemlichkeit zuteil werden, darunter sorgsam zubereitetes Obst, süßduftendes Räucherwerk, Begrüßungsmusik, gefällige Worte und sogar ein erfrischendes Bad.

seit er sich 1986 als Forschungsstipendiat in Bristol in England aufhielt.

»In Großbritannien haben sie mir gesagt, daß Computer sogar mentale Prozesse erkennen können!« erzählte er Dianne und mir, als er uns im Tollygunge Club besuchte. »Ein Verbrecher und ein guter Mensch, an ihren Gehirnsignalen kann man erkennen, wer wirklich ein Verbrecher ist! Und wenn das bei Menschen möglich ist, geht das auch bei Tieren. Da bin ich ganz sicher. Ganz sicher.«

Wir hörten erstaunt zu, als Kalyan uns nun darstellte, was seiner Ansicht nach möglich wäre, wenn die Wunder der Computer und der Telemetrie in die Wälder der Sundarbans gebracht werden könnten:

»Ich meine, man sollte Folgendes tun: Es müßte ein Funküberwachungssystem geben, eine Art Halsband, das Signale über die gedanklichen Prozesse des Tigers aussendet«, sagte Kalyan aufgeregt und sehr ernsthaft. »Und außerdem sollten die gedanklichen Prozesse der Menschen, die in den Wald gehen, ebenfalls von einem Computer überwacht werden. Man könnte ein Überwachungssystem entwickeln, und wenn wir dann die Gedanken von Menschen und Tigern vergleichen würden, könnten wir hinsichtlich der Reduzierung der Todesfälle ein sehr gutes Ergebnis erzielen: Wir könnten herausfinden, was ein Tiger denkt, bevor er einen Menschen überfällt, und was der betreffende Mensch denkt. Beide könnten etwas Bestimmtes denken – und wenn wir dieses bestimmte Signal bekämen, könnte der Mensch gerettet werden.«

Das sind natürlich Science-fiction-Phantasien. Bis jetzt hat niemand eine Maschine entwickelt, die Gedanken lesen kann. In den Sundarbans kann man nicht einmal konventionelle Telemetrie einsetzen, denn die Bäume würden die Signale abfangen; die Monsunfeuchtigkeit würde jeden Computer abstürzen lassen; und selbst wenn die Geräte unter solchen Bedingungen arbeiten könnten, die Forstbehörde könnte sie sich niemals leisten.

Doch Kalyans Sichtweise ist aufschlußreich. Er sagt, daß er diese Maschinen nicht so einsetzen würde, wie Forscher aus dem Westen es vielleicht täten, nämlich um die Reviere und die Bewegungen der Studienobjekte aufzuzeichnen – sondern um zu entdecken, was im Herzen und im Kopf des Tigers vorgeht.

»Aberglaube und übernatürliche Eigenschaften, die dem Tiger zugeschrieben werden, basieren, so phantastisch sie auch erscheinen mögen, auf Tatsachen«, schrieben der Forstbeamte A. B. Chaudhuri und Kalyan in ihrem Aufsatz, den sie 1979 beim internationalen Symposium über Tiger vorlegten.

In diesem Aufsatz berichteten sie über Aspekte ihrer Studien, die in entsprechenden westlichen Zeitschriften nie veröffentlicht wurden. Nach Interviews mit Einheimischen schrieben sie, daß die Tiger in den Sundarbans das Problem, in ein Boot hineinzugelangen, häufig lösen konnten, indem sie »in die Luft stiegen, ihren Körper in die Luft erhoben und eine weiche Landung durchführten«. Sie berichteten als »merkwürdige Tatsache« – aber doch als Tatsache –, daß im Maul des Tigers »der menschliche Körper, leblos geworden, sich auf etwa die Hälfte seiner Größe zusammenzieht und es dem Menschenfresser so ermöglicht, ihn mit Leichtigkeit fortzutragen«.

Die Welt der Sundarbans, so sehen es selbst diese gebildeten Männer, wird von einem Netz der Verzauberung zusammengehalten. Manchmal leuchtet die Meeresoberfläche von der Fluoreszenz der Meeresmikroorganismen, die man Dinoflagellaten nennt, und im Wald blitzt es vor

Glühwürmchen. Die beiden Forscher fragten: »Gewinnen Menschenfresser aufgrund dieser unglaublichen Biolumineszenz besondere Energie oder den Antrieb, nachts herumzustreifen und menschliche Beute aufzuspüren?«

In mehreren der Nächte, die ich in den kommenden Monaten auf der *Monorama* verbrachte, blieben Rathin und ich oben an Deck, um nach Glühwürmchen und biolumineszierenden Wellen Ausschau zu halten. Wir waren nie sicher, ob der silbrige Schimmer auf dem Wasser die Spiegelung des Mondlichtes war oder ob es die leuchtenden kleinen Wesen im Wasser waren. Manchmal sahen wir im Wald Lichtpunkte, waren jedoch nie sicher, ob es Glühwürmchen oder leuchtende Augen oder im Mondlicht glitzernde Tautropfen waren. Oder vielleicht etwas völlig anderes.

»So viele Menschen sind in den Sundarbans gestorben«, sagte Rathin eines Nachts zu mir, »daß die Leute sagen, der Wald sei voll von ihren Geistern.«

Doch Rathin, der das christliche Kreuz, das seine Eltern ihm schenkten, an einem Lederband um den Hals trägt, sagt, er glaube nicht an solche Dinge. Er sei, darauf besteht er, ein moderner Mensch und halte nichts von Geistern. Statt dessen liest er in einem amerikanischen Taschenbuch sein Horoskop nach, um zu sehen, ob sein Tag günstig oder ungünstig verlaufen wird. Sorgsam zieht er für jede Vorhersage zehn Stunden ab, wie er mir erklärt, um den Zeitunterschied zwischen Indien und Amerika, wo das Buch gedruckt wurde, auszugleichen. Der Gedanke, daß Sterne unser Schicksal beeinflussen, sei sowohl logisch als auch wissenschaftlich, erklärt Rathin, denn die Planeten und die Sterne ziehen physikalisch an den Körperflüssigkeiten der Menschen. »Vom Augenblick der Geburt an ziehen diese Kräfte, und die Wirkung ist so real wie die des Mondes auf Ebbe und Flut«, sagt er.

Rathins Mitarbeiter jedoch wenden sich an Mächte, die der Erde näher sind. Jeden Abend klemmt einer der Bootsleute Räucherstäbchen zwischen die Planken an der Spitze des Bootes und im Ruderhaus und spricht seine Gebete. Jedesmal, wenn ich in der Kajüte schlief, stellte ich bewegt fest, daß jemand freundlicherweise auch für mich dort Räucherstäbchen hingesteckt hatte. Ihr süßer Duft schwelte ein Gebet zu den Göttern hinauf, eine Bitte um das Wohlergehen der Expedition am nächsten Tag.

Und wenn die Zähler sich in den Sundarbans zum Tigerzählen versammeln, kniet der leitende Forscher oft nieder, um den ersten Abdruck, den er findet, sanft zu berühren. Bevor er den »Tiger Tracer« auf einen Tatzenabdruck setzt, führt er die Finger der rechten Hand vom Abdruck an seine Stirn und dann an sein Herz, in schweigender Verehrung des Tigergottes.

Die Bonobibi-Puja

Aus 50 Dörfern in den Sundarbans strömten die Menschen zum Tempel in Sajnekhali. Alle paar Minuten, so schien es, machte wieder ein großes Motorboot am Anleger beim Mangrove Interpretation Center fest und spuckte weitere Passagiere aus: Fischer und Bauern, Holzfäller und Kaufleute, Frauen und Kinder, alle in ihren frischesten weiten Hosen, ihren schönsten Saris, ihren besten westlichen Hosen und Hemden oder ihren saubersten *lungis*.

Der Tempel war ein einfaches Gebäude aus Holz und Blech, das nach vorn offen war, wie ein auf der Seite liegender Schuhkarton. Aber heute war er ebenfalls kunstvoll gekleidet. Figuren aus Seidenpapier schmückten die Wände: glückbringende Lotusblüten und Trompetenblumen, Gänse, Schneckengehäuse, Pfauen und bengalische Schriftzeichen, die MA BONOBIBI bedeuteten. Am blechernen Dachgesims hing wie eine Kette bunter Fähnchen ein dickes Seil aus Ringelblumen. Festliche Mobiles aus Metallfolie baumelten von der Decke. Der Boden war mit einem Teppich aus frischen Bananenblättern bedeckt.

Aber das Auffälligste am Heiligtum war heute, daß alle Figuren darin neu waren: Eine molligere, kleinere Bonobibi trug ein Kleid aus neuem, purpurrotem Satin und eine mit Goldpapier und Plastikjuwelen verzierte Krone. Daksin Ray mit seinem bloßen Oberkörper ritt einen anderen Tiger, einen mit Glasaugen und langen weißen Klauen. Sha Jungli trug ein neues goldenes Gewand, und seine lange Keule war jetzt mit goldener Schnur umwickelt. Die Haut aller zwölf Figuren glänzte, frisch bemalt, im dunklen Gelb der doppelten Linien auf amerikanischen Straßen.

Zu ihren Füßen stapelten sich die Opfergaben. Auf Tellern aus frischgewaschenen Bananenblättern lagen kunstvoll gestaltete Berge aus gekochtem Reis, überhäuft mit Bananenscheiben, dicken gelben Rosinen, roten Hibiskusblüten, geschnittenen Äpfeln und Orangen und dem süßen weißen Fleisch der Kokosnuß. Tüten aus Zeitungspapier waren bis zum Rand mit Süßigkeiten gefüllt. Auf einem Teller waren Münzen aufgehäuft. Zusammen mit diesen Opfergaben brachten manche Gläubigen einen Haushaltsgegenstand mit – häufig einen Ballen Stoff –, den sie während der Puja in der Gesellschaft der Götter im Tempel liegen ließen. Anschließend würden sie ihn dann herausholen und, mit Segnungen getränkt, wieder mit nach Hause nehmen.

Räucherstäbchen schwelten. Kerzen leuchteten. Stoffdochte brannten in Messingschalen mit Senföl. Ein Docht aus gedrehtem Zeitungspapier flammte in einer Wessonölflasche aus Plastik. Geleitet wurde das alles von Phoni Guyan, einem Priester mit grauen Haaren und Zahnlücken, in seinem weißen Umschlagtuch. Eine wie ein Angelhaken geformte Narbe spaltete seine Oberlippe. Vor neun Jahren hatte Daksin Ray einen Tiger nach ihm ausgeschickt, der ihn aus dem Wald heraus ansprang und ihm mit den Klauen das Gesicht aufriß. Doch Phoni Guyan überlebte. So war es besonders angemessen, daß er heute die Puja abhielt.

In jedem Januar wird an dem Tag, der im bengalischen

Kalender als »Makara Sankranti« bezeichnet wird, in allen Dörfern der Sundarbans die Geschichte von Bonobibi und Daksin Ray in Pujas gefeiert. Diese Puja, die von der Forstbehörde ausgerichtet wird, ist die aufwendigste. Zum Teil dank hoher Spenden von Gästen des benachbarten Tourist Lodge bietet sie Attraktionen, die andere Pujas sich nicht leisten können: Die Forstbehörde stellt sogar eine Lautsprecheranlage zur Verfügung, damit Beschwörungen für die Menge übertragen werden können. Die Anlage wird von einer Autobatterie mit Strom versorgt, die selbst solche Wertschätzung genießt, daß jemand sie mit einem eigenen Mantel aus Bananenblättern geehrt hat. Das Personal der Forstbehörde bereitet die Puja wochenlang vor.

An diesem Tag waren alle außergewöhnlich bemüht, den Göttern zu gefallen, denn Daksin Ray war zornig. »Gestern, vier Mann, Tigerunfall«, erzählte Girindra mir. In diesem Fall wußte ich, daß »gestern« nur höchstens drei Wochen zurückliegen konnte, denn nur so lange war ich fortgewesen. Als die gewalttätigen Ausschreitungen wegen der Vorfälle in Ayodhya schließlich abgeklungen waren, war Rathin mit der *Monorama* gekommen und hatte Dianne und mich abgeholt, damit wir zum Weihnachtsfest in die Staaten zurückkehren konnten. Jetzt, weniger als einen Monat später, war ich wieder hier, zusammen mit meiner Freundin Eleanor Briggs, einer Fotografin, die die Möglichkeit hatte, überall hinzureisen, wo interessante Motive lockten.

»Tiger, Dorftour«, scherzte Girindra. Allerdings hatte keiner der Überfälle in einem Dorf, sondern alle hatten im Wald stattgefunden, während die Opfer fischten oder Holz schlugen. Aber Daksin Ray, meinte Girindra, hatte sich die Opfer alle aus verschiedenen Dörfern gesucht: Dayapur, Lahripur, Ampur, Shomshenagur. Einer der Männer, ein

Holzfäller aus Dayapur, dem Nachbarort von Girindras Dorf, war erst vor fünf Tagen angefallen worden. Er machte um zehn Uhr morgens mit anderen im Wald Holz, als der Tiger kam und ihn fortschleppte.

Später unterhielt ich mich mit dem Ranger der Gegend, Kanchan Muhkerjee, dessen Englisch besser ist als das Girindras. Er sprach nur zögernd darüber, denn keiner der Todesfälle war offiziell festgehalten: Keins der Opfer hatte eine Genehmigung gehabt, sich an dem Ort, wo es getötet worden war, aufzuhalten, daher soll die Forstbehörde eigentlich nichts von solchen Fällen erfahren. Doch Kanchan weiß natürlich Bescheid, und weil sein Büro ein Funksprechgerät besitzt, sind seine Quellen besser informiert als die Girindras. Die tatsächliche Zahl der Opfer, so sagte er mir, betrage 15. Und sie seien alle in den vergangenen acht Tagen getötet worden.

Die Puja, erklärte er, würde dringend gebraucht.

Am Tag der Puja hatten Eleanor und ich Girindra frühmorgens am Anlegesteg eingeholt. Personal der Forstbehörde, die Bildhauer, der Priester und der Vorleser arbeiteten noch an den letzten Vorbereitungen, bekränzten die Götterbilder mit *pouler malas*, die hawaiischen Blumenketten ähnelten, und schoben sie auf der Bühne des Tempels hin und her. Es war merkwürdig, zuzusehen, wie Gottheiten wie Möbelstücke herumgeschleppt wurden – wertvolle Möbel zwar, aber doch Möbel. (Später, wieder in Kalkutta, am Vorabend der Puja für Sarasvati, die Göttin der Rede und der Weisheit, sahen wir ganze Lastwagen vollgestellt mit identischen Sarasvatis, alle mit Blickrichtung auf die nachfolgenden Wagen, die Gesichter mit Zeitungspapier verschleiert, um die empfindlichen Züge aus Lehm während der Fahrt zu schützen.) Doch diese Statuen waren natürlich noch keine Gottheiten. Erst wenn der Priester das heilige Muschelhorn blies, würden die Götter – wenn es ihnen gefiel – die Einladung annehmen und zu uns kommen und die Lehmgestalten bewohnen, die die Künstler so sorgsam angefertigt hatten.

Während Eleanor fotografierte, bat ich Girindra, mich mit einigen der weniger geläufigen Gottheiten bekannt zu machen.

Ich deutete auf die einszwanzig große Statue eines alten Mannes, an deren Kinn der Künstler gerade noch die letzten aschblonden Löckchen eines Bartes festklebte. »Tini ke?« (»Wer ist das?«) fragte ich.

Einen Augenblick lang sah Girindra mich an, als sei ich von einem Baum gefallen. Er zeigte auf das weiße Pappschildchen, das mit einer einfachen Stecknadel an die blauen Satinhosen der Statue geheftet war und auf dem in bengalischer Schrift deutlich der Name stand.

Dann fiel ihm ein, daß ich Analphabetin bin.

»Gazi Saheb ache.« Girindra sprach sehr langsam und deutlich, als würde er mit einem Kind sprechen.

»Mussulman Name?« fragte ich. In Bangladesch hatte ich gehört, daß »Gazi« sich auf muslimische Weise, Lehrer und Heilige bezog.

»Mussulman, Hindu«, antwortete Girindra und schaukelte mit dem Kopf gleichzeitig ja und nein. Gazi Saheb, meinte er damit, mag zwar Muslim sein, aber er wird sowohl von Muslimen als auch von Hindus verehrt. Um das klarzumachen, sagte Girindra: »Gazi Saheb *Sundarbans* Mann.«

Als nächstes zeigte ich auf die kleine Gestalt einer Frau. Sie lehnte gegen einen Baum aus Lehm und weinte flache weiße Tränen. »Tini ke?« fragte ich.

»Gulalbibi ache«, antwortete Girindra. »Mutter, Bonobibi.«

Bonobibis Mutter! Aber warum weinte sie? War sie selbst auch eine Göttin? Ich versuchte zu fragen, aber meine Frage löste nur einen unverständlichen Strom Bengali aus. Allmählich schmerzte es mich fast physisch, wenn ich sah, wie frustriert Girindra wurde, wenn er mir etwas nicht klarmachen konnte. Daher fragte ich ihn nur noch nach den Namen. Ein paar Tage später waren wir wieder mit Rathin verabredet, und ihn würde ich bitten, mir die Götter auf Englisch zu erklären.

Was war mit der weiblichen Figur, die neben Gulalbibi stand? »Fulbibi«, antwortete Girindra. Manche Quellen führen »bibi« als aus dem Urdu stammendes Suffix auf, andere sagen, es stamme aus dem Persischen. Und in vorwiegend islamischen Dörfern wird die Göttin der Windpocken und der Cholera häufig Ola Bibi genannt. In überwiegend hinduistischen Dörfern wird sie Ola Candi oder Sitala genannt und häufig zusammen mit ihrem männlichen Begleiter Jvasura, dem dreiäugigen, blauhäutigen Fieberdämon, verehrt. (Es gibt auch einen Gott der Furunkel und Karbunkel, der Ghantakarna heißt, und einen für Juckreiz, genannt Ghentu.)

Neben Fulbibi stand die Figur eines Mannes mit bestürztem Gesicht, der seine Handflächen ansah, als würde er ein Buch lesen.

Sein Name?

»Ibrahim.«

Doch zu Füßen der Figuren mit persischen Namen häuften die Gläubigen Dinge auf, die in jeder hinduistischen Puja heilig waren: Gefäße mit Milch und der geklärten Butter, die *ghee* heißt, zur Feier der Göttin Kuh; Töpfe mit Reis, Kokosnuß und Bananen, die reiche Fülle symbolisieren; Hibiskusblüten, die zeigen, daß die Anhänger reinen Herzens sind. Brennende Kerzen beschworen die Macht des uralten Sonnengottes Surya, des Tagmachers und Königs der Planeten, der bei allen wichtigen Zeremonien gebeten wird, Zeuge zu sein. Gläser mit fruchtbarem, heilendem Gangeswasser bargen die lebendige Göttin Gonga. Jeder Gegenstand spricht die Hindus tief im Herzen an.

»Das, was uns lieb und teuer ist, bringen wir unseren Göttern dar«, erklärte Amarendra Nath Mondal, ein Lehrer aus Dayapur, mir später in melodiösem, singendem Englisch. »Stellen Sie sich vor, Sie wären mein Gast. Ich tue alles zu Ihrem Vergnügen. Ähnlich sind die Götter und Göttinnen unsere Gäste, daher müssen wir dafür sorgen, daß sie sich wohl fühlen.«

Tatsächlich, sagte er, betrachten die Hindus bei bestimmten Arten von Göttern den Tempel oder den Schrein zu Hause buchstäblich als das Haus der Gottheit. Die Figur, die darin wohnt, kann während des Tages mit Huldigungen bedacht werden, damit für ihr Wohlergehen gesorgt ist. Die Gottheit muß morgens geweckt, gebadet und gefüttert werden, mit Liedern, Gedichten oder Tänzen unterhalten und abends zu Bett gebracht werden. Häufig bietet man der Figur die rauscherzeugende Betelnuß zum Kauen an, Tabak zum Rauchen oder Kissen, auf denen sie ruhen kann. Priester kümmern sich um das Wohlergehen der Götterstatuen in Tempeln, aber für die Götter zu Hause muß der Hausbesitzer diese Pflichten versehen.

Eleanor waren diese Huldigungen vertraut. Sie erkundet ihre Spiritualität sowohl in einer christlichen Kirche als auch in einem hinduistischen Ashram, und sie brachte eine fünf mal zehn Zentimeter große Karte mit dem Bildnis Lakshmis, der vierarmigen Göttin des Erfolgs und des Wohlstands, mit nach Indien. Unterwegs holte Eleanor Lakshmi ab und zu aus ihrer Handtasche, stellte sie auf ein blaues Brokatkissen und bot ihr Lieder und Süßigkeiten dar. Schon auf unserer Reise nach Indien hatten wir eine Puja für Lakshmi abgehalten. Auf dem Singapurer Flughafen opferten wir der Göttin im Bemühen, eine Alternative für einen verpaßten Anschlußflug zu finden, Gummibärchen – was zu meiner Verwunderung auch Erfolg hatte. Als wir dann jedoch in Indien waren, hatten wir ein Problem: Eleanor erklärte, daß Lakshmi es gern sauber hätte, und nachdem wir den Tollygunge Club verlassen hatten, waren saubere Orte selten, daher nahm Eleanor Lakshmi nicht oft heraus.

Das Ganze erinnerte mich an das Spiel mit Puppen – das natürlich Mutter spielen ist, das natürlich Gott spielen ist. Wie rührend, daß die Götter und Göttinnen möchten, daß wir ihnen vorsingen und sie füttern, sie anziehen und sie baden – so wie ein Kind sich um seine Babypuppe kümmert, so wie eine Mutter sich um ihr Kind kümmert. Spielen wir nicht das, worum wir unsere Götter bitten, selbst mit ihnen, damit sie es dann mit uns tun?

Als die Bonobibi-Puja beginnt, breitet sich vor den Göttern ein dicker Teppich aus Blumen und Essen aus, ein Fest der Düfte und Klänge, eine verschwenderisch hergerichtete Bühne, auf der die Götter spielen können, verführt und berauscht von Wohlbehagen und Freude.

Der Priester, der nun vor den Figuren niederkniet und sich verbeugt, kneift sich selbst in die Ohren, dann in die Nase. Damit reinigt er sich und entschuldigt sich für alle Fehler, die er möglicherweise während der Puja begehen wird, erklärte mir später ein junger Student aus Kalkutta. Eigenhändig ahmt der Priester das Zwicken nach, mit dem eine bengalische Mutter sanft ihren ungezogenen Sohn tadeln könnte.

Schließlich faltet er die Hände. Ein schimmerndes, be-

bendes »Ulu-oooooooooooooo« steigt aus der versammelten Menge auf; jemand bläst das heilige Muschelhorn. Die
Menschen begrüßen die Götter, die jetzt angekommen sind
und unter uns wohnen.

Ein Vorleser in weißem Hemd und rosa *lungi* fängt an,
aus einem Gesangbuch vorzusingen. »Bonobibi Geschichte«, flüstert Girindra: Das ist die Geschichte der Bonobibi,
ein Epos darüber, wie die Göttin in das von Daksin Ray
beherrschte, mangrovenbewachsene Tigerland kam, um
dort zu wohnen.

Wenn der Vorleser eine Seite beendet hat, blättert er zurück, von links nach rechts. Das Buch beginnt dort, wo ein
englisches oder bengalisches Buch enden würde – wo ein
arabischer Text aber beginnt. Doch die Wörter sind nicht in
den langen Krummsäbelstrichen der arabischen Schrift,
sondern in den kürzeren, ornamentalen Ranken des bengalischen Alphabets geschrieben.

Ich erkenne nur wenige Wörter. Eins davon ist »Allah«.

Die Vorstellung erscheint zuerst undenkbar. Zwischen
dem Hinduismus und dem Islam besteht ein fundamenta-
ler Gegensatz: Statt des bunten, vielgestaltigen Pantheon
des Hinduismus ist der Grundgedanke des Islam ein all-
mächtiger Gott. »Es gibt keinen Gott außer Allah, und Mo-
hammed ist sein Prophet.« Auf dem übrigen indischen
Subkontinent und selbst bis nach Europa hinein hatten
sich Hindus und Muslime erst vor wenigen Wochen wegen der unversöhnlichen Verschiedenheiten ihrer Religionen zu Hunderten gegenseitig ermordet.

Doch die Bewohner der Sundarbans lebten weiter in
Frieden.

Der Islam kam in einer Form nach Bengalen, die sich
stark vom Islam Arabiens unterschied. Er wurde von den

Sufi-Mystikern gebracht, war das spirituelle Geschenk von Heiligen, die Wunder wirkten, Offenbarungen von den Toten empfingen und, in manchen Fällen, sich einer Erotik erfreuten, mit deren Hilfe der Gläubige, indem er sich in orgasmischer Verschmelzung mit der Geliebten verlor, Einheit mit Gott erlangte.

Eine Wissenschaftlerin an der Universität von Dakka, Razia Akter Banu, veröffentlichte kürzlich eine Untersuchung über diese Mystiker und ihre Auswirkung auf die Religion der Gegend. Die sufistische Interpretation des Korans, erklärte sie, »unterscheidet sich stark von dem dogmatischen Glaubensbekenntnis des Islam«. Die Sufis in Bengalen predigten die Einheit eines Gottes, der sich auf viele Weisen manifestieren kann: in Bäumen, in Wasser, in den Gestalten von Vögeln oder Tigern, in der Maske einer vielarmigen Göttin oder eines Juden namens Jesus. Im Gegensatz zu der orthodox islamischen Vorstellung von der Seele als einer individuellen, von Allah geschaffenen Entität, die seiner Bestrafung unterworfen ist, aber dazu bestimmt ist, nie mit ihm zu verschmelzen, predigten die Sufis, daß jede menschliche Seele Teil der göttlichen Seele sei. Aus dem Koranvers »Wir [Allah und sein Prophet] sind ihm [dem Menschen] näher als seine Drosselvene« schließen die Sufis, daß alle Menschen sich in einem Zustand, der dem Nirwana der hinduistischen Mystiker ähnelt, mit Gott verbinden können.

»Der Islam im sufistischen Gewand«, schrieb Banu 1992 in ihrer Untersuchung, »war für die Menschen in Bengalen verständlich und psychologisch akzeptabel.« Sufistische Heilige oder *pirs* wurden und werden von Hindus und Muslimen gleichermaßen geliebt. Einer von ihnen, Pir Kabir, war außerdem ein angesehener Dichter. Zu seinen Anhängern gehörten Gläubige beider Religionen. Als er starb, heißt es, wollten die Hindus seine Leiche einäschern, während die Muslime sie beerdigen wollten. Der tote Heilige mußte selbst eingreifen, um eine Auseinandersetzung zwischen den beiden Gruppen von Gläubigen zu verhindern. Kabir ließ seine Leiche verschwinden, und an ihrer Stelle fanden die Trauernden einen Blumenstrauß.

In den Städten sind die Bengalen beider Religionen inzwischen orthodoxer geworden, als sie es in den Jahrhunderten nach der Ankunft der Sufis waren. Doch Banus Forschungen zeigen zumindest für Bangladesch, daß in ländlichen Gegenden fast die Hälfte der Muslime hinduistische Pujas besucht, tote *pirs* um Rat fragt und an den Einfluß von fünf Arten hinduistischer Geister sowie an die sogar noch furchterregenderen muslimischen Geister namens *mamdos* glaubt. Im orthodoxen Islam sind diese Praktiken alle streng verboten.

Auf unserer Reise durch die bangladeschischen Sundarbans hatten Dianne und ich Anzeichen für das Verschmelzen der beiden Religionen gesehen. Die Fischer trugen alle Armbänder aus rotem Stoff um das rechte Handgelenk und zogen am Bug ihrer Boote kleine rote Fähnchen auf. Rot, so wurde uns gesagt, erregt die Aufmerksamkeit eines bestimmten *pir*, manchmal Barkan Gazi, manchmal Shagazi genannt, der diejenigen, die ihn anrufen, vor dem Tiger schützt. Später erfuhr ich, daß in den Mythen und Legenden der Sundarbans Barkan Gazi, Shagazi und Gazi Saheb ein und derselbe sind. Obwohl er ein islamischer Heiliger ist, würde der Gazi seinen Anhängern, ob Hindus oder Muslimen, beistehen, versicherten uns die bangladeschischen Muslime, wenn sie nur seine Fahne hißten.

Rot ist bei den Hindus die heiligste und beliebteste Farbe. Auf der indischen Seite der Sundarbans ist bei fast allen Booten der Bugspriet rot angestrichen oder mit rotem Stoff umwickelt. Und Rot, die Farbe unseres Blutes, ist, wie Girindra mir erklärte, auch die Lieblingsfarbe Daksin Rays, des uralten Tigergottes, dessen Zorn Hindus und Muslime zusammenschweißt und unter dessen verwandelndem Zauber fremde Welten sich einander annähern.

Der siebzigjährige Bakher Gazi, in ein rot und silbern besticktes Tuch gehüllt, sah aus, als sei ihm unbehaglich zumute, wie er da auf der Bank unter Deck der *Monorama* saß. Vermutlich wünschte er, Rathin hätte ihn nicht meinetwegen aus seinem Haus in Dhusnikhali herbeigerufen. Bakher Gazi hatte Fieber, gegen das Eleanor und ich ihm Medikamente gaben. Er war so dünn, daß die Venen auf seinen fast schwarzen Armen wie Seile an einem Fahnenmast hervortraten. Er wirkte zerbrechlich und verletzlich. Nur zwei seiner oberen Zähne waren in Ordnung. Das rechte Glas im Plastikgestell seiner Brille war zerbrochen. Doch Bakher Gazi, so sagte Rathin mir, gilt als einer der mächtigsten Männer in den Sundarbans.

»Er sagt, er habe zwischen fünfzig und siebzig Angriffe von Tigern verhütet«, sagte Rathin. »In seiner Gegenwart ist noch nie jemand vom Tiger getötet worden.« Manchmal war Bakher Gazi im Augenblick des Angriffs nicht zugegen, »aber selbst dann ist es ihm immer gelungen, die Leiche zurückzuholen und den Tiger davon abzuhalten, sie zu fressen, so daß der Tote den Verwandten zurückgegeben werden und ihnen etwas Frieden schenken konnte. Er hat siebzig Leichen aus dem Rachen der Tiger gerettet, und er selbst ist immer unversehrt geblieben«.

Krokodile würden fliehen, wenn er zugegen sei, behauptet der Schamane; Tiger würden seinen Befehlen gehorchen.

Jetzt schlug er sein Tuch zurück und zeigte uns den Grund dafür.

In seinem linken Schienbein, in einer Hautschicht, die wie eine Tasche geformt ist, steckt ein streichholzgroßes Stückchen von einem Sundari-Baum. Zwischen Zeigefinger und Mittelfinger seiner rechten Hand liegt ein weiterer Sundari-Span, und in der Haut seiner linken Handfläche befindet sich ein drittes Stückchen Holz. Diese Talismane, erklärt Bakher Gazi, wurden von Allah selbst gesegnet. Durch ihre Macht ist er immun gegen Angriffe von Krokodilen, gegen die Bedrohungen von Schlangen und Piraten in der Nacht, und vor allem ist er, durch das Holzstückchen in seinem Bein, vor dem Rachen des Tigers geschützt.

Bakher Gazi ist ein Fakir, ein muslimischer Schamane. Man hält seine Kräfte für so wirksam, daß sie ein ganzes Waldstück von Gefahr befreien können und den Fischern, Holzfällern oder Honigsammlern, die bei ihm sind, ein Arbeiten in Sicherheit erlauben. Er ist ein vielgefragter Mann in den Sundarbans. Seine Kräfte wirken für Hindus und Muslime gleichermaßen gut, sagt er.

Rathin übersetzte, während ich Bakher Gazi fragte, wie er seine schamanischen Kräfte einsetzte und warum sie wirkten.

Das Zauberholz heißt *ascan*, übersetzte Rathin. Wenn Bakher Gazi den Wald verläßt, muß er das Stück jedoch aus seinem Bein nehmen. Er bewahrt es in einer Streichholzschachtel auf.

Um größere Gruppen von Arbeitern zu schützen, verwendet er ein wesentlich größeres Stück Holz, das er *asabari* nennt. Zuerst sucht er sich einen Ast vom Sundari-Baum und schneidet sich ein ein Meter langes Stück ab, dann schnitzt er dieses auf einige Zentimeter Durchmesser zurecht. Mit einem Handbohrer bohrt er oben ein kleines Loch hinein. Dann singt er die Namen aller Arbeiter, die bei ihm sind, einen nach dem anderen, und mit jedem Namen läßt er wieder ein kleines Stückchen Sundari in das Loch an der Spitze hineinfallen. Daraufhin wird das Loch mit Lehm versiegelt, und ein neues Taschentuch wird um die Spitze gebunden. Schließlich wird der *asabari*-Stab in die Uferböschung gesteckt – ähnlich wie der Holzspan in Bakher Gazis Fleisch gesteckt wird. Nun beschützt der Stab die Menschen, die im Wald arbeiten.

Wie hat Bakher Gazi sein Wissen um die heiligen Kräfte des *asabari* und des *ascan* erworben? Sein Vater war ein großer Fakir, genauso wie sein Großvater vor ihm. Sein Großvater war auch ein angesehener Kräuterheilkundiger, der die Kräfte der Wurzeln und Blätter in den Sundarbans erforschte, um Krankheiten zu heilen. Er war es, der entdeckte, daß das Holz des Sundari-Baums den Tiger verscheucht, wenn es mit heiligen Worten gestärkt wird. »Genauso wie verschiedene Pflanzen für verschiedene Krankheiten benutzt werden, aber eine Pflanze keine andere Krankheit heilen kann, so wird Sundariholz für diesen Zweck verwendet, nämlich um vor dem Tiger zu schützen, und das geht mit keiner anderen Pflanze«, übersetzte Rathin. »Aber ohne die magischen Worte funktioniert es nicht«, betonte er – und die Worte müßten von einem Mann mit reinem Herzen gesprochen werden. Jetzt, da sein Vater und sein Großvater tot sind, ist Bakher Gazi der einzige lebende Mensch, der sie kennt.

Jeder Schamane in den Sundarbans wendet seine eigene heilige Methode an. Rathin machte mich mit einem hinduistischen *gunin* bekannt, dem Pendant zu einem Fakir. Er hieß Ksab Chandra Kayal und war Mitte Fünfzig. »Es gibt viele Zauberer, die die Kräfte besitzen, den Tiger zu bekämpfen«, erklärte er mir mit Rathins Hilfe. »Verschiedene Arten dieser Kräfte kommen zu uns herab.« Bei seiner eigenen Vorgehensweise kombiniert er Gesänge, mit denen er Gazi Saheb anruft, und Loblieder auf Bonobibi, um Bäume, Wasser und Schlamm zu verzaubern, die dann seine Männer beschützen.

Zuerst, erklärte er, muß sich jeder Mann in der Gruppe Hände und Gesicht im Fluß waschen. Dann träufelt Ksab Kayal gesegnetes Wasser auf die Lehmufer und spricht dabei den Namen Bonobibis. Er sucht nach einem Baum, der für die Arbeiter Wache steht. Dabei wählt er den ersten Baum, dem sie auf der rechten Seite begegnen. Alle legen ihre Hände an diesen Baum, und während Ksab Kayal das *Bonobibi Hukkum* spricht – den Befehl der Bonobibi –, nimmt der Baum den Zauber auf. Mit Erde vom Fuß des Baumes berühren die Männer erst den Stamm, dann ihre Stirnen; und jetzt können sie mit ihrer Arbeit beginnen, ungefährdet.

Wie überträgt das Wasser Segen? Warum ist der Baum heilig? Wie beschützt die Erde die Männer?

Wenn sie das Ufer mit einem Eimer Wasser aus ihrem Dorf besprengen würden, hätte das keine Wirkung, antwortete Ksab Kayal, genausowenig wie ein Stück von einem Baum aus einem Hof oder Erde vom Marktplatz. »Es war Befehl seines Gurus, daß nur Wasser, Erde und Bäume aus dem Wald verwendet werden«, übersetzt Rathin.

Und sein Guru war tatsächlich ein sehr weiser und mächtiger Mann. Ksab Kayal selbst sah, wie er einen Tiger mit Grashalmen bewegungsunfähig machte. Während die Männer im Wald arbeiteten, näherte sich der Tiger. Der Guru sang, berührte das Gras und bewarf den Tiger mit ein paar Grashalmen. Der Tiger stand bewegungslos wie eine Statue und rührte sich nicht, bis die Männer mit ihrer Arbeit fertig waren. Dann drehte er sich einfach um und ging fort.

Erde mit magischen Kräften, Flußwasser, das Segen überträgt, ein heiliger Mann, der sein Fleisch mit Holz verschmelzen läßt, um sich mit den Kräften der Bäume zu vereinigen. Wir lernten diese Schamanen erst Wochen nach der Puja in Sajnekhali kennen; zu der Zeit war mir das zwar nicht bekannt, aber ihr Wissen lag im Kern der Geschichte, die in der Puja vorgespielt wurde.

»Gazi Saheb, *Sundarbans* Mann«, hatte Girindra an jenem Tag in Sajnekhali mir gegenüber betont. Ob Heilige, Götter oder Bittsteller Hindus oder Muslime sind, ist unwesentlich. In den Sundarbans ist es das Land selbst, das seinen Heiligen und seinen übrigen Bewohnern ihre Weisheit, ihre Kraft und ihren Frieden schenkt.

»*Gul-al-bi-bi, Ful-al-bi-bi, Ib-ra-him sha-mi ...*« Der Vorleser bei der Puja sang und sang, die Geschichte von Bonobibi und Daksin Ray breitete sich aus wie Wellen auf einem Teich. Das Lied klang wie eine Mischung aus gregorianischem Choral und Kinderreim, ein sich wiederholender, monotoner Singsang mit der hypnotisierenden Wirkung eines Mantras.

Den Dorfbewohnern, die in der heißen Sonne saßen, und den Bittstellern, die am Tempel vorbeiströmten, um ihre Schuhe auszuziehen und vor den Göttern niederzuknien und ihre Gaben darzubringen, sprachen die Worte von Wundern über Wundern. Ich konnte zwar die Bedeutung der Worte nicht verstehen, aber ich lauschte mit einem älteren Ohr, spürte den Klang und den Tonfall der gesungenen Geschichte, vielleicht so, wie eine Schlange hört. »*Bon-o-bi-bi, Bon-o-bi-bi, cho-to bhai ac-he ...*« Statt einer Abfolge von Ereignissen hörte ich immer wieder die gleichen Laute, wie einen Herzschlag, ein sich wiederholendes, faszinierendes Versprechen: So war es damals, so ist es jetzt, so wird es ewig sein.

Die Wunder Bonobibis und die Heldentaten Daksin

Rays geschehen immer und immer wieder, versicherte der Tonfall des Liedes. Denn in Kulturen, die älter sind als die unsrige, stellt man sich die Zeit nicht linear, sondern kreisförmig vor, ein Konzept, das sich aus der Beobachtung der Gezeiten und dem Zunehmen und Abnehmen des Mondes ergibt. Bevor wir unsere Aufmerksamkeit von den Zyklen der Erde abwandten und auf die Vorstellung vom vorwärtsmarschierenden Fortschritt richteten, der aus den individuellen Biographien der Menschen zusammengesetzt ist, bestimmte dieses zirkuläre Konzept der Zeit auch die abendländische Kultur. In den Tagen von Plato und Aristoteles versicherten die Griechen, jede Kunst und jede Wissenschaft sei bereits entwickelt worden, dann untergegangen und warte auf ihre Wiederentdeckung.

Hinduistischem Wissen zufolge gibt es in der Ewigkeit der Zeit keine einzelnen, epochemachenden historischen Ereignisse, sondern jedes Zeitalter ist durch mythologische Geschehnisse gekennzeichnet, die in dem großen, bestätigenden Rad von Leben, Tod und Wiedergeburt zyklisch wiederkehren.

»Bon-o-bi-bi, Bon-o-bi-bi, Sun-dar-ban ja-be ...« Diese Auffassung von der Zeit ist es vielleicht, welche die Gelassenheit verleiht, die man auf den Göttergesichtern in der Kunst so vieler asiatischer Kulturen dargestellt sieht. Heinrich Zimmer beschreibt die Göttin Durga, die die Welt rettet, indem sie einen Büffeldämonen vernichtet, in der Darstellung als javanische Steinfigur aus dem achten Jahrhundert: Selbst in dem Moment, in dem die Göttin ihrem Feind den Todesstoß versetzt, zeigt ihr Gesicht »keine Spur zorniger Erregung; sie ist in die Heiterkeit ewiger Stille versunken. Obgleich die [...] Tat vollbracht werden muß, verkleinert der Ausdruck auf dem Antlitz der Göttin ihre Wichtigkeit

[…]. Für sie ist der ganze Lauf des Universums, einschließlich ihrer eigenen Erscheinung in der Rolle seiner Befreierin, nur ein Teil eines kosmischen Traumes […].«

Drei Stunden lang dauerte der Gesang von Bonobibi an, wie die Stimme eines Hypnotiseurs, wie der Atem des Hatha Yoga, und sein Klang und sein Rhythmus wirkten ihr verwandelndes Wunder. Als das Singen schließlich beendet war, als Gulalbibis geheimnisvolle Tränen getrocknet waren und Sha Junglis Keule zur Ruhe gebracht worden war, hatte sich das große Rad der Zeit wieder gedreht, und Ruhe und Friede waren wiederhergestellt. Die jüngste Serie von Tigerangriffen, so schien es, war nun nicht mehr erschreckend willkürlich: Sie hatte ihren Platz im Kreis der Zeit bekommen, im kosmischen Traum vom Spiel der Götter, das wir Sterblichen nur als Maya sehen.

Nun wurde den Andächtigen ein Eintopf namens *khicheree* serviert, aus der Fülle der Gemüse gekocht, die zu Füßen der Götter gesegnet worden waren. Liebevoll löffelte das Personal des Reservates ihn auf saubere Bananenblätter aus. Während wir auf den Klappstühlen der Forstbehörde saßen und im goldenen Sonnenschein des Spätnachmittags unsere warme Mahlzeit aßen, besuchten Dorfbewohner ihre Nachbarn, spielten Kinder im grünen Gras, und eine Handvoll grauweißer Gänse mit dickem Bürzel, die Schützlinge eines der Forstbeamten, watschelten mit gereckten Hälsen umher und fauchten unerschrocken.

Anschließend besuchten wir Girindra in seinem kühlen, gepflegten Lehmhaus. Seine fünf Töchter im Alter von acht bis sechzehn Jahren begrüßten uns mit vertraulicher Körperpflege. Mit Hilfe Namitas, ihrer schönen Mutter, kämmten die Mädchen uns die Haare und glätteten sie dabei mit Kokosnußöl, bis der Kamm hindurchglitt wie ein

Fisch durch das Wasser. Mit riesigen Haarklammern, an denen sie später große rote Schleifen und leuchtende Hibiskusblüten befestigten, steckten sie uns das Haar flach an den Kopf. Sie schmückten unsere Stirnen mit *bindis*. Unsere Füße malten sie zinnoberrot an. Und weil ich verheiratet bin, bedeckten sie mir den Scheitel mit einem schmalen, wie von einem Messer gezogenen Streifen Zinnoberpulver, wie Namita ihn auch hatte, der mit dem Rücken eines Kammes aufgetragen wurde. Rathin erzählte mir später, daß dieses Zeichen, das traditionelle hinduistische Merkmal einer verheirateten Frau, aus der Zeit der mongolischen Invasion stamme: Damals schnitt sich der Ehemann jeden Tag und zeichnete den Kopf seiner Frau mit seinem Blut, sein sichtbarer Schwur, daß er ihre Ehre mit seinem Leben vor den Eindringlingen schützen würde. Doch Monate später, als ich das mit Hilfe eines Übersetzers Girindra gegenüber erwähnte, meinte dieser, Rathin irre sich. »Wir tun das«, erklärte er mir, »weil die Göttin es so gewollt hat.«

Natürlich hat die Göttin es alles so gewollt. Das war die Botschaft des Gedichts bei der Puja; das war der Gesang, den die watschelnden Gänse und der Gänserich fauchten; das war das Mantra, das der Kamm sprach, als er durch unsere Haare glitt: »Alles ist so, wie die Göttin es gewollt hat.« Anscheinend konnte hier eigentlich gar nichts Schlimmes geschehen.

An Bord des kleinen Holzbootes, das Rathin für uns organisiert hatte, schliefen Eleanor und ich in jener Nacht tief. Wir trieben auf den Gewässern, auf denen Vishnu auf den Windungen seiner kosmischen Schlange schläft, geborgen und gelassen wie die träumerische, anmutige Durga, die dem Büffeldämon den Todesstoß versetzt.

Verloren

*M*onorama kothai?«
Wir suchten mitten in der Nacht nach den gedrunge-
nen Umrissen und dem hellen Suchscheinwerfer der *Monorama*. Eigentlich sollte die große Barkasse hier bei Gazikhali, dem Zusammenfluß von drei Flüssen im Kerngebiet,
vor Anker liegen, so wie Rathin es organisiert hatte. »*Monorama* wo?« fragte ich Girindra.

»Keine Ahnung«, erwiderte er.

Eine halbe Stunde später, während wir mit abgestelltem
Motor auf der *Mabisaka* weiter warteten, stellte er mir die
gleiche Frage. »Jani na«, antwortete ich – »Ich weiß nicht.«
Ich fand diesen bengalischen Satz immer nützlicher.

Eleanor, Girindra und ich hatten Sajnekhali vor vier
Stunden verlassen, bevor der abnehmende Mond hinter
einem Wolkenfleck verschwand. In dem alles auflösenden
abendlichen Dunst hatte nur das gelbe Blinken von ein
paar Bootslaternen das Wasser vom Himmel unterschie-
den. Doch jetzt waren keine Boote und keine Laternen
mehr da, und statt des Geruchs von Reis und Dahl und
Holzrauch hing der Duft des Meeres in der feuchten Luft.

Wir froren und waren müde. Im Februar brennt die Mit-
tagssonne immer noch wie eine Peitsche auf dem Rücken,
aber in den Nächten kann die Temperatur auf fünf Grad
Celsius sinken. Und wir hatten Angst. Wir befanden uns in

der Nähe des großen Stromes Matla, der direkt in den Golf von Bengalen mündet. Girindra meinte, es sei gefährlich, an diesem Ort allein zu sein.

Girindra hielt sich sehr aufrecht. Wir horchten, hörten aber nur das Klatschen der Wellen. Keinen Motor. Das nächste Dorf war Stunden entfernt. Hier lebten nur Tiere und Geister – viele Tiger und die Geister derer, die von ihnen getötet worden waren.

Bengalis fürchten einsame Orte, weil sich dort Geister versammeln. Eine Frau erzählte mir später, man müßte unbedingt sein Haar flechten und den Kopf mit dem Sari bedecken, wenn man nachts nach draußen ginge, denn sonst könnten Geister, die in den Bäumen leben, einen an den Haaren hinaufziehen. Aber in jener Nacht wußte ich das noch nicht.

Wo ich nur leere Nacht sah, konnte Girindra Gespenster, Dämonen, Geister und Götter ausmachen. Was sah er jetzt gerade? Er guckte flußaufwärts zu einem winzigen Lichtpünktchen, das Eleanor und ich zuerst selbst mit unseren Ferngläsern nicht sehen konnten. Es war nicht der große Suchscheinwerfer der *Monorama*. Es war eine einzelne, schimmernde Laterne auf einem kleineren Boot. Das machte Girindra sogar noch nervöser. Eigentlich durfte niemand hier ins Kerngebiet hineinfahren. Wer auch immer es war, er scherte sich nicht um Gesetze.

Rathin und Kushal hatten uns erzählt, daß Seeräuber oft Fischerboote angreifen, um Geiseln zu nehmen, und dann ein Besatzungsmitglied in sein Heimatdorf zurückschicken, damit es Lösegeld besorgt. Manchmal nehmen sie den Opfern auch einfach ihr Geld und ihre Wertsachen fort. Und manchmal halten sie es für klüger, alle Personen an Bord zu ermorden und die Leichen ins Meer zu werfen; die Haie und Krokodile fressen die Beweise für das Verbrechen auf. Übrig bleibt nur ein Geisterschiff, das stumm auf den verbergenden Wellen schaukelt.

Girindra bat uns, uns in dem engen Raum unter Deck zu verstecken. Daß wir Ausländer waren und reich, würde sogar an unseren Silhouetten zu erkennen sein, selbst in der Dunkelheit. Einem *dacoit* würde vor allem Eleanor als ein Geschenk der Dakate Kali erscheinen, der Göttin Kali in der Gestalt, die die Piraten verehren, damit sie ihnen erfolgreiche Raubzüge schenkt. Sie würden sich nicht einmal mit ihren fünf Kameras und den teuren Objektiven abgeben müssen. Vor 30 Jahren, als Eleanor auf ihrer ersten Hochzeitsreise Indien besuchte, hatte sie das indische Sprichwort »Eine Frau ohne Schmuck ist wie ein Gespenst« gehört. Sie hatte es sich zu Herzen genommen. Tag für Tag trug sie, ganz gleich, wo wir hinfuhren, zusammen mit ihren meerduftenden Gesichtscremes, dem blauen Lidstrich und dem orangenen Lippenstift mit ausgesuchter Eleganz am kleinen Finger ihren Diamantring und dazu zwei Goldringe mit Rubinen und entweder goldene oder Bernsteinohrringe. Sie war der Traum eines jeden Piraten.

Das Boot kam näher. Girindra rief es an. Männer riefen zurück – ein Schwall Bangla. Die Fischer hatten diese Strecke vielleicht als Abkürzung genommen, weil es so spät war. Nein, sie hatten die *Monorama* nicht gesehen, und sie waren froh darüber; wenn Rathin sie entdeckt hätte, hätte er ihnen eine Geldstrafe in Höhe eines Wochenlohns aufbrummen können. Eine große Barkasse hatten sie weder gehört noch gesehen.

Allmählich glaubte ich, daß ich mir irgendwie eine Kraft angeeignet hatte, mit der ich die *Monorama* physisch abstieß, wie jene Ultraschallgeräte, die Maulwürfe aus dem Garten vertreiben sollen. Kurz nach der Bonobibi-Puja hatte Rathin uns mitgeteilt, daß er aus verschiedenen Gründen das Versprechen nicht halten konnte, das er mir gegeben hatte, bevor ich im Dezember Indien verlassen hatte – daß er nämlich Eleanor und mich führen und für uns übersetzen würde, wenn ich zurückkam. Doch er würde uns, versicherte er, alle Hilfe zukommen lassen können, die wir brauchten, und sich während unseres Aufenthalts in bestimmten Abständen mit uns treffen. »Jeden Moment«, hatte er versprochen, »wird die *Monorama* neben euch ankern ... « Aber es war anders gekommen.

Als wir uns das erste Mal mit der *Monorama* treffen sollten, hatten Eleanor und ich Canning an Bord eines schmutzigen, stotternden Bootes verlassen, mit einem Laderaum voller Wasser und Generationen von Moskitos. Rathin hatte mit dem Kapitän, einem burmesischen Muslim namens Alum, der etwas Englisch sprach, ausgemacht, daß er uns an dem Abend nach Jayapur bringen würde, wo die *Monorama* ankern und auf uns warten würde. Schon nach wenigen Stunden Fahrt, kurz nach Sonnenuntergang, verkündete Alum, er müsse an Land gehen und eine weitere Laterne besorgen. Er legte bei der Stadt Basanti an. Männerstimmen grummelten aus überfüllten Blechschuppen, und tiefes Lachen grollte durch die Dunkelheit. Frauen oder Kinder waren weder zu hören noch zu sehen. Alum ging von Bord. Die Besatzung ging von Bord. Sie ließen uns allein an der dunklen Anlegebrücke zurück, ohne Zusicherung, daß sie wiederkommen würden.

Stunden später traute Eleanor sich, während ich unsere Ausrüstung bewachte, in das unbeleuchtete Städtchen, um Hilfe zu suchen. Sie kam mit einem englisch sprechenden katholischen Priester zurück, der stark nach Schnaps roch. Wir überredeten ihn, uns zu helfen, ein vorüberfahrendes Boot anzurufen, um zur Polizeistation am anderen Flußufer mitgenommen zu werden. Die Nachricht von unseren Bemühungen brachte Alum und seine Besatzung zum Boot zurück, wo sie ernsthaft versprachen, die Reise unverzüglich fortzusetzen. Doch kaum hatte der Priester uns verlassen, da wollte Alum wieder von Bord, und die Besatzung ankerte mitten im Fluß, so daß wir die Anlegebrücke nicht erreichen konnten, um zu fliehen. Sie teilten uns mit, daß sie uns heute nacht nicht mehr zur *Monorama* bringen würden. Wir würden auf diesem Boot schlafen müssen.

Da hob ich eine Machete auf, die auf dem Deck lag. Ich hielt sie fest in der Hand und wiederholte unseren ursprünglichen Plan. Alum ließ seine Besatzung eilig den Anker lichten. Wir erreichten die *Monorama* schließlich etwa um drei Uhr morgens.

Ein anderes Mal, als wir uns mit der *Monorama* treffen sollten, hatte Rathin uns ein früheres Mitglied seiner eigenen Besatzung auf die *Mabisaka* geschickt, einen rehäugigen jungen Mann namens Nicteau, den Kanchan Muhkerjee später als »ein Dummkopf, aber ein lieber Kerl« beschrieb. Nicteaus Anwesenheit sollte sicherstellen, daß unser Treffen wie geplant stattfinden würde. Doch wiederum vergingen Stunden, und das Tageslicht schwand, bevor unsere beiden Boote sich trafen. Es stellte sich heraus, daß Nicteau Rathin falsch verstanden hatte. Die *Mabisaka* hatte mitten auf einem Fluß gewartet, während die *Monorama* eben außerhalb unserer Sicht in der nächsten Biegung ankerte.

Möglicherweise lag die *Monorama* auch jetzt nur hinter der nächsten Flußbiegung. Girindra warf den Motor der *Mabisaka* an, um einen weiteren Wasserlauf abzusuchen. Eleanor und ich tauchten wieder aus unserem Versteck auf und bedeckten die Köpfe mit unseren Tüchern, so daß die zerzausten Umrisse unserer westlichen Frisuren geglättet wurden. Wir saßen mit Girindra auf dem Dach des Bootes und spähten nervös in die mangrovengesäumte Dunkelheit. Keine *Monorama*. Was tun?

Plötzlich fiel mir ein passender Satz von meiner Bengali-Sprachkassette ein:

»Tumi ki Robindronather gan gaibe?«

(»Möchtest du ein Lied von Rabindranath Tagore singen?«)

Girindra trug eine kastanienbraune kapuzenartige Wollmütze, die er über seinen dünnen Schnurrbart hochgezogen hatte, aber an den Fältchen, die sich wie Fächer von seinen Augenwinkeln aus ausbreiteten, konnte ich erkennen, daß ein Lächeln über sein Gesicht zog.

Nein, er würde kein Lied von Rabindranath Tagore singen. Statt dessen trug er ein Lied vor, das ich kannte, das Lied, das er an jenen Abenden in der Dunkelheit für Dianne und mich gesungen hatte, wenn wir, wie benommen von stummer Enttäuschung, unter diamantenbesetztem Himmel unterwegs zurück zum Tourist Lodge waren. Flehend, rufend, suchend zeichneten seine Töne das Auf und Ab all unserer verschiedenen, namenlosen Sehnsüchte nach.

Jede Silbe schien geradezu zum Himmel aufzuschweben, wie Rauch in ruhiger Luft emporsteigt. Viele Monate später, nachdem ich in England eine Kassette hatte übersetzen lassen, erfuhr ich den Text des Liedes:

Lieber Gott, lieber Herr, wo bist du?
Zeige dich mir.
Du hast mich auf diese Erde gebracht.
Ich arbeite den ganzen Tag,
wie du es gewünscht hast.
Ich arbeite den ganzen Tag.

Ich weiß nicht, warum du mich
  auf diese Erde gebracht hast,
aber ich kann ohne dich nicht leben.
Du hast mich auf diese Erde gebracht.
Ich habe hunderttausendmal gesündigt,
  doch ich flehe dich an,
komm und zeige dich mir
und vergib mir.
Lieber Gott, lieber Herr, wo bist du?

Lange nach Mitternacht trafen wir schließlich auf die *Monorama*. Ich habe nie verstanden, warum wir uns nicht hatten finden können. Girindra und Rathin hatten den Treffpunkt ausführlich auf bengalisch besprochen, bevor wir losgefahren waren. Jetzt diskutierten sie wieder darüber, leise, indem sie auf verschiedene Gebiete auf der großen, plastiküberzogenen Karte zeigten, die unter Deck der *Monorama* an der Wand hing. Möglicherweise hatten wir uns der angegebenen Stelle von verschiedenen Flüssen aus genähert. Die *Mabisaka* konnte durch viel seichtere Wasserläufe fahren als die große Barkasse. Möglich war auch, daß die Verwirrung von einer Nuance des Dokhno herrührte, dem bengalischen Dialekt, der in den Sundarbans gesprochen wird. Rathin erklärte, daß der Dialekt eine Mischung aus Midnapuri, Santal und anderen Stammessprachen, reinem Bengali und Resten der alten drawidischen Sprache sei. Jeder Bengali könne ihn verstehen, sagte er; doch Richtungsangaben scheinen in jeder Sprache besonders anfällig für Mißverständnisse zu sein.

Diese Treffen mit Rathin auf der *Monorama* waren manchmal schwierig und immer anstrengend. Eleanor und ich waren schon von Anfang an müde, frustriert darüber, daß wir so viel Zeit mit der Suche nach der Barkasse vergeudet hatten, und fühlten uns verloren. Verlorenheit! Dieser Zustand bezeichnete meine Situation mit ihren vielfachen Aspekten, vielköpfig wie ein grauenhafter Dämon. Wieder hatten wir den Weg verloren; ich fühlte mich verloren und hilflos; ich hatte die Sprache verloren.

Girindra verstand meine Frustration. Zu allen Tageszeiten fuhr er mit uns Flüsse auf und ab. Er zeigte uns weitere Pfähle, die die Stellen von Tigerunfällen markierten, und versuchte, uns die Geschichten dazu zu erzählen. Er nahm uns an den Ort mit, wo sein jüngster Onkel getötet worden war, und zeigte uns sogar den Baum, den sein Onkel gerade fällen wollte – illegal –, als der Tiger aus dem Wald sprang; der Baum, ein *jad baen*, ist jetzt so hoch wie ein Scheunendach. Eleanor machte schöne Fotos. Aber ich hungerte nach Informationen.

Auf der *Monorama* aß ich kaum etwas und schlief fast nie. Alle meine Bedürfnisse hatten sich zu einem einzigen, verzweifelten Wunsch vereinigt: Worte, die ich verstand.

Wenn wir uns mit der *Monorama* getroffen hatten, nachdem die offiziellen Interviews mit Schamanen beendet waren, nachdem Rathin sein gewaltiges Abendessen aus stark gewürztem Fisch, Dahl und Chapatis verzehrt hatte, wenn Eleanor zu Bett gegangen war und Girindras und Rathins Leute bei Lampenlicht Karten spielten, saßen Rathin und ich noch auf, und er übersetzte aus den bengalischen Büchern über die Überlieferung der Sundarbans, die er in der Bibliothek in Kalkutta für mich ausgeliehen hatte.

Die Arbeit ging quälend langsam voran. Die Sätze ergaben nicht immer Sinn. Später entdeckte ich, daß Rathin die Stellen, die er für langweilig oder unwichtig hielt, ausgelassen hatte. Langsam nahmen die Umrisse der Geschichten Gestalt an, aber es kam mir vor, als hätten die Gestalten

175

keinen Zusammenhang. Ich verstand sie nur so, wie ein Mensch mit verbundenen Augen ein Zimmer kennenlernt: Alles wirkte größer als in Wirklichkeit und kreuz und quer aufgestellt. Und dann, gerade wenn es schien, als würde das Bild gleich klar werden, verkündete Rathin, seine Augen seien zum Weiterlesen zu müde.

Trotzdem blieben wir auf. Rathin leidet unter Schlaflosigkeit. Meine begierigen Ohren erlösten ihn von der Qual, wach zu liegen und hilflos nach Schlaf zu suchen. Also baute er, wie aus Dankbarkeit, Geschenke aus seltsamen, glitzernden Fakten aus den Sundarbans, aus Westbengalen und aus seinem eigenen Leben vor mir auf. Er erzählte mir, wie er einem aggressiven Elefanten auf einem Motorrad davongefahren war. Er erzählte, wie sein Großvater sein Leben riskiert hatte, um mit einer Frau aus dem Stamm der Rajput durchzubrennen. Rathin selbst hatte mit dreiundzwanzig Jahren eine feurige, schöne christliche Lehrerin namens Manjusree geheiratet. Die Eltern der Brautleute hatten die Ehe arrangiert. Nach der kirchlichen Trauung sah er sie zum ersten Mal an. »Ich habe ihr nicht einmal ins Gesicht gesehen, als der Priester die Worte sagte«, bekannte er. »Ich habe einfach weiter auf den Ring gestarrt.«

Mit dem Sinn für Dramatik, den jeder begabte Erzähler besitzt, berichtete Rathin mir von Intrigen und Gewalt in den Sundarbans, von merkwürdigen Winden und hohen Wellen, von Piraten, Tigern und Krokodilen. Die Krokodile! Sie sind so bösartig, erzählte Rathin. Einmal half er einem gefangenen kleinen Salzwasserkrokodil, aus dem Ei zu schlüpfen: »Das übriggebliebene Eigelb hing noch an seinem Bauch, da biß es mir schon in die Hand! Die Zähne, wie kleine Nadeln!« »Die Sundarbans sind so heimtückisch und ungastlich, daß nur wagemutige und verzweifelte Leute sich hierhertrauen und hier überleben«, sagte er als Einleitung zu einer neuen Geschichte. »Sicher möchtest du gern wissen, wie ich mein erstes Tigeropfer hier zu sehen bekam.« Ich hörte zu, mit wäßrigem Mund und Augen so groß wie von einer Eule.

Es war an einem Nachmittag geschehen, kurz nachdem er in die Sundarbans versetzt worden war. Rathin füllte auf seiner Barkasse, die am Anleger der Patlaptoma Forest Station lag, Formulare aus. Einer seiner Leute kam mit einer Nachricht zu ihm: In der Nähe lag die Leiche eines Mannes, der gerade von einem Tiger angegriffen und getötet worden war.

»Ich war so aufgeregt!« sagte Rathin – dann, als er mein bestürztes Gesicht sah: »Ich war sehr, sehr besorgt.« Er griff nach seinem Fotoapparat und folgte dem Mann den Anleger hinunter. Da: Der Bursche zeigte auf ein kleines Paddelboot, das etwas höher auf dem Trockenen lag – das Boot war offensichtlich schon früher an den Anleger herangefahren, als das Wasser noch höher gestanden hatte. Jetzt lag es auf dem Schlamm.

Auf dem kleinen Boot fand Rathin im Schatten des geschwungenen, mit Palmwedeln gedeckten Daches die Leiche eines Mannes in einem abgetragenen Lendentuch und mit einem roten *gamcha*, einem Stück Stoff, das Bengalis oft als Schärpe und als Taschentuch benutzen, um die Taille gewickelt. Er schien mit leerem Blick gegen das Dach zu starren, sagte Rathin; er sah nicht aus, als wäre er tot. Rathin konnte an seinem Hals keine Wunden entdecken. Da kamen drei Dorfbewohner hinzu, und er fragte sie: »Woher wissen Sie, daß dieser Mann von einem Tiger getötet wurde? Ich sehe nichts.« Daraufhin knoteten die Männer das rote *gamcha* auf. Rathin stellte gerade das Objektiv seiner Kamera ein. Als er aufblickte, sah er zu seinem Entsetzen, wie die Eingeweide des Mannes aus einer klaffenden

Bauchwunde hervorquollen. Nur das *gamcha* hatte die Eingeweide zusammengehalten, das wurde ihm nun klar. Und die rote Farbe des Tuches rührte vom Blut des Opfers her.

»Wer ist dieser Mann?« fragte Rathin, während er gegen die Übelkeit ankämpfte. Einer der Männer erklärte: »Er war Schamane, und wir waren alle drei in seiner Gruppe, da griff der Tiger an und tötete ihn.«

Wie war es geschehen? Sie hatten Genehmigungen, um im Wald bei Adjubalmari von der Hental-Palme, der dornigen Palme, die zum Dachdecken verwendet wird, Wedel zu schneiden. Nach ihrer Ankunft sprach der Schamane seine Gebete. Schließlich war er der Meinung, seine Begleiter könnten nun gefahrlos ihre Äxte schwingen.

Die Aufgabe des Schamanen war es, die Wedel zu säubern und für das Aufstapeln im Boot zurechtzuschneiden. Er stand über seine Arbeit gebückt, als der Tiger angriff. Er sprang aus dem Nichts heraus, erzählten die Männer Rathin, und alles passierte in einem einzigen Augenblick: »Der Tiger kam und sprang den Mann an und riß ihm den Bauch auf. Und jetzt ist er tot.« Die Männer warfen mit Stöcken und jagten den Tiger schließlich fort. Aber es war zu spät.

Etwas an der Geschichte machte Rathin stutzig. Er war zwar gerade erst in die Sundarbans versetzt worden, aber er hatte im Tigerreservat bei Buxa gearbeitet, und er wußte, daß Tiger normalerweise nicht auf diese Weise angreifen. Fast ausnahmslos packen sie die menschliche Beute am Nacken und töten sie mit einem Biß. Ein Tiger reißt erst dann den Bauch auf, wenn er seine Beute getötet, den Kadaver ein Stück weit fortgeschleppt und sich schließlich niedergelassen hat, um seine Mahlzeit zu halten.

Wenn die Männer nicht die Wahrheit sagten, meinte Rathin, dann mußten sie etwas zu verbergen haben.

»Und also griff ich zu einer List«, erzählte Rathin mir mit leiser, verschwörerischer Stimme und blitzenden Mungoaugen. »Ich hatte erfahren, daß die Frau dieses Schamanen sehr jung war. Das erwähnte ich den Männern gegenüber, und dann fragte ich sie: ›Ist das der Grund, warum Sie den Mann ermordet haben? Soll ich zur Polizei gehen?‹

Bei dem Wort ›Polizei‹«, verkündete Rathin triumphierend, »fielen sie mir zu Füßen. Sie sagten: ›Sir, wir werden Ihnen alles sagen. Aber wir versichern Ihnen, Sir, es war ein Unfall!‹« Und also erzählten sie Rathin die Geschichte.

Sie hatten wirklich gerade Hental geschnitten, als der Tiger gekommen war. Das Tier war plötzlich aus dem Wald geschossen und hatte den Schamanen zu Boden geworfen. Während der gewaltige Leib den schreienden Mann bedeckte, noch bevor der Tiger mit den Zähnen das Genick des Schamanen gefunden hatte, kamen die anderen Männer ihm zu Hilfe. Einer von ihnen hob seine Axt hoch über den Kopf, um sie auf den Tiger herabsausen zu lassen.

Doch der Tiger wich aus. Der Schamane versuchte, zur Seite zu rollen. Die Axt landete mit voller Wucht auf seinem Bauch. Sie hatten den Mann getötet, den sie hatten retten wollen.

»Wir haben versucht, ihn ins Krankenhaus zu bringen«, berichteten die Männer Rathin, »aber weil wir mit unserem Paddelboot so lange brauchen, bis wir eine Siedlung erreichen, ist er verblutet, Sir.«

Daraufhin nahm Rathin alle drei Männer an Bord seiner Regierungsbarkasse mit zum Wald bei Adjubalmari, eine Fahrt von fünfeinhalb Stunden. Nur wenn er die Stelle selbst sah, konnte er ihre Geschichte glauben.

Die Männer führten Rathin an den Ort des Geschehens. »Als wir die Stelle erreichten«, sagte Rathin, »fand ich einen Gummilatschen, und der ganze Ort sah nach hektischer Aktivität aus. Hental-Stäbe waren eilig zurückgelassen worden. Außerdem fand ich Tatzenabdrücke, frische Tatzenabdrücke, und Blutflecken. Ich war sicher, daß es tatsächlich ein Unfall gewesen war.«

Krieg der Schamane nun Opfer eines Tigerunfalls? Ein Tiger hatte ihn angefallen, das war richtig, und als Folge davon war er gestorben; der Tiger hatte ihn jedoch nicht getötet. Weil die Regierung den Familien der Opfer Entschädigungen zahlt, wenn der Inhaber einer Genehmigung von einem Tiger getötet wird, versuchen die Angehörigen häufig, die Schuld auf einen Tiger zu schieben, wenn ein Mann umkommt, sagte Rathin. Daher müsse er solchen Fällen nachgehen.

Was schrieb Rathin in seinem Bericht? »Das möchte ich an dieser Stelle nicht sagen«, antwortete er listig, weil ihm einfiel, daß mein Kassettenrekorder mitlief. »Aber meiner Ansicht nach wäre es kein Unrecht, wenn man bestätigen würde, daß hier ein Tigerunfall vorliegt.« Er machte eine Pause. »Vielen Dank«, sagte er ins Mikrofon.

Rathin hatte zwar die Mühe auf sich genommen, zwei Schamanen für meine Interviews auszusuchen, und er hatte sie auch herbeigeholt, doch er selbst interessierte sich nicht besonders für den Glauben der Einheimischen. Als Ksab Kayal, der hinduistische *gunin* aus Lahripur, eine Geschichte erzählte, sagte Rathin mit empörtem Blick auf englisch zu mir: »Allmählich langweilt mich das zu Tode.« Als ich Ksab Kayal bat, mir von Bonobibi und Daksin Ray zu erzählen, begann Rathin, die Worte des *gunin* zu übersetzen, brach aber dann ab. »Er erzählt alles verkehrt«, sagte er. »Ich habe das viel besser in einem Buch. Was er dir da erzählt, strotzt vor Fehlern, weil er das Buch nicht gelesen hat, er hat das alles bloß gehört. Was er sagt, ist also nicht ganz authentisch.« Als ich hartnäckig blieb, wurde Rathin ärgerlich. »Ich sage dir doch, das ist sinnlos. Willst du die Geschichte von Bonobibi denn von *ihm* hören?«

Die Bewohner der Sundarbans sind fast alle Hindus, die einer niedrigen Kaste angehören, oder arme Muslime. Rathin, der christliche Enkel dreier Brahmanen und einer Rajput, ist ein gutbezahlter, hochrangiger Beamter in einer Abteilung der Regierung, die, was den Stolz auf den Dienstgrad angeht, beinahe dem Militär gleichkommt.

Rathin ist für Führungsaufgaben geboren: Er ist der Älteste von vier Kindern, und sein Name bedeutet »Oberster Wagenlenker«. Mit durchdringendem, zuweilen majestätischem Blick und breitem Brustkorb beherrscht er seine Untergebenen spielend. Ich war erstaunt, als ich entdeckte, daß er etwas kleiner ist als ich mit meiner zierlichen Gestalt und meiner Größe von einsfünfundsechzig und daß seine Hände und Füße so klein sind wie meine eigenen. Überall in den Sundarbans ist er gefürchtet. Er hat sich Schießereien mit Piraten geliefert und bei illegalen Holzfällaktionen Razzien geleitet, und er ist keineswegs zaghaft, wenn es darum geht, Fischern Geldstrafen aufzuerlegen oder sie um einen Teil ihres Fanges zu erleichtern. Als Girindra mit Rathin sprach, nannte er ihn »Sir«, und sein leichtes Stottern verstärkte sich.

Daher bat ich Rathin nie, so gern ich es auch gewollt hätte, für Girindra und mich zu übersetzen, damit wir uns unterhalten konnten.

Die Zeit reichte sowieso kaum. Rathins Arbeit war anstrengend und unkalkulierbar. Wir wußten nie, wann wir zu einem Treffen mit ihm gerufen werden würden. Wenn er Zeit für uns fand, war er mit der *Monorama* normalerweise zu einem Einsatz unterwegs, bei dem Eleanor und ich nicht willkommen waren. Nach einer Nacht Fahrt wurden wir dann entweder auf der *Mabisaka* nach Sajnekhali oder Jamespur zurückgeschickt, oder wir mußten den ganzen Tag auf der *Monorama* warten, daß Rathin seine Arbeit beendet hatte, wobei wir uns wie Gefangene fühlten.

Dreimal versuchten Eleanor und ich, einen zuverlässigeren Übersetzer zu gewinnen. Zuerst hatten wir uns mit einem professionellen Übersetzer aus Kalkutta verabredet. Dann planten wir, uns mit einem jungen Bengalen aus Kalkutta zu treffen, der in den Sundarbans Ferien machte. Schließlich baten wir Kushal, mit herauszukommen. Keiner von ihnen tauchte auf. Eleanor witzelte, unsere Pläne seien anscheinend einer Kraft unterworfen, die ihr Mann »chinesisches Zerfallssyndrom« getauft hatte, nachdem Schuhe, die er in Chinatown gekauft hatte, sich im Regen aufgelöst hatten. Doch in den Sundarbans, so schien es, lösten Pläne sich nicht bloß auf; sie flogen in Stücke und ließen uns wiederum hilflos und verloren zurück.

Meine Kommunikationsversuche wurden immer verzweifelter und surrealistischer. Bei dem Versuch, Phoni Guyan, den grauhaarigen *gunin,* der die Bonobibi-Puja abgehalten hatte, zu interviewen, hatte ich meine Fragen in sehr einfachem Englisch gestellt, und der Manager des Tourist Lodge, dessen Englisch nur wenig besser war als das Girindras, hatte sie stockend übersetzt. Der Priester hatte auf Bangla geantwortet. Seine Antworten hatte ich auf Kassette aufgenommen, in der Hoffnung, sie später übersetzt zu bekommen. Natürlich bot diese Art der Unterhaltung keine Möglichkeit für Nachfragen oder Klärungen. Außerdem beruhten meine Fragen alle auf der Information, daß Phoni Guyan Brahmanenpriester sei – was sich, wenn auch erst Monate später, als vollkommen falsch erwies.

Girindra und ich wurden immer verzweifelter. Einmal wollte er so gern, daß ich eine Geschichte, die er zu erzählen versuchte, verstand, daß er sich schließlich – nachdem ich sie wieder nicht verstanden hatte, obwohl er sie zweimal in seinem mit englischen Brocken durchsetzten Bangla erzählt hatte und sogar Zeichnungen dazu gemacht hatte – bereit erklärte, sie ein drittes Mal zu erzählen, Wort für Wort, so daß ich sie in phonetischer Umschrift mitschreiben konnte. Wir hofften, daß ich diese Mitschrift später in Kalkutta oder in den USA jemandem vorlesen könnte, der dann die Geschichte für mich rekonstruieren könnte. (Rathin übersetzte sie mir in einem Restaurant in Kalkutta. Aber über ein ganzes Jahr später, als Girindra die Geschichte auf Bangla aufgeschrieben und ein anderer Übersetzer sie übersetzt hatte, entdeckte ich dann, daß Rathin den gesamten Mittelteil der Geschichte übergangen und das Schicksal der Hauptperson ausgelassen hatte! Er war gerade dabeigewesen, eine Pizza zu essen, und hatte keine Lust mehr gehabt, gleichzeitig zu kauen und zu übersetzen.)

Nach solchen Tagen lag ich dann im Tourist Lodge im Bett, lauschte auf das Scharren der Ratten in der Decke des Zimmers und auf das Zirpen der Geckos – ein Geräusch, als wenn man mit einer Münze auf Glas klopft – und wartete darauf, daß mich der Schlaf überkam. Eines Nachts träumte ich, Girindra käme ins Zimmer und teilte mir mit: »Ich kann dich jetzt verstehen. Ich kann jetzt mit dir sprechen. Ich verstehe, was du wissen willst. Schnell, ich erzähle es dir, solange wir noch Zeit haben.« Und dann wachte ich auf. Ich hatte meine Chance verpaßt.

Ich versuchte, Wörter aus meinem Sprachführer zusammenzubasteln, um Girindra von dem Traum zu erzählen. Er sollte wissen, wie frustriert ich war, als ich aufwachte, ohne erfahren zu haben, was er zu sagen hatte. Ich hätte am liebsten geweint. Aber wieder war mein Bangla unverständlich. Wegen eines Druckfehlers in meinem Sprachführer war das Verb »weinen« *(kadi)* falsch als *kada* buchstabiert. Zu der Zeit war mir nicht klar, daß ich Girindra mit großer Dringlichkeit und Gefühlsbewegung sagte: »Ich möchte Lehm.« Girindra starrte mich bloß an und schüttelte den Kopf. Offensichtlich voller Ratlosigkeit und Frustration – was immer ich ihm auch sagen wollte, es war wichtig, das wußte er – sagte er wieder einmal jene Worte, die die Leere in meinem Herzen zusammenfaßten: »Jani na« – »Ich weiß nicht«.

Im nassen Labyrinth der Sundarbans bot jeder Wasserlauf eine andere Art des Verlorenseins.

Eines Morgens, nach einer Nacht, die zur Hälfte mit der Suche nach der Barkasse draufgegangen war, erwachten Eleanor und ich an Bord der *Monorama*, überflutet vom blaßgelben Licht des Tages. Wir sahen etwas Großes neben uns im Wasser schwimmen.

Es war eine tote Chitalkuh, aus deren Halswunde noch Blut sickerte.

Rathins Leute fischten sie mit Bambusstangen aus dem Wasser. An Deck untersuchten wir sie. Sie war jung – vielleicht ein oder zwei Jahre alt, schätzte Rathin. Ihr Bauch war teilweise aufgerissen, vom Anus bis zur Brust. Helles rotes Blut sammelte sich um Maul und Nase. In ihrem Nacken waren vier tiefe Löcher zu sehen. Zwei Zähne hatten ihre Luftröhre durchbohrt, und zwei Zähne hatten ihr an der Schädelbasis das Rückenmark zerquetscht. Rathin meinte, sie sei vor drei oder vier Stunden getötet worden. Das kühle, salzige Wasser hatte die Anmut des lebenden Tieres teilweise erhalten: Ihr Blut war nicht geronnen, und ihre Glieder waren noch geschmeidig.

Rathin war an diesem Tag wieder im Einsatz und ließ uns beide und die tote Chitalkuh in Pakhiralaya zurück. Eleanor und ich betrachteten den nassen Körper auf dem Rasen vor der Forststation. Er wirkte bereits ganz anders als das Wesen, das wir im Wasser hatten treiben sehen. Das erste, was uns dort aufgefallen war, waren die Augen gewesen. Pupillen und Iris waren in den Kopf gerollt, und nur das Weiße starrte unter den offenen Lidern hervor. Aber die Augäpfel waren nicht vollkommen weiß; sie schienen den blauen Himmel und die weißen Wolken über der Chitalkuh widerzuspiegeln. Es war, als wären ihre Augen voller Himmel, dessen Anblick ihre Seele geraubt hatte.

Doch jetzt waren alle Spuren dieses Anblicks verschwunden. Einer der Forstbeamten kniete sich neben sie und schloß ihr sanft die Lider.

Die Flut war zur Hälfte aufgelaufen, sagte Rathin mir später, als der Tiger die Chitalkuh fand. Gut möglich, daß der Tiger schon sehr lange auf der Jagd gewesen und vielleicht mehr als ein Dutzend Meilen gelaufen und geschwommen war, bis er die Chitalherde witterte oder sah, wie die zierlichen Gestalten sich niederbeugten, um Blätter zu knabbern. Der Tiger folgte unsichtbar. George Schaller beobachtete einmal, wie eine Tigerin einen Chitalhirsch überraschte, nachdem sie sich durch nur fünfzehn Zentimeter hohes Gras bis auf fünfzehn Meter an ihn herangeschlichen hatte; hier in den Sundarbans konnte der Tiger im wirren Dickicht der Wurzelwälder, die das Licht der Mondsichel schluckten, unmerklich und geräuschlos wie eine Schlange zu dem Wild vordringen. »Der Tiger geht so leise«, hatte ein bangladeschischer Fischer auf der anderen Seite der Sundarbans Hasna Moudud erzählt, »daß er sich vor Wut in den Fuß beißt, wenn er ein Geräusch macht.«

Oder vielleicht hatte der Tiger irgendwo auf der Lauer gelegen, weil er wußte, daß die Chitalkuh dorthin kommen würde. Vielleicht hatte er sie sogar angelockt. Jäger sagen, daß Tiger ihre Beute manchmal rufen. In Gegenden, wo sie das große Sambarwild jagen, rufen sie *tonk!* wie bellende Hirsche. Andere sagen, Tiger würden Wild mit einem leisen, gähnenden Stöhnen anlocken, das sie mit vibrierenden Lefzen so ausstoßen, daß der Klang vom Boden zurückgeworfen wird, so daß niemand genau sagen kann, wo er herkommt. Rathin sagt, er habe in den Sundarbans Tiger gehört, die die Stimme einer Chitalkuh nachahmten, die ihr Junges ruft: eine schrille, schnelle Abfolge kurzer Silben, wie *tik-tik-tik.* Wenige Kitze würden diese Stimme mit der ihrer eigenen Mutter verwechseln, aber Wild sei erstaunlich neugierig – es könne gut sein, daß einige Tiere aus der Herde dem Ruf der fremden Kuh nachgingen.

Die junge Chitalkuh war also möglicherweise auf den wartenden Tiger zugegangen. Vielleicht hatte sie nur einen Augenblick gezögert – einen Augenblick zu lange. Wir stellten uns vor, wie sie regungslos stehenblieb, die Ohren nach hinten gedreht, sprungbereit, fluchtbereit. Wir stellten uns den Tiger vor, mit gesenktem Kopf, geschlossenem Maul und gespitzten Ohren. Vielleicht hatte die Chitalkuh im letzten Augenblick den Schwanz gehoben, aufgestampft und einen Warnruf gejault.

Doch wahrscheinlich hatte sie nichts gesehen. Sogar Jäger, die sich auf Bäumen versteckt hatten und darauf warteten, daß ein Tiger ein angepflocktes Ködertier anfiel, haben die Ankunft ihrer Beute beinahe verpaßt: Einer beschreibt das Erscheinen seines Opfers als »eine Rauchwolke oder eine Wolke, die vor dem Mond vorbeizieht«, ein anderer als »eine gespenstisch stille Gestalt ... und wäre nicht der Schatten gewesen, wäre er manchmal fast durchsichtig erschienen«.

Ganz behutsam näherte sich der Tiger der Chitalkuh. Er

war von so weit hergekommen und hatte so vorsichtig gejagt und so lange auf diesen Augenblick gewartet. Fast mit
Sicherheit war er sehr hungrig. Schaller schätzte, daß seine
Tiger in Kanha nur bei etwa einem von zwanzig Pirschgän-
gen Erfolg hatten. Tiger können viele Tage ohne Futter aus-
kommen. Doch der Tiger ist in diesem Augenblick nicht
nur von seinem Verlangen besessen; er denkt. »Es gibt kein
Tier, das die Umstände so abwägt, bevor es zum Angriff
übergeht, wie der Tiger das anscheinend tut«, schrieb der
amerikanische Missionar H. R. Caldwell über die Tiere, die
er in Südchina beobachtete. Unser Tiger mußte entscheiden, wie er die Chitalkuh packen würde, wie er sie nieder-
reißen würde und wie er sie mit dem Maul töten würde.

Tiger können auf viele Arten töten. Wenn ein Tiger ein
großes Tier von vorn oder von der Seite anfällt, kann er es
an der Kehle packen und mit Hilfe einer Vordertatze nie-
derreißen. Wenn das Beutetier sehr groß ist, muß er es vielleicht an der Kehle festhalten; beide Tiere, Raubtier und
Beute, stehen fast bewegungslos, gefangen in dem endlosen Augenblick, in dem das Leben dem Tod weicht, bis die
Beute aufgrund von Sauerstoffmangel zusammenbricht.

Wenn der Tiger von hinten angreift, kann er dem Tier auf
den Rücken springen und dann, während es fällt, um seinen Hals greifen, es an der Kehle packen und den Hals
nach oben reißen und umdrehen. Oder er kann mit einer
Vorderpranke zupacken und das Hinterteil herunterziehen. Oder er kann einfach auf dem Rücken seiner Beute
landen und ihr das Genick durchbeißen.

Dafür hatte der Tiger sich in diesem Fall entschieden.
Weil das Beutetier so klein war, hatte er beschlossen, es mit
fast chirurgischer Präzision zu töten, indem er seine Eck-
zähne zwischen die Wirbel schob, »wie einen Keil«, wie
der deutsche Katzenexperte Paul Leyhausen beobachtete –

oder, wie Mel Sunquist und John Seidensticker schrieben, »wie einen Schlüssel im Schloß«. Die Zähne des Tigers und die Nackenknochen des Wildes scheinen füreinander geschaffen zu sein wie Schloß und Schlüssel.

Er hatte nicht einmal seine Klauen ausgefahren; die tote Chitalkuh war nicht zerkratzt. Allein die winzigen Löcher in ihrem Genick hatten sie getötet. Man hat riesenhafte Tiger beschrieben, deren Zähne so dick und lang waren wie Gleisnägel, doch diese Löcher hier waren nur so groß wie der Kopf einer Biene. Gut möglich, daß es ein junger Tiger gewesen war. Wir stellten uns vor, mit welcher Freude er diesen Biß ausführte: Auf die gleiche Weise, aber sanft, packt ein Tiger eine Tigerin, bevor er sich mit ihr paart; auf die gleiche Weise springt eine spielende Hauskatze auf ein Spielzeug.

Voller Freude hatte der Tiger seine Beute im Maul fortgetragen. Indem er seine steifen Schnurrhaare nach vorn richtete, umhüllte er sie mit einer Berührung, die so viel feiner ist als das menschliche Empfinden, daß wir nicht einmal davon träumen können, wie sie sich wohl anfühlen mag. Jedes Schnurrhaar steckt gerade in einem winzigen Beutel voller Nervenenden, wie ein Strohhalm in einer Flasche. Die Schnurrhaare dienen, mit den Worten der Schriftstellerin und Naturforscherin Fiona Sunquist, die mit ihrem Mann Mel in Chitawan arbeitete, als »taktiles drittes Auge«. Daher kann man einer Hauskatze die Augen verbinden, ohne daß sie gegen Hindernisse tappt. Eine Katze mit verbundenen Augen kann sich sicher und geschickt bewegen, indem sie die Umrisse über die Luftströmungen erfaßt, von denen die Gegenstände umgeben sind. Bei Aufnahmen mit hochempfindlichen Filmen zeigt sich, daß Hauskatzen ihre Schnurrhaare im letzten Sekundenbruchteil vor dem Sprung nach vorn richten, um die letzten Bewegungen der Beute zu erspüren.

Die Menschen in den Sundarbans wissen, daß den Schnurrhaaren des Tigers große Kräfte innewohnen. Daher trinkt der Tiger nur mit flußabwärts gerichtetem Kopf, erzählte ein Mann Hasna in Bangladesch; sonst würde ihn die Kraft seiner eigenen Schnurrhaare vergiften. Die Schnurrhaare sind so stark, erzählte mir der Schamane Barkhan Gazi, daß Allah drei davon fortnimmt, um sie für sich zu behalten, wenn ein Tiger stirbt.

Der Tiger hatte die Schnurrhaare um die warme Chitalkuh gelegt und trug sie so wahrscheinlich eine Weile. Schließlich, an einem Fleck, den er für passend hielt, breitete er seine Schnurrhaare wieder aus und legte das Wild nieder. Er öffnete sie zwischen den Beinen. Als er in der kühlen Nacht zu fressen begann, dampfte ihm ihr heißes Fleisch ins Gesicht. Und er war vermutlich sehr froh. Sogar dankbar.

»Ein überzeugter Fleischfresser kann seiner Beute gegenüber Zuneigung oder sogar Dankbarkeit ausdrücken – eine bewegende und völlig angemessene Reaktion bei einem Wesen, für das das Protein erbeuteter Tiere die einzige Nahrungsquelle ist«, schreibt Elizabeth Marshall Thomas in ihrem bemerkenswerten Buch *The Tribe of Tiger: Cats and Their Culture*. Die Autorin hatte beobachtet, wie eine Löwenfamilie den Kadaver eines Kudus zerriß, einer Antilope, die sie in Afrika in der Savanne gefangen hatten. »Der Löwe nahm den unverletzten, aber abgetrennten Kopf des Kudus zwischen die Pfoten, hielt ihn aufrecht, so daß er ihn ansah, und leckte ihm langsam die Wangen und die Augen, vertraulich und zärtlich, wie eine Katze ihr Junges, als wäre der Kopf ein anderer, geliebter Löwe ... Unter seiner Zunge öffneten und schlossen sich die Augenlider wie bei einem lebenden Tier. Ein junger Löwe schob sich unter dem Ellbogen seines Vaters hindurch und half ihm, das Gesicht des Kudus zu waschen.«

Fressen und Lieben: Für den Tiger ist beides eng verknüpft. Im menschlichen Gehirn liegen die Kontrollzentren für Sexualität und Wut dicht beieinander; es sind keine Gegensätze, wie wir gern glauben würden, sondern Zwillinge.

Hier also, in einer stürmischen Verbindung von Zärtlichkeit und Brutalität, begann der Tiger, die Chitalkuh zu verzehren, Fleisch mit Fleisch zu vereinen. Aber gerade als der Tiger zu fressen anfing, geschah etwas.

Hatte ein anderer Tiger ihn verscheucht? War er vor dem Geräusch unseres Bootes geflohen? Beides war unwahrscheinlich. Wenn ein anderer Tiger dazugekommen wäre, hätte dieser das Wild selbst gefressen. Und die Tiger hier haben keine Angst vor Booten, versicherte Rathin uns; sie haben nicht einmal Angst vor Gewehren, denn da seit dem Verbot der Tigerjagd bereits eine Generation von Tigern vergangen ist, haben sie das Wissen um die mögliche Bedeutung eines Gewehrs verloren.

Was könnte einen Tiger von seiner Beute vertreiben? Aus welchem Grund auch immer, der Kadaver hatte verlassen dagelegen, und die Flut war gestiegen und hatte ihn fortgetragen. Und jetzt hatte das Meer ihn zu uns gebracht. Durch den Verlust war der Tiger sichtbar geworden, seine Geschichte schimmerte in den Löchern, die seine Zähne in diesem schlanken, gefleckten Hals hinterlassen hatten.

Beim ersten Anblick der im Wasser treibenden Chitalkuh schnappte Eleanor nach Luft. »Wie schön«, stieß sie hervor und griff nach ihrer Kamera. Später fragte ich sie, was sie in dieser traurigen kleinen Leiche Schönes gesehen hatte. Eleanor denkt mit den Augen, durch ihre Kameras; sie versteht eher über Bilder als über Geschichten, die aus Wörtern zusammengesetzt sind. Einmal erzählte sie mir, die

Schönheit des Blutes an einem Metzgerstand in Vietnam hätte sie fast geblendet: diese Farbe! so rot!

Nicht der Kadaver selbst war es, der so schön war, erklärte Eleanor; sie war sogar ärgerlich gewesen, als Rathins Leute das Wild aufgefischt hatten. Der *im Wasser treibende* Kadaver war es gewesen, der ihr schön erschienen war – wie er auf der Oberfläche von Leben und Tod trieb, im wässrig blauen Himmel von Vishnus Ozean.

Bei meinem Versuch, Phoni Guyan zu interviewen – ich sprach englisch, er antwortete auf bengalisch – geschah etwas Seltsames.

Ich hatte Fragen in ganz einfachem Englisch aufgeschrieben. Diese las ich vor und zeigte sie dann dem lokkenköpfigen Manager des Tourist Lodge. Jedesmal beobachtete ich scharf sein Gesicht, um zu sehen, ob er verstanden hatte; manchmal formulierte ich eine Frage neu. Dann stellte der Manager die Frage auf bengalisch, und Phoni Guyan wiederholte sie anscheinend. Es ging hin und her, so wie die Amerikanischen Seidenschwänze eine Beere immer wieder hin und her reichen, bis einer der Vögel die Beere schluckt und beide wissen, daß sie mit dem Nestbau beginnen können. Schließlich waren die beiden Männer sich über die gestellte Frage einig, und Phoni Guyan sprach lange.

Ein unbefriedigenderes Interview war kaum denkbar. Es zu organisieren war lächerlich kompliziert gewesen. Ich hatte Girindra erzählt, was ich vorhatte, und weil er sowohl mit dem Manager als auch mit Phoni Guyan gut befreundet ist, hatte er meinen Wunsch weitergegeben. Nachdem er eine halbe Stunde mit dem Manager gesprochen hatte, war er mit dem Geständnis: »Manager keine Ahnung, was du willst« wieder in unser Zimmer gekommen.

Ich förderte aus meinem Rucksack ein Exemplar meines ersten Buches zutage. »Amar boi« (»mein Buch«), sagte ich und zeigte es dem Manager. »Amar nam« (»mein Name«), sagte ich und zeigte auf meinen Namen auf dem Umschlag – den gleichen Namen, den er mich wiederholt in die Gästeliste hatte eintragen sehen. »Ecta boi Sundarbans Thema«, sagte ich in einer miserablen Mischung aus ungrammatikalischem Bangla und ungrammatikalischem Englisch: »Ich will, daß Sie bei dem Buch helfen.«

Diese Informationen waren dem Manager keineswegs neu. Schon im Dezember hatte ich mich als Schriftstellerin vorgestellt (»Ami lekika« war ein Satz, den ich sorgfältig geübt hatte). Inzwischen war ich in den Sundarbans ziemlich bekannt; wo immer Girindra mich auch in der *Mabisaka* hingebracht hatte, hörte ich ihn auf bengalisch erklären: »Sie ist Schriftstellerin. Sie ist aus Amerika. Sie ißt nur Eier!« Aber als der Manager mein Buch durchblätterte und es an seine Angestellten weitergab – sie sahen sich die Bilder an und suchten nach Wörtern, die sie vielleicht kannten –, bekam es eine Bedeutung, die es noch nie besessen hatte. Die Worte besaßen keine Poesie, die Gedanken keine Kraft – diese Werte waren nicht sichtbar. Doch das Buch war auf andere Weise bedeutsam. Es hatte einen Wert als physikalisches Objekt, wie eine Tonne mit Reis oder ein Stapel Feuerholz. Das Buch war ein in lateinischer Schrift geschriebenes Diplom, der greifbare Beweis für Status und Kompetenz.

Und so hatte der Manager sich zur Hilfe bereit erklärt.

Während Phoni Guyan die einzelnen Fragen beantwortete, hielt ich meinen Kassettenrekorder hoch, um seine Worte aufzunehmen. Doch weil niemand da war, der für mich übersetzte – anders als bei den Interviews, bei denen Rathin übersetzt hatte und die Männer *ihm* geantwortet hatten –, antwortete Phoni Guyan mir jetzt persönlich. Er überreichte mir Wörter, die so stumm waren wie mein Buch, und trotzdem war es eine Unterhaltung. Während er sprach, begegneten seine scharfen braunen Augen meinem Blick, weiteten sich und zogen sich zusammen, flogen wie Vögel im Zimmer umher. Seine schlanken Hände flatterten, seine Stimme knurrte und wurde dann weicher. Und ich nickte manchmal oder legte den Kopf zur Seite, und mein Blick folgte seinem, und mir wurde der Mund wäßrig; auf diese Weise hörte ich zu. Wie oft hören wir nicht mit dem Verstand oder mit den Ohren zu, sondern mit den Gesichtsmuskeln! Und auf meinem Gesicht konnte er lesen – ich wußte es, denn es spiegelte sich in seinen Augen –, wie sehr ich seine Fähigkeiten und sein Wissen schätzte und wie dankbar ich für dieses Geschenk war.

Erst Monate später sollte ich erfahren, was Phoni Guyan mir erzählt hatte. Doch in unserem stummen, aber bedeutsamen Gespräch, in dem wir sprachlose Worte wie Edelsteine ausgetauscht hatten, hatte er mir eine Zauberkunst gezeigt, die ebenso in Bann schlug wie seine Mantras.

Sich verlieren: Es ist wahr, diese Worte besagen, daß man sich verirrt, daß man, auch im übertragenen Sinne, seinen Weg nicht mehr findet oder daß einem der Gesprächsfaden abhanden kommt. Aber es gibt auch noch eine weitere Definition: »ganz in einer Tätigkeit aufgehen, sich völlig hingeben«.

Wie bei allem in den Sundarbans finden wir hier eine weitere, unerwartete Bedeutung, die als Gegensatz verkleidet, unter der Maske aber ein Zwilling ist.

Eines Abends, als wir im Ruderhaus der *Monorama* saßen, erzählte Rathin mir von dem Tiger, der bei Gazikhali lebte. Er war sehr alt, und sein Fell war verfilzt. Kränze aus Fell, sagte Rathin, hingen von ihm herab, »wie das Haar eines Sadhu«, eines heiligen Mannes, der im Wald lebt, seinen Körper mit Asche einreibt und sich weder kämmt noch wäscht. Der Tiger hatte nur drei Fangzähne – der unten rechts war abgebrochen. Rathin hatte ihn nie gesehen, aber er hatte von ihm gehört. Der Sadhu-Tiger war in der Gegend zur Legende geworden. Rathin wußte nicht, ob es ihn wirklich gab.

Das heißt, er wußte es solange nicht, bis er einen Mann kennenlernte, der eine Begegnung mit diesem Tiger überlebt hatte. Rathin ging in das Krankenhaus, in dem der Mann lag, und bat darum, den Patienten sprechen zu dürfen. Weil Rathin ein hoher Regierungsbeamter war, gestattete der Arzt nicht nur das Interview, sondern nahm dem Patienten sogar den Verband ab, damit Rathin die drei großen Löcher in seinem Hals sehen konnte. Der fehlende Zahn des Tigers hatte dem Mann das Leben gerettet, sagte Rathin. Vor seinem schraubstockähnlichen Griff hätte es sonst keine Rettung gegeben. Da der Tiger alt war und ihm ein Zahn fehlte, hatte sein erster Biß den Mann nicht getötet. Der mutige Sohn hatte mit einem Ruder auf den Tiger eingeschlagen und ihn so verjagt.

Rathin befahl seinen Leuten, nach dem Sadhu-Tiger Ausschau zu halten. Er wollte ihn unbedingt sehen. An der Gazikhali Forest Station gibt es einen Beobachtungsturm, von dem aus häufig Tiger zu sehen sind. Aber nach diesem Vorfall zeigte der Tiger sich nicht mehr, obwohl die Angestellten Tag für Tag Wache hielten.

Doch Rathin bekam den Tiger trotzdem zu sehen. Allerdings war das in Kalkutta, und der Tiger war noch jung und geschmeidig.

Einige Tage, nachdem Rathin mit dem verletzten Mann

gesprochen hatte, besuchte er in Kalkutta einen Kollegen, der viel Zeit in den Sundarbans verbracht hatte. Sie sprachen über die Feinheiten der Tierfotografie. Der Kollege zeigte auf die Wand. Dort hing das Foto eines Tigers, den er vor Jahren gesehen hatte. »Was halten Sie von dem Foto da?« fragte er Rathin.

»Ich sah das Foto an und staunte«, sagte Rathin. Er hatte den Tiger, den er nie gesehen hatte, sofort erkannt. »Er knurrte. Sein linker unterer Fangzahn fehlte.«

Während Rathin seine Geschichte beendete, erreichte der Mond den Zenit. Das Boot lag völlig still. Dunst stieg aus dem Fluß auf. Rathin sagte, das sei Ozon, und es würde Tuberkulose heilen.

Der Ruf eines Ziegenmelkers platzte wie eine Blase aus dem Wald, und vom gegenüberliegenden Ufer antwortete es wie ein Echo. Und dann spürten wir, wie sich das Boot mit dem einsetzenden Ebbstrom unter uns drehte.

Tigergott des Dschungels

*E*s begann alles, so erzählt eine Geschichte, als der mächtige Gott Shiva, dessen Symbol der lebensspendende Phallus ist, zum ersten Mal die Fee Ambika erblickte. Er war vom Anblick ihrer unwiderstehlichen Schönheit so überwältigt, daß er »mondfarbenes Sperma aus seinem Körper spritzte«. Aus seinem Begehren wurde Daksin Ray geboren – das wunderbare Kind des hilflosen Verlangens eines Gottes nach einer Fee.

Andere Geschichten berichten, Daksin Ray sei der Sohn einer Göttin, ein Brahmane, ein menschlicher Krieger, ein Jäger oder ein Weiser. Manche Gelehrten behaupten, Daksin Ray sei eine historische Figur, möglicherweise ein *zamindar,* ein Grundbesitzer aus vorkolonialen Zeiten, oder der Befehlshaber eines großen Heeres. Den Berichten zufolge war Daksin Ray, dessen Name »Herr des Südens« bedeutet, reich, kühn und mächtig. Sein Abbild aus Lehm zeigt ihn immer gutaussehend, mit juwelenbesetzten Gewändern und goldglänzendem Kopfschmuck.

Anders konnte er gar nicht sein. Daksin Ray besitzt den Reichtum der Sundarbans, die Bäume und die Gezeiten, die silbrigen kleinen Fische und die riesigen Haie und die dicken Bienenwaben voller Wachs und triefend vor Honig. Sein Reichtum wird nur noch von seiner Macht übertroffen. Daksin Ray verkörpert die Kräfte der Tiger in den Sundarbans, die leibhaftige Schönheit und den leibhaftigen Schrecken. Daher wird er oft auf einem Tiger reitend dargestellt, doch seine Fähigkeiten gehen weit über diese Kunst hinaus. Alle Tiger in den Sundarbans gehorchen seinem Befehl, heißt es, und jeder weiß, daß er nach Belieben in einen Tigerkörper eindringen kann.

Die Geschichten von Daksin Rays Herkunft wurden, wie die Geschichte der Geburt Jesu, sicherlich erst lange nach Beginn der Verehrung des Helden erfunden. Sie sind länger geworden, die handelnden Figuren sind zahlreicher geworden, und die Geschichte der Sundarbans wurde eingeflochten. Später dann wurden die Erzählungen reich ausgeschmückt, wie Daksin Rays Gewänder, mit den schönsten Sprachjuwelen, die Bengalens Dichter bieten konnten. Und die Epen wurden, wenn sie einmal gedichtet und gelesen waren, wieder Bestand der Erinnerung.

Daksin Rays Geschichte verändert sich – sie wird erinnert, erweitert, verdreht, verwandelt. Er nimmt verschiedene Namen an: Manchmal wird er Daksindar genannt, manchmal Bara Thakur. Er nimmt verschiedene Gestalten an: Manchmal wird sein Gesicht weiß bemalt, wie der Mond, als Zeichen für ein reines, geopfertes Leben, manchmal ist es tiefgelb. Die *Anthropological Survey of India* berichtet, daß er manchmal als Stein oder als phantastischer Kopf verehrt wird. Doch unter allen Namen und Gestalten, allen Geschichten und Gedichten fließt, wie die Unterströmung unter den Fluten, eine Urkraft. Sie birgt ein uraltes Geheimnis. Denn der Tigergott der Sundarbans ist älter als die *zamindars*, älter als die Schrift und älter sogar als Shiva selbst.

»*Bara-Puja* oder Daksinrai beginnt nachmittags und dauert die ganze Nacht«, übersetzte Rathin aus dem Bengalischen. »Pflügen, Töpfern, Kochen und Dreschen ist nicht erlaubt.«

197

»Die Gläubigen wählen eine Stelle im Wald aus, roden sie und bauen dort einen Altar, umgeben von Dattelpalmen. Daneben wird eine rote Fahne aufgezogen. Fackeln werden angezündet, Trommeln geschlagen, und Hühner und Ziegen werden geopfert.«

Rathin übersetzte ein Kapitel mit der Überschrift »Daksin Rai Kult« aus einem Buch mit Aufsätzen, das den Titel *A Focus on Sundarbans* trägt. Er las weiter:

»Die Kultstätte ist vom Blut der geopferten Vögel und Tiere überschwemmt. Die betrunkenen Anhänger betupfen sich die Stirnen mit dem Blut blutender Tiere, tanzen mit Fackeln in den Händen und machen obszöne Gesten und Äußerungen. Ohrenbetäubende Schreie und dröhnende Musik erklingen.«

Während der Zeremonie, übersetzte Rathin, werden dem Götterbild der Auswurf von Regenwürmern, unreifer Kürbis und das Fleisch von Hauskatzen angeboten – Dinge, die sich von den Opfergaben in einer traditionellen hinduistischen Puja stark unterscheiden. Sie werden dem Götterbild nicht zu Füßen gelegt, sondern in ein zeremonielles Feuer geworfen; das Götterbild wird von Kopf bis Fuß in Schnaps gebadet und bekommt Wasser aus der Huka, der Wasserpfeife. Diese Praktiken, erläuterte Rathin, zeigen, daß Daksin Ray älter ist als der klassische Hinduismus und daß er ursprünglich ein Gott der niederen Kasten ist.

»Das ist der Gesang, den sie dem Tigergott vortragen«, sagte Rathin, und er las vor:

Jatale matal kanda
Khuno khuni sara
Mad, magi, rakta, mangsha
Samal, sama bara.

Dann übersetzte er:

> Vor dem Altar stehen wir, berauscht und weinend,
> Leben nehmend, Leben beendend.
> Wein, Frau, Blut, Fleisch –
> Abbild Gottes, beherrsche mich!

Während Rathin diese Worte sprach, waren wir nach Khahtjhuni unterwegs, wo die Forstbehörde auf der anderen Seite des Harinbhanga, nahe der Grenze zu Bangladesch, ein Stück Wald abholzte. Dort versammelten sich Holzfäller aus allen Gegenden der Sundarbans zu eben der Zeremonie, von der wir gerade lasen, der alljährlichen Daksin Ray-Puja.

Daksin Ray war bei der Bonobibi-Puja ebenfalls verehrt worden, aber eine Daksin Ray-Puja ist etwas völlig anderes, versicherte Rathin mir. Weit entfernt von jedem Dorf, dem besänftigenden Einfluß von Frauen und Kindern entzogen, beschwört diese Puja Kräfte herauf, die so roh und wild sind, daß sie nur von dem Gott der Tiger selbst beherrscht werden können.

Rathin würde uns nicht begleiten können, denn er würde am Morgen mit der *Monorama* zu einem neuen Einsatz aufbrechen, während Eleanor, Girindra und ich auf der *Mabisaka* nach Khahtjhuni weiterfahren würden. Da Rathin zu Girindra kein Vertrauen hatte, schickte er seinen persönlichen Bediensteten Tarapada mit, der uns durch die Trunkenheit und die Obszönitäten begleiten sollte; gegen alles, was uns sonst noch begegnen könnte, rüstete Rathin Tarapada mit einem uralten russischen Gewehr aus.

Tarapada war hocherfreut, daß er mitfahren sollte. Er verbrachte fast die ganze Puja fest schlafend im schattigen Laderaum der *Mabisaka*.

Zuerst fuhren wir mit der *Mabisaka* nach Lahripur, einem Dorf, in dem der Bildhauer wohnte, der die Statue Daksin Rays für die Puja aus Lehm angefertigt hatte. Wir sollten die Statue abholen und mit dem Boot in den Tempel bei Khahtjhuni bringen.

Wir hörten die Prozession schon lange, bevor wir sie sahen: das Hallen der Gongs, das rhythmische Dröhnen der Trommeln, das Klirren der Messingbecken. Ein vibrierendes »Uluooooooo« stieg wie Dampf von der noch nicht sichtbaren Menge auf und verkündete, daß der Gott näher kam, immer näher. Dann sahen wir es über dem Uferdamm, der das Dorf vor dem Meer schützte, wie einen Mond aufgehen: das von Glorienschein umgebene, strahlende Gesicht des Gottes.

Auf der Stirn trug er den Dreizack Shivas, in den Ohren silberne Ringe und um den Hals Ketten aus Perlen und Elfenbein, und sein Brustharnisch schimmerte vor Gold und Diamanten. Es sah aus, als würde er durch die Luft auf uns zuschweben. Erst als die Statue den Uferrücken erklommen hatte, konnten wir die Arme, Schultern und Beine der Gläubigen sehen, die ihn auf einem blauen Thron auf uns zu trugen.

Behutsam wurde Daksin Ray auf das Vorderdeck der *Mabisaka* verladen, zusammen mit rund einem Dutzend Männern aus seinem Gefolge. Zwei Männer in karierten *lungis* würden die Statue auf ihrer Reise mit den Klängen heiliger Trommeln beschützen – der *dhaee*, die aus Mangoholz und Rindsleder angefertigt wird, und der *kanshi*, einem beckenähnlichen Messinginstrument, das man mit einem Bambusstab anschlägt. Ein dritter Begleiter hielt die Rückseite des Throns fest, damit die Verkleidung aus Zeitungspapier nicht vom Wind abgerissen wurde. Anhänger halfen, die zahlreichen Dinge für die Puja einzuladen:

Milch, *ghee,* Früchte, Kokosnüsse, Töpfe, Instrumente, Reis. Jemand blies das heilige Muschelhorn, ein Schmettern, das so laut und schrill ist wie das Pfeifen eines Zuges, denn jetzt wurde eine Flasche mit Gangeswasser, der leibhaftigen Göttin Gonga, eingeladen. Und schließlich, während das Tuckern der *Mabisaka* sich mit dem Lärm der Trommel mischte, legten wir ab und fuhren zur Puja.

Überall, wo in den Sundarbans Holz geschlagen wird, werden jedes Jahr Hunderte kleinerer Rituale zur Verehrung von Daksin Ray durchgeführt. Die Forstbehörde, die die Entnahme von jährlich 6000 Tonnen Holz aus kleinen, ständig wechselnden Waldstücken zwischen dem Jula und dem Buri Ganga überwacht, erlaubt nicht, daß Holzfällergruppen ohne einen Schamanen arbeiten. Die Anwesenheit des Schamanen sei ebenso vorgeschrieben wie die Gesichtsmasken aus Plastik, erzählte Rathin. Mit Mantras und Gebeten, mit besprochenen Holzsplittern oder verzaubertem Lehm flehen Männer wie Bakher Gazi, Ksab Kayal und Phoni Guyan die Götter des Dschungels an, den Männern, die ihrer Obhut anvertraut sind, gnädig zu sein. Die Holzfäller dürfen ihre Äxte erst schwingen, wenn die Schamanen Daksin Ray verehrt haben. Das ist folgerichtig. Denn Daksin Rays Göttlichkeit, so heißt es, wurde zuerst einem Holzfäller offenbart.

Rathin hatte die Geschichte eines Nachts an Bord der *Monorama* übersetzt:

Ein reicher junger Kaufmann namens Puspa Datta brauchte Holz, um Schiffe für seine Flotte zu bauen. Er bestimmte den Holzfäller Rothai Baulya zum Leiter einer Expedition, die die geeigneten Bäume suchen und fällen sollte. Zusammen mit seinen sieben Brüdern und seinem einzigen Sohn machte Rothai Baulya sich ins Herz der

Sundarbans auf, wo es das beste Holz für den Schiffsbau gab.

Die Männer wagten sich tief in den Mangrovenwald hinein und machten sich daran, das Holz zu schlagen, das sie brauchten. Sie hatten sieben Schiffe vollgeladen und waren bereit, wieder nach Hause zu fahren, da entdeckten sie einen einzelnen, majestätischen Baum, der dicht am Ufer wuchs. Er war so prächtig und so hoch, daß sie nicht widerstehen konnten und ihn fällten.

Von Gier geblendet erkannten Rothai und seine Leute nicht, daß sie die Wohnstätte Daksin Rays gefällt hatten. Erzürnt befahl Daksin Ray sechs Tigern, Rothais Brüder zu ergreifen und zu töten.

Vor Schmerz über den Tod seiner Brüder beschloß Rothai, sich selbst auch das Leben zu nehmen. Er sagte seinem Sohn, er solle nach Hause zurückfahren. Aber gerade als Rothai Hand an sich legen wollte, sprach Daksin Ray mit donnernder Stimme: »Deine Brüder wurden für ihre Dreistigkeit und ihre Gier getötet; sie wurden bestraft, weil sie die Wohnstätte eines Gottes zerstört haben. Aber ich, Daksin Ray, bin gütig«, fuhr die Stimme fort. »Ich will deinen sechs Brüdern das Leben wiedergeben – unter einer Bedingung: Du mußt mir deinen einzigen Sohn opfern.«

Rothai opferte den Jungen auf der Stelle. Durch diese gläubige, demütige Handlung besänftigt, gab Daksin Ray nicht nur den sechs Brüdern, sondern auch dem Sohn das Leben wieder. Alle fielen auf die Knie und beteten ihn an. Und als sie nach Hause kamen, erzählten sie allen von der Barmherzigkeit und der Macht Daksin Rays, des Herrn der Sundarbans und des Gottes der Tiger.

»Selbst damals gab es schon so etwas wie ein ökologisches Konzept«, kommentierte Rathin, während er diese Passage aus dem Epos *Ray Mangal Kavya* übersetzte, das

1686 von dem gebildeten bengalischen Dichter Krishnaram Das verfaßt wurde. »Hier wird für einen gefällten Baum ein Sohn geopfert.«

Dieses Thema klang im Laufe der Jahrhunderte in Indien immer wieder an, wie Rathin wohl wußte: In einem anderen Buch zeigte er mir Zeichnungen von Tafelbildern aus Lehm, die in Mohenjo-Daro entdeckt wurden, Überreste der Kultur, die 3000 v. Chr. im Industal existierte. Auf der ersten Tafel ist ein Tiger im Wald zu sehen, die zweite zeigt einen Menschen, der den Tiger aus dem Wald herausjagt. Eine weitere stellt einen Gott unter Bäumen dar, der die Arme flehend gegen einen Tiger ausgestreckt hat. Das folgende Bild zeigt Menschen, die die Bäume fällen. Auf der letzten Tafel sieht man den Wald kahl, der Tiger ist verschwunden, der Gott, der in den Bäumen wohnte, fort. Die Moral, meinte Rathin, ist deutlich: »Du kannst Land für die Landwirtschaft urbar machen«, sagte er, »aber dann verlassen dich deine Götter.«

Fünf Stunden später kommen wir an dem Ort an, wo das Holz geschlagen wird. Die Sonne ist so heiß, daß auf Daksin Rays goldener Krone Nadeln glitzern, und die Luft fühlt sich so schwer an wie der Ruf der mit Kuhhaut bespannten *dhaee*. Dutzende von Holzbooten so groß wie Fischdampfer ankern in den Wasserläufen in der Nähe. Während der Wochen, in denen sie Holz schlagen, wohnen die Holzfäller auf diesen Booten und schlafen in den grasgedeckten Holzschuppen, die wie ein Dach auf jedem Boot aufgebaut sind. Die meisten Boote haben rote Fahnen gehißt. Manche sind mit Blumenketten bekränzt. Einer der Vorarbeiter ruft den Arbeitern zu, daß Daksin Ray angekommen ist.

Die Vorbereitungen für die Puja beginnen. Ein Mann malt den doppelten Dreizack Shivas auf einen Tontopf und verreibt das Zinnoberrot dabei mit dem Mittelfinger der linken Hand. Ein anderer bereitet eine Paste aus Sandelholz zu, indem er es in Öl an einem flachen, runden Stein verreibt, bis er eine Masse mit der satten Farbe von Sahnekaffee erhält, von der er jedem Anwesenden einen Klecks auf die Stirn tupfen wird. Kerzen werden angezündet, Räucherwerk brennt ab. Früchte werden zerschnitten und auf Bananenblättern arrangiert. Alles wird sorgsam in Wasser oder Milch gewaschen, bevor es in den Tempel gebracht wird. Der Tempel ist ein großes, dauerhaftes Bauwerk, gut sieben Meter lang, das auf Stelzen steht. Die Wände bestehen aus Hental-Wedeln, und der Fußboden ist aus Holz, das kräftiger ist als die Planken der meisten Anlegestege. Andere Götterfiguren, darunter auch Bonobibi, scheinen sich in einem eigenen, durch einen karierten Sari abgeteilten Raum zusammenzudrängen, wie Schauspieler, die hinter der Bühne warten. Heute wird nur Daksin Ray verehrt.

Die Statue wird sorgfältig aufgestellt und dann mit einem niedrigen Zaun aus roter Schnur umgeben. Ich erinnere mich an die rote Schnur bei Girindras Lehmkugel-Puja und bei der Bonobibi-Puja im Tempel in Sajnekhali.

Der Priester, ein junger Mann mit riesigen Augen und flacher Brust, beginnt mit der Zeremonie. Er ist Brahmane; die heilige Schnur zieht sich über seine linke Schulter. Er spricht drei Begrüßungsformeln an Vishnu, die jedesmal von seinem Gehilfen nachgesprochen werden, fast so, als würden die beiden einen Kanon singen. Ihre Stimmen dehnen und ziehen die Wörter wie Gummiband aus ihren Körpern, aus ihren Seelen, aus der Vergangenheit hervor. Die Bewegung ihrer Stimmen erweckt die Worte des Gebetes zum Leben, so wie knetende Hände die Hefe im Brotteig wecken.

»Er zeigt die Sehnsucht der Menschen, die Daksin Ray bitten, zu ihnen zu kommen, damit sie ihn anbeten können«, erklärt Amarendra Nath Mondal. Mr. Mondal (wir sprachen ihn nie mit Vornamen an, weil Girindra das auch nicht tat, offensichtlich aus Respekt) betet Daksin Ray selbst nicht an. Er ist, wie seine schwarzgeränderte Brille zeigt, ein Gelehrter und glaubt nicht an Daksin Ray. Er ist, erzählt er mir, »klassischer«: er verehrt Lakshmi, die vierarmige Göttin des Erfolgs und des Reichtums. Doch Mr. Mondal hat uns zu der Puja begleitet, weil er an der Beobachtung solcher Ereignisse interessiert ist, und auf Girindras Bitte hin hat er sich bereit erklärt, an seinem freien Tag für uns zu übersetzen.

Jemand bläst das Muschelhorn. »Jetzt wird die Statue geweckt«, erklärt Mr. Mondal. Für diesen Augenblick wurde der niedrige Zaun aus roter Schnur um die Figur herum errichtet. »Die rote Schnur hält die Dämonen fern, die sonst versuchen könnten, vor Daksin Ray in die Statue einzudringen.«

Die Musik dröhnt und pocht, die Gongs rufen leidenschaftlich. Daksin Ray nimmt die Statue in Besitz. Der Priester wirft ihm eine Blume zu Füßen, und die Zeremonie geht weiter.

Dem Gott wird jede Ehre, jede Annehmlichkeit zuteil, die seine Gastgeber bieten können: gefällige Worte, Musik zur Begrüßung, süß duftendes Räucherwerk, gutes Essen. Als Erfrischung in der Hitze bekommt er sogar ein Bad angeboten. Das ist ein logistisches Problem, da die Statue aus Lehm besteht. Die Gläubigen haben es einfallsreich gelöst: Ein Spiegel wird in die Zeremonie einbezogen, so daß Daksin Rays Spiegelbild ein Bad nehmen kann.

In den nächsten zwei Stunden ist die Puja ein berauschender Tumult aus Gebeten, Glocken, Blumen, Essen,

Gesang, Räucherwerk, Trommeln und Gongs. Die Musik schwillt an wie die Hitze, wird schneller, wie der Pulsschlag beim Nahen eines Geliebten, und klopft dann wie ein Herz, wenn ein Tiger sich nähert – schließlich hämmernd, schwindelerregend, unerträglich. Daksin Rays Augen scheinen in den Augenhöhlen zu schweben, als würde er uns alle beobachten. Unter seinem schwarzen Schnurrbart scheint ein leichtes, wohlgefälliges Lächeln seine Lippen zu umspielen.

Ab und zu durchschlägt ein Krachen das feuchte Gewicht der Hitze. Mr. Mondal fragt einen der Leute von der Forstbehörde, was das sei. Um die Lichtung herum zünden Forsthüter Knallkörper, damit die Tiger nicht zur Puja kommen, um ihren Herrn anzubeten. Aber bestünde denn überhaupt Gefahr für die Menschen, wenn die Tiger mit religiösen Aufgaben beschäftigt wären? Mr. Mondal lächelt. »Das Problem ist, daß man nicht sicher sein kann, daß alle Tiger, die kommen würden, wirklich an ihren Gott glauben. Es könnten auch einfach hungrige Tiger sein.«

Die Zeremonie geht weiter. Es gibt keinen Alkohol. Es gibt keine Obszönitäten. Kein Tier wird geopfert. Vor Jahren wurden bei Daksin Ray-Pujas Tiere getötet, so wie Rathin vorgelesen hatte. Aber als Kalyan Chakrabarti Direktor wurde, schaffte er diese Praxis ab, weil er sie für grausam hielt. (Das Ende der Tieropfer fiel zeitlich mit vielen Bemühungen der Forstbehörde zusammen, die Anzahl der Tigerüberfälle zu verringern, wie zum Beispiel elektrischen Zäunen um Dörfer, künstlich angelegten Regenwasserteichen und später dann Masken und elektrisch geladenen Puppen. Doch wenn man mit Einheimischen spricht, erwähnen sie diese Neuerungen nicht; sie schreiben den Rückgang der Tigerüberfälle einer Veränderung in der Puja zu.)

Nach zwei Stunden liegt der Priester fast ausgestreckt, seine Stimme bricht, wie bei einem Mann, der gleich weinen wird. Er erhebt sich, wischt sich Gesicht und Brust mit einem roten Handtuch ab und befestigt sein Kopftuch neu. Er kehrt zu dem Gebet vom Anfang zurück. Sein Gehilfe wiederholt die Worte leise. Ein anderer gießt Kokosnußwasser in einen Messingtopf. Jetzt endlich verläßt uns der Gott; die rote Schnur wird zerrissen. »OM Shakti, OM Shakti, OM«, summt der Priester. Die Puja für den Gott der Tiger schließt mit der Ursilbe.

Jahrhundertelang herrschte Daksin Ray in den Sundarbans allein über die schönen Wälder aus Meer. Aber eines Tages erschienen zwischen den Mangroven Neuankömmlinge und erregten den Zorn des Tigergottes so wie nie zuvor. Daksin Ray befahl einem Heer von Tigern, Krokodilen, Geistern und Dämonen, sie zurückzuschlagen. Der Krieger Sha Jungli kämpfte mit seiner Keule gegen das Heer des Gottes. Doch es war Sha Junglis Zwillingsschwester, von der er seit der Geburt getrennt war, die, unbewaffnet, den Kampf gewann. Sie wurde die Göttin des Waldes, und hier lebt sie nun in Frieden und Eintracht mit ihrem früheren Feind, dem Tigergott.

Während der Himmel dunkler wurde, die Hitze nachließ und unser Boot aus den kleinen Wasserläufen von Khahtjhuni herausglitt, zurück zur Flußmündung und zum Meer, erzählte Mr. Mondal Eleanor und mir die Geschichte von Bonobibi.

Von der Bonobibi-Puja her kennt jeder in den Sundarbans die Geschichte in ihren Grundzügen, sagte er, so wie jeder Christ die Geschichte der Geburt Christi von zahllosen Krippenspielen her kennt. In jedem Januar wird überall in den Sundarbans in Pujas der Text des *Bonobibir Jahu-*

ranama gesungen, der 1877 von dem muslimischen Dichter Munshi Baynuddin Saheb verfaßt wurde und der von dem Leben und den Wundern von Bonobibi, Daksin Ray, Sha Jungli und Gazi Saheb berichtet.

Die Geschichte beginnt damit, daß Gulalbibi allein im Wald weint – die kleine Lehmstatue, die bei der Puja in Sajnekhali flache, weiße Tränen weinte. Die Figur des Mannes mit dem bestürzten Gesicht neben ihr ist ihr Ehemann, Ibrahim, der sie schwanger im Dschungel allein gelassen hat. Er ist über seine eigene Tat entsetzt, kann sie aber nicht ungeschehen machen.

Mit seiner ersten Frau, Fulbibi, konnte Ibrahim kein Kind zeugen. Eine zweite Frau zu nehmen gestattete Fulbibi ihrem Mann nur unter der Bedingung, daß er versprach, ihr einen Wunsch zu erfüllen. Als Ibrahim also zum zweiten Mal geheiratet hatte und Gulalbibi empfangen hatte, verkündete die eifersüchtige Fulbibi ihren Wunsch: Wenn Gulalbibis Zeit kommen würde, sollte Ibrahim sie in den Dschungel bringen und sie, wenn sie eingeschlafen war, verlassen.

Als Gulalbibi allein aufwachte, rief sie nach Allah: *Rette mich!* Allah befahl Feen, Gulalbibi bei der Geburt ihrer Zwillinge beizustehen. Bonobibi war die Erstgeborene, Sha Jungli folgte. Doch selbst mit göttlicher Hilfe ist es schwer, zwei Babys zu stillen. Gulalbibi floh mit ihrem Sohn aus dem Urwald und ließ ihre kleine Tochter zurück.

Eine kleine gefleckte Chitalkuh entdeckte den Säugling und stillte ihn mit der eigenen Milch. Von Chitalwild aufgezogen, von Allah beschützt und durchdrungen vom Zauber des Dschungels wuchs Bonobibi zu einer Göttin heran. Und als ihr Bruder kam, um sie zu suchen, wußte Bonobibi daher bereits, daß sie nicht in die Stadt zu ihren

Eltern zurückkehren durften, fährt das Epos fort; statt dessen war ihnen bestimmt, in die Sundarbans zu reisen, um Wunder zu vollbringen und die leidenden Menschen dort zu erlösen.

Hier hielt Mr. Mondal inne, denn es ist schwer, längere Zeit den dröhnenden Motor der *Mabisaka* zu übertönen, vor allem in einer fremden Sprache. Außerdem, sagte er, seien die Wunder von Bonobibi und Sha Jungli leicht zu sehen: Überall in den Sundarbans sind sie in Lehm nachgebildet. Im Tempel in Sajnekhali führt links von der unter ihrem Baum weinenden Gulalbibi ein weiteres Schaubild in eine andere Geschichte ein. Hier schneiden die Lehmfiguren von Honigsammlern eine Wabe von einem Ast. Diese Szene stammt aus der Erzählung, wie Bonobibi den Sohn einer armen Witwe rettete. Ich hörte diese Geschichte auf meiner dritten Indienreise. Ein Student aus Kalkutta übersetzte sie aus dem *Bonobibir Jahuranama*, das Girindra wie eine Familienbibel in seinem Haus verwahrt:

Es waren einmal zwei Brüder, Dona und Mona. Sie waren reiche Kaufleute und segelten mit ihrer Flotte in die Wälder der Sundarbans, um dort Honig und Wachs zu sammeln.

Als sie ankamen, erschien ihnen Daksin Ray persönlich im Traum. »Ich werde eure Schiffe mit Reichtümern schwer beladen«, versprach er. Allerdings verlangte er einen Preis: Sie sollten ihren jungen Koch Dukhe, den einzigen Sohn einer Witwe, opfern. Sie sollten Dukhe auf der Insel Kendokhali aussetzen, wo Daksin Ray in Gestalt eines Tigers dann seinen Tribut einfordern würde.

Daksin Ray hielt sich an die Abmachung. Dona und Mona fanden die Bäume unter dem Gewicht der Honigwaben gebeugt. Sie luden ihre sieben Schiffe so voll, daß sie beinahe sanken; schließlich mußten sie Honig ins Meer schütten, um Raum für das wertvollere Wachs zu schaffen. Doch am Morgen war die Bezahlung fällig.

Dona schickte Dukhe in den Wald, um trockenes Holz für die Zubereitung des Frühstücks zu suchen. Während der Junge mit dieser Aufgabe beschäftigt war, glitten die Schiffe der beiden Kaufleute eins nach dem anderen von Kendokhali fort.

Als Dukhe zurückkam, merkte er, daß er allein war. Und in dem Augenblick kam Daksin Ray in Tigergestalt brüllend aus dem Wald. Dukhe erinnerte sich an die Worte, die seine alte Mutter ihm mitgegeben hatte, als er auf die Reise ging: »Wenn du in Schwierigkeiten bist, rufe Ma Bonobibi an.« Also fiel er auf die Knie und rief den Namen der Göttin.

Mit der Geschwindigkeit des Windes erschienen Bonobibi und ihr Bruder vor dem verängstigten Jungen. Bonobibi nahm Dukhe in die Arme und befahl ihrem Bruder, den Tiger mit seiner Keule zu verjagen – mit der Waffe, die, wie ich nun verstand, bei Girindras Puja im Wald durch die zauberstabähnlichen *latu* symbolisiert wurde. Bonobibi schickte den Jungen auf dem Rücken eines Krokodils sicher zu seiner Mutter nach Hause zurück. Dukhe hatte solche Angst vor dem riesigen Reptil, daß Bonobibi ihm für seinen Ritt die Augen verbinden mußte – ein weiterer Augenblick der Angst und des Versprechens, der im Tempel in Sajnekhali zum Gedenken in Lehm nachgebildet war.

Daksin Ray war über dieses Eindringen in sein Revier natürlich verärgert. Er rief seine Truppen zusammen, um die Neuankömmlinge fortzujagen. Doch trotz eines Heeres aus Tigern, Geistern namens *bhut* und weiblichen Geistern namens *dakani,* trotz Donner und Blitz und Pfeil und Bogen geschah Bonobibi kein Leid. Als Daksin Ray in seiner Ti-

gergestalt von Sha Jungli verfolgt wurde, verzog sich der
Gott in einen Fluß und befahl Haien und Krokodilen, seine
Verfolger anzugreifen. Sha Jungli hob sie einfach an den
Schwänzen hoch und schleuderte sie fort.

Schließlich schlossen die kriegführenden Parteien einen
Waffenstillstand. Gazi Saheb, ein muslimischer Heiliger,
verhandelte mit Daksin Ray und Sha Jungli. Daksin Rays
Mutter schloß einen Freundschaftspakt mit Bonobibi. Und
von diesem Tag an bewohnten der Tiger und die Göttin
friedlich gemeinsam die Wälder der Sundarbans.

Ebenso haben die verschiedenen Völker in den Sundarbans über die Jahrhunderte hinweg nebeneinandergelebt.
Angefangen von den Mogulen im 13. Jahrhundert, deren
sufistische Heilige ihre Wunder an den Ufern der Sundarbans vollbrachten, bis hin zu den Stämmen der Munda,
Oraaon und Santal, die am Ende des 17. Jahrhunderts von
den Versprechungen der *zamindars* aus Bihar und Orissa
angelockt wurden, hat dieses Land eine Welle von Neuankömmlingen nach der anderen willkommen geheißen. Die
jüngsten Einwanderer kamen aus den Bezirken Jessore,
Bakharganj und Khulna in Bangladesch. Seit der Teilung
Indiens im Jahr 1947 sind ungezählte Tausende über die
Sundarbans ins Land gekommen, häufig in kleinen Booten
in der Dunkelheit, auf der Suche nach einem besseren Leben. Girindras Eltern gehörten zu diesen Einwanderern,
die vor den gewalttätigen Ausschreitungen gegen Hindus
aus ihrem Heimatland flohen.

Die Menschen in den Sundarbans sind unverändert
arm. Ein 1981 veröffentlichter Bericht über die indische Seite der Sundarbans führt auf, daß die meisten der dort lebenden 2,2 Millionen Menschen sich für ihren Reisanbau
oder ihre Boote verschulden. Die Mehrzahl lebt zwar von
der Landwirtschaft, doch über die Hälfte besitzt kein eige-

nes Land. Diejenigen, die Land haben, bauen ihr Gemüse und ihre beiden jährlichen Reisernten durchschnittlich auf weniger als einem Hektar an. Nicht einmal ein Drittel der Bevölkerung kann lesen.

Doch die Göttin, die im *Bonobibir Jahuranama* verehrt wird, ist auch die Retterin der Armen. In einer Episode, die von den Lehmfiguren der Puja für Bonobibi nicht dargestellt wird, bauen, nachdem der Waffenstillstand zwischen Daksin Ray und den Neuankömmlingen vereinbart wurde, alle zusammen ein palastähnliches Haus für Dukhe und seine Mutter. Gazi Saheb verrät Dukhe, wo er graben muß, um sieben Gefäße mit Goldmünzen zu finden. Daksin Ray schickt ihm das beste Bauholz. Bonobibi sorgt dafür, daß ein himmlischer Zimmermann das Haus baut. Schließlich bittet der reiche Kaufmann Dona Dukhe um Verzeihung und bietet ihm als Beweis seiner Freundschaft seine schöne Tochter als Braut an. In einer prachtvollen Zeremonie, der ein großes Fest folgt, wird das junge Paar verheiratet, und fortan verehren alle Bonobibi und mit ihr Sha Jungli und Daksin Ray.

Auf meiner dritten Indienreise versuchte ich, den Ursprung Daksin Rays aufzuspüren. Rathin nahm mich in das Dorf Dhapdhapi mit, gut dreißig Kilometer südlich von Kalkutta. Es liegt nicht innerhalb der heutigen Grenzen der Sundarbans: Hier gibt es keine Mangroven, keine Wasserstraßen, keine Gezeiten und weder Krokodile noch Tiger. Das Dorf sieht aus wie jedes andere ordentliche Dorf in Westbengalen, mit Autos und Fahrrädern auf unbefestigten Straßen, Ladenfassaden aus Beton und hier und dort einem großen Banyanbaum mit Wurzeln, die wie das wirre Haar eines Sadhu herabhängen. Aber noch vor einem Jahrhundert, versicherte Rathin mir, gehörte

Dhapdhapi zu den Sundarbans. Einst war hier alles Mangrovensumpf. So kam das Dorf zu seinem Namen: Dhapdhapi heißt »aufräumen«.

Rathin brüllt unserem Fahrer auf bengalisch zu, er solle in einer Nebenstraße halten. Es ist Monsun, und der Regen ist warm und so beständig wie Schweiß, und die ganze Welt nimmt die verschwommene Erscheinung eines Traumes an, aus dem man nicht recht aufwachen kann. Während der Regenzeit verliert man sein peripheres Gesichtsfeld, denn man blickt immer durch den Tunnel eines Regencapes oder späht unter einem Regenschirm hervor.

Während wir aussteigen, sind die Augen ganz damit beschäftigt, auf die Füße zu achten, denn wir versuchen, den flachen Schlammrinnsalen auszuweichen, die die Straße herunterfließen. Als wir dann aufblicken, sehen wir vor uns ein Gebäude, das wie ein kleiner britischer Palast aussieht: drei Stockwerke aus leuchtend gelb gestrichenem Holz und Marmor, mit einer dreiteiligen Arkade verblendet und von einem Dachfirst gekrönt, der wie eine Tiara wirkt und mit Ornamenten verziert ist, die auch für ein viel größeres Gebäude ausreichen würde. Das ist der Tempel Daksindars.

Bald kommt Manas Kumar Pathak, ein ergrauender Mann mit Schnurrbart, rechteckiger, schwarzgerandeter Brille und der heiligen Schnur des Brahmanen, um uns zu begrüßen. Er ist seit vierzig Jahren Priester im Tempel, erzählt er Rathin auf bengalisch, seit seinem vierzehnten Lebensjahr. Mr. Pathak läutet eine Messingglocke, die über dem abgeschlossenen Eingang hängt, und klatscht viermal in die Hände, bevor er den Schlüssel ins Schloß steckt. Daksindar schlafe, erklärt er, und auf diese Weise würde er auf unsere Anwesenheit aufmerksam gemacht. Wir ziehen unsere Schuhe aus und betreten den Tempel.

Vor uns, fast ein halbes Stockwerk hoch, steht mit schwarzem Schnurrbart, spitz zulaufender Krone und mondweißem Gesicht die Statue Daksin Rays.

Dies ist nicht die ursprüngliche Figur, übersetzt Rathin. Das Original ritt auf einem Tiger; hier sitzt Daksin Ray auf einem juwelengeschmückten Thron. Außerdem hielt das Original einen Bogen und Pfeile; diese Figur hier wurde auf den Stand der Zeit gebracht und hält nun ein Gewehr auf dem Schoß. Der erste Tempel wurde aus Reisstroh und Blech angefertigt, erklärt der Priester, aber er wurde zerstört. Die Bürger von Dhapdhapi brachten das Geld auf, um an seiner Stelle 1909 diesen herrlichen Tempel zu errichten. Er hat sogar eine Wanduhr, sagt der Priester. Sie hilft, daß die Pujas pünktlich beginnen, samstags und dienstags um neun und um halb drei und an den anderen Tagen um elf.

Erzählen Sie uns von Daksindar, bitte ich mit Rathins Hilfe.

Ein großer Teil der Geschichte ist im Laufe der Zeit verlorengegangen, sagt der Priester. Aber so viel weiß man: Es gab einmal einen König namens Mukut Ray, König von Brahmannagar in Jessore. Befehlshaber seines Heeres war ein großer Häuptling mit Namen Daksindar.

Die Zeit verging, und viele Jahre nachdem Daksindar gestorben war, machten die Fischer und Honigsammler in den Wäldern um Dhapdhapi eine wichtige Entdeckung. Sie fühlten sich dazu hingezogen, einen bestimmten Erdhügel dort zu verehren. Sie wußten nicht einmal den Namen der Gottheit, die sie dort anbeteten, doch wenn sie an dem heiligen Hügel gebetet hatten, stellten sie fest, daß sie auf wunderbare Weise vor Tigern, Krokodilen und den anderen Gefahren des Waldes geschützt waren.

Dann, erzählte der Priester, war ein großer Teil des Landes für lange Zeit für Menschen unbewohnbar. Als die Menschen Jahrhunderte später nach Dhapdhapi zurückkehrten, war der Ort wieder zu Dschungel geworden. Das Land stand jetzt unter der Herrschaft eines *zamindar* namens Madanmohan Raychowdhuri.

Der *zamindar* sandte Arbeiter in das weitläufige Waldgebiet, um Lichtungen zu schlagen, Dämme zu errichten und Reisfelder zu bepflanzen. Diese Arbeit ist immer schwierig, doch nirgends so schwierig wie hier. Der Wald war in jener Gegend voller giftiger, dorniger Bäume, sagte der Priester. Die Arbeiter konnten ihn nicht roden, so sehr sie sich auch bemühten. Es war, als würde die Natur selbst den Ort unberührbar halten.

Während sie weiter versuchten, den Wald zu roden, entdeckte einer der Arbeiter eines Tages einen baumbestandenen Hügel. In dem Augenblick, als seine Axt in den ersten Baum hieb, strömte ihm Blut aus dem Mund, er fiel zu Boden und starb. Seine Gefährten berichteten dem *zamindar*, was geschehen war.

Zamindar Raychowdhuri kam sofort persönlich nach Dhapdhapi und errichtete dort ein großes Zelt. Tagelang betete und fastete er. Jeden Tag bat er um Kontakt zu der Gottheit des Ortes. Eines Nachts erschien der Gott ihm im Traum, mit einer spitz zulaufenden Krone aus Gold, Rot und Grün. Sein Gesicht leuchtete wie der Mond. Und er ritt auf einem Tiger. Sein Name, so sagte er, sei Daksindar.

Die Gottheit befahl dem *zamindar:* Errichte hier ein Bildnis von mir und verehre mich jeden Tag. Raychowdhuri gehorchte und tat noch mehr. Er stellte einen Priester an, der sich um die Statue kümmern und die täglichen Pujas abhalten sollte. Daksindar selbst lehrte den Priester die Geheimnisse des magischen Baumes von Dhapdhapi, Geheimnisse, die von Generation zu Generation weitergegeben werden. Auf diese Weise erfuhr sie Manas Kumar Pathak, und er lehrt sie jetzt seinen eigenen Sohn, der dreiundzwanzig ist und sich in der Ausbildung zum Priester befindet. Der Baum kann entzündete Wunden, Amöbenruhr, Magenleiden, Krebs und Hautkrankheiten heilen, aber nur, wenn seine Blätter in *ghee* gebraten und mit dem Segen des Priesters im Tempel verzehrt werden.

Mr. Pathak nahm uns mit, um uns den magischen Baum zu zeigen, der in einem Hof gegenüber dem Tempel wächst. Er ist ein hohes, schlankes Geschöpf mit weißlicher Rinde und zwölf Zentimeter langen, ledrigen Blättern. Am Ansatz jedes glänzenden Blattstengels wächst ein langer Dorn.

Rathin kannte diesen Baum nicht. Mr. Pathak sagte, er hieße *chora dacat,* und es sei kein Wunder, daß Rathin so einen Baum noch nie gesehen habe: Ein Botaniker von der Universität sei einmal herausgekommen, um ihn anzuschauen, und hätte ihn auch nicht identifizieren können. Das läge daran, erklärte der Priester, daß der Baum nur hier wachse – ein Geschenk von Daksindar persönlich.

In seiner ältesten Gestalt, hatten wir gelesen, wird Daksin Ray nicht als Statue mit ganzem Körper, sondern nur als Kopf verehrt. In dieser Gestalt ist er als Bara Thakur bekannt. Britische anthropologische Studien der Jahrhundertwende beschreiben den Kopf mit großen Augen, schwarzem Schnurrbart und einem hohen, kegelförmigen Kopfschmuck. Keiner meiner Gesprächspartner in den Sundarbans hatte so etwas jemals gesehen, auch Rathin nicht. Doch nachdem Eleanor und ich in die Vereinigten Staaten zurückgekehrt waren, setzte Rathin seine Nachforschungen über den körperlosen Kopf fort, und schließlich erzählte man ihm, daß ein derartiges Götterbild noch in einem Dorf namens Nosha verehrt würde. Zu den Zeiten der Moguln fuhren Schiffe dorthin, den Hooghly hinunter von Diamond Harbor nach Nosha, um dort ihre Fahrt in die Sundarbans hinein zu beginnen. Heute liegt das Dorf dreißig Kilometer außerhalb der Grenzen der Sundarbans. An einem duftenden, regnerischen Septembertag während meines dritten Indienbesuches nahm Rathin mich auf der Suche nach Bara Thakur dorthin mit.

Rathin verschaffte sich Wegbeschreibungen, indem er aus dem Wagenfenster heraus Passanten anrief. Der Bara, sagten sie, sei unter einem riesigen Feigenbaum zu finden, der in einem kleinen Lehmhof wachse. Unter in Kaskaden herabfallenden Wurzeln entdeckten wir fünf rote Keramiktöpfe. Vor ihnen lagen die aufgeweichten Reste von verwelkten Blumen und abgebranntem Räucherwerk.

Wegen des Monsuns waren nur wenige Menschen im Freien. Wir hielten Passanten an, die im Regen an uns vorbeihasteten, und fragten sie, ob sie uns etwas über die Gottheit, die unter dem Baum verehrt wurde, sagen könnten. Ja, dort wurde gebetet, erzählte man uns, aber niemand schien sagen zu können, was die Töpfe bedeuteten oder welche besonderen Kräfte der Gott haben könnte. Man hatte Rathin den Namen Haladhar Chatterjee genannt, der angeblich der Priester Daksindars war, aber niemand konnte ihn ausfindig machen. Schließlich sprachen wir mit einem verrunzelten alten Mann, der sich als Kele Khachar bezeichnete – »Kele der Böse«, übersetzte Rathin.

Unter dem Strohdach seiner Veranda unterhielt sich der alte Mann, wie mir schien, lange Zeit mit Rathin, während der Regen vom Dachgesims floß und wirbelnd den Fahrweg draußen herunterschoß. Das Gespräch endete mit einem Nicken. Beide dankten wir dem Mann überschwenglich, und Rathin führte mich wieder hinaus auf die verschlammte Straße.

»Und«, fragte ich atemlos, »was hat er gesagt?«

»Das ist so alt, sagt er, daß niemand sich erinnern kann, was es bedeutet«, meinte Rathin. Und er stieg wieder ins Auto.

Das *Ray Mangal Kavya* erwähnt den Kopf des Bara. In einer Episode, während eines Schwertkampfes, enthauptet Barkan Gazi (Gazi Saheb) Daksin Ray, allerdings erwacht der Gott auf wunderbare Weise wieder zum Leben:

> Barkan schleuderte das Schwert gegen seinen Hals.
> So fiel der geheimnisvolle Kopf zu Boden.
> Seitdem wird der rumpflose Kopf Baras angebetet,
> an anderen Orten die ganze menschliche Gestalt auf
>   einem Tiger.

Die meisten Gelehrten scheinen sich einig zu sein, daß die Verehrung Baras wesentlich älter ist als das *Ray Mangal Kavya*. Krishnaram Das bemerkt in seinem Text, daß es davor bereits ein Epos über Daksin Ray gab, daß dieses Gedicht aber verlorenging. Höchstwahrscheinlich fügte Das den Kopf Baras in seine Geschichte ein, weil diese Verbindung mit der Vergangenheit ihr größere Glaubwürdigkeit verlieh.

Eine Quelle, die Rathin entdeckte, der bengalische Anthropologe Tushar Kuma Chattapadhyay, ist der Ansicht, daß die Verehrung Baras »auf den primitiven Brauch des Menschenopfers und der Kopfjagd hinwies«. Sicherlich waren Menschenopfer in Indien einst weit verbreitet, vor allem Opfer für Kali, die zehnarmige Göttin der Zerstörung. Selbst heute noch gibt es in Indien Menschenopfer, in Gestalt der gesetzwidrigen, doch gelegentlich geübten Praxis des *sati*, bei dem eine Witwe sich auf den Scheiterhaufen mit der Leiche ihres Mannes wirft, eine letzte Handlung, um ihr Fleisch vor dem Altar ihres Gatten zu opfern.

Die Verehrung des menschlichen Kopfes und des Totenschädels sind in der Menschheit tief verwurzelt: Der Neandertaler bewahrte die Schädel seiner Vorfahren wie heilige Reliquien auf. Doch die Verehrung Baras scheint unter diesen Traditionen merkwürdig fehl am Platz. Warum sollte die Verehrung des Tigergottes auf einen Menschenkopf gerichtet sein? »Es ist seltsam«, schrieb Asutosh Bhattacharyya, wissenschaftliches Mitglied der Anthropological Survey of India, einer der wenigen Wissenschaftler, die auf englisch über Daksin Ray schreiben, »daß anstelle einer gesamten ikonographischen Darstellung der Gottheit nur der Kopf verehrt wird … Vielleicht«, spekuliert er, »wurde früher ein Mensch, der von Tigern getötet wurde, anschließend auf diese Weise deifiziert.«

Der britische Jäger Kenneth Anderson spricht von den »üblichen menschlichen Fragmente[n], die ein Menschenfresser stets unberührt läßt – die Hände und Füße seines Opfers«. Vor allem aber der menschliche Kopf nimmt hier eine Sonderstellung ein. Das wohlbekannte Unbehagen des Tigers dem menschlichen Gesicht gegenüber ist der Grund, warum zumindest für eine Weile die am Hinterkopf getragenen Gesichtsmasken Waldarbeiter vor Tigerüberfällen schützten. Tiger empfinden das menschliche Gesicht als so beunruhigend, daß sie ihre Beute lieber aufgeben, als ihr ins Gesicht zu sehen. In *The World of the Tiger* erzählt Richard Perry von einem Polizeiinspektor, der auf dem Weg zur Untersuchung eines Tigeropfers hörte, daß ganz in der Nähe des ersten Überfalls ein zweiter Mann getötet worden war. Den Grund für diesen zweiten Angriff verstand er erst, als er die erste Leiche untersuchte. Sie saß, berichtet Perry, »gegen den steilen Abhang einer Schlucht gelehnt, mit vor sich hin stierenden, aus den Höhlen tretenden Augen«. Die Tigerin, die den Mann getötet hatte, war natürlich fort, aber aus ihren Spuren las der Inspektor, was geschehen war: nachdem die Tigerin die Leiche einen steilen Abhang hinaufgeschleppt hatte, hatte sie sich zwischen den Bäumen verkeilt, in sitzender Haltung, mit dem Gesicht nach vorn. Die Tigerin war auf und ab und im Kreis gelaufen und hatte ihre Beute schließlich verlassen. Sie sah keine Möglichkeit, den toten Mann wieder zu packen, ohne in seine offenen Augen zu sehen. Also ließ sie hundert Pfund Fleisch unberührt und ging erneut auf die Jagd.

Die Geschichte ist noch bemerkenswerter, wenn man sie vor dem Hintergrund der angestrengten Bemühungen der meisten Menschenfresser sieht, die Leichen ihrer Opfer nicht zu verlieren. Jim Corbett berichtet, daß eine Tigerin viermal zu ihrer menschlichen Beute zurückkehrte, obwohl sie wußte, daß die Leiche bewacht wurde. Eine andere kletterte fast dreieinhalb Meter hoch, um eine Leiche zu erreichen, die man in einem Baum festgebunden hatte; eine dritte kletterte bei dem Versuch, eine Leiche wiederzuholen, die man in Sicherheit gebracht hatte, mindestens zwanzig Mal auf einen Baum und fiel immer wieder herunter. Tiger sind nicht verschwenderisch. Doch immer wieder liest man Berichte von Tigern, die die Köpfe ihrer menschlichen Opfer unberührt lassen, so wie Hauskatzen oft die Köpfe von Mäusen nicht mitfressen.

In den Sundarbans sind die Chancen, daß man die Leiche eines Opfers ausfindig macht, allerdings sehr gering, es sei denn, man würde einem Tiger mit der Beute im Maul in den Wald folgen. Doch wenn man tatsächlich zufällig auf die Reste eines von einem Tiger getöteten Menschen stoßen würde, würde man wahrscheinlich folgendes finden: einen Kopf ohne Körper, der mit offenen Augen zwischen den Bäumen liegt.

Wie würden Sie auf den Anblick eines abgetrennten Kopfes zwischen den Mangroven reagieren? Mit Ekel? Wut? Flucht? Nein; hier, in diesen Sumpfwäldern, wo die Flüsse so langsam und dick fließen wie Blut, wo die Blätter vor Ihren Augen zu Vögeln werden und dann in den Himmel hinein verdunsten, wo Schrecken und Wunder aus dem Schlamm hervorkriechen, würden Sie folgendes tun: In atavistischer Angst und Ehrfurcht würden Sie, wie Moses vor Jahwe, wie Rothai und seine sechs auferstandenen Brüder und sein auferstandener Sohn, auf die Knie fallen.

Aber vor wem? Wer ist Daksin Ray?

Der bengalische Gelehrte Sankarananda Mudhopadhyay meint in *A Profile of Sundarbans Tribes*, Daksin Ray sei eine historische Person gewesen, die von einem Tiger getötet wurde. Ursprünglich, behauptet dieser Gelehrte, habe man bei den Daksin Ray-Pujas die Seele dieses Opfers angerufen, damit sein »rachsüchtiger Geist möglichen Angriffen von Tigern« gegen die Betenden »entgegenwirken« könnte.

Doch ich nehme an, daß Daksin Ray zuerst ein Tiger war, der später Menschengestalt annahm, als Barden und Dichter ihn, wie so viele alte Götter, mit Menschengeschichten ausstatteten. Denn es ist der Tiger, nicht das Opfer, den wir erkennen, wenn wir dem Kopf des Bara im Wald begegnen. Meistens können wir den Tiger in den Sundarbans genausowenig sehen wie die Götter oder den Wind; aber wir können das sehen, was sie berührt haben.

Warum läßt der Tiger den Kopf seiner menschlichen

Beute zurück? Vielleicht ärgert ihn die Rundheit des Schädels; obwohl er ihn leicht aufbrechen könnte. Vielleicht bieten Kopf und Gesicht des Menschen so wenig Fleisch, daß es die Mühe nicht lohnt. Oder vielleicht erkennt uns der Tiger, wie Gott, in diesem Akt schauerlichen Geheimnisses als das, was wir wirklich sind: Sicherlich sieht er unser Fleisch, das er verzehrt, doch vielleicht sieht er auch unsere Seele.

Besessen

Während des Monsuns ist man, selbst wenn es gerade nicht regnet, von Nässe umfangen. Die Luft hängt so schwer, daß sie zu einem Leichentuch wird, einem Mantel, einem erstickenden Kokon. Die Hitze ist keine Temperatur mehr, sondern ein Hindernis, ein zähflüssiges Gewicht, in dem man sich anscheinend nicht bewegen kann. Die Luft einzuatmen ist wie Ertrinken. Die Luftfeuchtigkeit erreicht oft hundert Prozent.

Meistens allerdings regnet es. Der Regen rauscht herab. Oder er trommelt, zischt, schäumt die verschlammten Straßen hinunter, hängt flatternd wie ein loses Segel in der Luft.

In den Sundarbans gibt es keinen freudig begrüßten »Anbruch« des Monsuns, wie anderswo auf dem Subkontinent. Statt dessen wird die Welt einfach noch nasser. Von Ende März bis Ende Mai geht dem Monsun eine Jahreszeit mit plötzlichen, heftigen Regengüssen und gelegentlichen Hagelschauern voraus. Dann besteht das Wetter für mehr als ein Drittel des Jahres aus verschiedenen Regenarten. Die bengalische Sprache trägt ihnen allen Rechnung. Es gibt *guri guri bristi,* Regen wie kleine Perlen. Es gibt *halka bristi,* einen milden Regen mit größeren Tropfen als beim *guri guri bristi.* Es gibt *jhum jhum bristi,* benannt nach dem Geräusch, das die dicken, schweren Regentropfen auf dem

Dach erzeugen, *prabol bristi*, einen Regenguß, *mushal dhare bristi*, Regen, der so dicht ist, daß man nicht hindurchsehen kann – und so weiter.

Zwischen Mai und September können mehr als 12 700 Millimeter Niederschlag fallen. Auf Papieren und Fotos gedeihen die Pilze. Stoff verrottet, Tinte verläuft, Bücher zerfallen. Wenn man einen Ledergürtel im Koffer aufbewahrt, wächst ihm ein Mantel aus Schimmel, so dick und lang wie Fell. Pilze wachsen in den Ohren und um die Augen herum und lassen die Füße jucken und brennen.

Krankheiten sind in dieser Zeit häufig. Künstlich angelegte Regenwassertümpel fließen über und werden verseucht, weil Durchfall und andere Krankheiten ausbrechen. In der Feuchtigkeit bekommen die Menschen Erkältungen, Halsschmerzen und Schnupfen.

Dies ist die günstigste Zeit für Angriffe von Geistern und für Schlangenbisse: Geister und Reptilien werden durch das Wasser unruhig. Die Geister bleiben draußen, aber während des Regens kommen die Schlangen, die aus ihren Löchern herausgeschwemmt werden, in die Häuser und kriechen sogar in die Betten, vor allem eine Schlange namens *kalash*, die mäßig giftig ist. Die Schlange möchte es nur warm und trocken haben, genau wie der Mensch auch. Häufig schlafen die beiden fest nebeneinander, aber wenn man sich aus Versehen auf diesen ungesehenen Bettgefährten wälzt, kann er einen in Notwehr beißen.

An vielen Tagen geht niemand einen Schritt vor die Hütte, es sei denn, um die Toilette zu benutzen, denn die sauberen Lehmpfade sind alle zu schmierigem Matsch zerschmolzen. Wenn es regnet, kann niemand auf den Feldern arbeiten; niemand geht fischen; die Märkte schließen. An vielen Tagen kann man wenig tun, außer die Nachbarn besuchen, Tee trinken, Bidis rauchen und Geschichten erzählen. In der regenschweren Luft reist man dann statt durch die schlammigen Windungen der Flußläufe durch diese Geschichten.

Das ist einer der Gründe, warum ich beschloß, meine letzte Reise in die Sundarbans während des Monsuns zu unternehmen.

Als ich im August in Kalkutta eintraf, glibberte der Regen wie Schmierfett aus dem Himmel. Es regnete nicht Wasser, sondern Hitze, in schmutzigen, schlüpfrigen Wellen, wie der Schweiß eines anderen Menschen. Nichts, nicht einmal ein Monat Forschungsarbeit im Freien in Borneo, hatten mich auf eine derartige Hitze vorbereitet.

Rathin holte mich vom Flughafen ab. Mir war schwindlig, als er mich wegen einer weiteren Genehmigung durch das »Writer's Building« begleitete. Er hatte mit einem reizenden jungen Mann vereinbart, daß er für mich übersetzen sollte: Shankar Prasad Mukherjee, dreiundzwanzig, Student an der University of Calcutta. Bei der Begrüßung konnte ich kaum »Hallo« murmeln.

Während der endlosen, holprigen Fahrt von Kalkutta zu dem Anleger, an dem sowohl die *Monorama* als auch die *Mabisaka* uns erwarteten, überfiel mich eine derartige Übelkeit, daß ich nicht aufrecht sitzen konnte. Ich hatte Nasenbluten. Rathin hielt meinen Kopf im Schoß. Ich muß ihm schreckliche Angst eingejagt haben. Später las er meine Symptome in einem medizinischen Nachschlagewerk nach und verkündete, ich hätte einen Hitzschlag gehabt, an dem, wie er sagte, siebzig Prozent der Betroffenen sterben.

Auf der Schiffsreise nach Jamespur verschmolzen meine Träume und mein Bewußtsein miteinander; in der Dunkelheit der Kajüte krochen die Minuten und Stunden wie

Ameisen über mich hinweg. Am nächsten Morgen trug Girindra mich wie einen Mehlsack über der Schulter von der *Monorama* herunter, mit dem Kopf nach unten hängend, zum klebrigen grauen Matsch hin, in den Girindra, durch mein Gewicht zusätzlich belastet, bei jedem Schritt fast bis zum Knie versank.

Durch den Schlamm und den Uferdamm hinauf und wieder hinunter trug Girindra mich zu seinem Haus. Eine Menge von etwa vierzig Menschen drängte sich um mich, als ich an dem kleinen Tisch auf Girindras Veranda aus Lehm und Bambus abgesetzt wurde. Zu meiner Begrüßung hatte Girindras Familie eine blaue Plastiktischdecke gekauft, einen Strauß weißer Blumen gepflückt und einen brandneuen Spiegel aufgestellt, dessen grüner Plastikrahmen die Blütenblätter und den Stengel einer riesigen Blume darstellen sollten. Die liebe Namita zog mir einen Kranz aus roten Hibiskusblüten über den Kopf. Ich merkte, daß von mir erwartet wurde, eine Weile in dieser Haltung sitzenzubleiben, damit die Menge das Tableau bewundern konnte, das mit meiner Gegenwart nun vollständig war.

Aber bald mußte ich mich hinlegen. Die Menge folgte mir bis zum Bett – zu einem der drei Betten für eine fünfzehnköpfige Familie. Das zweite Bett war für Shankar reserviert, und das dritte war für die drei bis fünf Mädchen, die nachts bei mir im Zimmer schliefen, damit ich nicht allein war. (Allein zu schlafen ist für die meisten Bengalis unvorstellbar.) Alle anderen schliefen auf Matten auf dem Boden.

Die Erwachsenen standen um mich herum, eine Mauer aus Augen. Alle Luft wurde von dem Atem der anderen aufgebraucht, und übrig blieb nur die heiße Luft ihres Ausatmens. Die Kinder spielten auf der mit Reisstroh gestopften Matratze, berührten mich sanft mit klebrigen Fingern und niesten mir ins Gesicht. »Gorom«, sagte ich – »heiß« –, und eines der Mädchen kam mit einem riesigen gelben Kanister mit Talkumpuder wieder und häufte ein Viertel seines Inhalts auf meine Bluse. Girindras Älteste, die hübsche sechzehnjährige Kuku, fächelte mich mit einem Bambusfächer. Jemand zündete neben meinem Kopf eine Räucherkerze an. Ich sah durch einen Dunst aus Rauch und einen Schneesturm aus Talkumpuder nach oben.

Ich fühlte mich, als würde ich in einer kleinen Raumkapsel reisen, umgeben von Regen, eingehüllt in die Hitze, zwischen Bezauberung und Krankheit in traumähnlicher Trägheit gefangen.

Auf mythischen, mystischen Fahrten reisen Helden und Götter auf einem Reittier oder *vahana*. Ich hätte am liebsten einen Tiger gehabt. Aber da ich weder eine Heldin noch eine Gottheit bin, war meine Krankheit mein Fahrzeug. Ich reiste in einem Raumschiff aus Übelkeit und hoffte, das Unsichtbare durch die trübe Linse des Regens wahrzunehmen.

Die Stimmen von Girindra und seiner Familie, von Freunden und Alten, Nachbarn und Ladeninhabern, Frauen, die von Geistern besessen gewesen waren, und Schamanen, die sie ausgetrieben hatten, spülten wie Wellen über mich hinweg; erst Shankars Bengali, dann das Bengali des Sprechenden, dann das englische Echo, das Shankars Worte bildeten – ein Strom von Worten im hypnotisierenden Tonfall eines Mantras. Wie das Gummibandgebet des Brahmanenpriesters bei der Daksin Ray-Puja in Khahtjhuni schienen die Geschichten Kraft zu gewinnen, indem sie durch die Köpfe und Körper so vieler Menschen gingen.

Hier, im Lehmschoß der Hütte, würde ich endlich beginnen, die verborgenen Tiger wahrzunehmen, die untergetauchten Krokodile, die Gespenster und Götter, Feen und

Geister; jetzt, mit Shankar als Übersetzer, würden Worte sie sichtbar machen.

In jenen Wochen, während Regen und Hitze und Krankheit anstiegen und zurückgingen wie Ebbe und Flut, trieb mein Bewußtsein auf Geschichten. Und schließlich, wie ein Fluß, der zum Meer führt, würden die Geschichten mich von dieser Welt der Illusion fort in den Bann des Tigers führen.

»Die Fellfarbe des Tigers ist beeindruckend«, erzählte mir ein Fischer mit schweren Brauen, während wir zu mehreren aus den vier angestoßenen Mokkatäßchen der Mridhas French Vanilla Café Parisian Style schlürften, Instantkaffee, den ich aus den Staaten mitgebracht hatte. »Wenn man einen Tiger laufen sieht, ist es, als hätte er keine Knochen. Er geht, als würde er schwimmen.«

»Wenn der Tiger einen angreifen will«, sagte ein anderer, »sieht er ganz anders aus als ein ruhender Tiger. Seine Erscheinung lähmt dich. Dein Blut wird vor Angst kalt. Die Zähne und der rote Teil der Augen hypnotisieren dich. Du kannst nicht einmal die Worte ›Hilf mir‹ aussprechen.«

Manchmal spürt man die Gegenwart des Tigers schon, bevor man ihn sieht. »Man kann überprüfen, ob die Angst gerechtfertigt ist«, sagte ein junger Mann mit spitzem Gesicht und vorstehenden Zähnen. »Wenn man ruft – AHHHHH!!!! –, hört man normalerweise ein Echo. Aber wenn ein Tiger in der Nähe ist, frißt er das Echo auf.«

Nironjan Mandal war es, der diese letzten, von Shankar übersetzten Worte sagte. Mit siebenunddreißig ist er zwar noch jung, doch er wird als sehr machtvoller *gunin* angesehen. Girindra erzählte mir, Nironjans Dienste würden bis nach Kalkutta hin geschätzt. Mit vor allem arabischen Mantras, die er von dem bangladeschischen Guru lernte, der auch seinen Vater unterrichtete, kann Nironjan den Rachen des Tigers schließen. Diesen Vorgang, erklärt er, nennt man *khilan:* »Man beißt die Zähne zusammen, faltet die Hände, kreuzt die Finger und rezitiert die Mantras.« Mit Hilfe des *khilan* ließ Nironjans Vater einmal einen Tiger so lange so still liegen, daß er seinen Körper mit Blättern bedecken konnte. Erst als die Männer ihre Arbeit im Wald beendet hatten, entließ der große *gunin* den Tiger schließlich aus dem Griff des *khilan.*

Ein anderes Mantra Nironjans hält Krokodile fern. Er sagt, das Mantra funktioniere so gut, daß die Krokodile sich umdrehen und in die Gegenrichtung schwimmen, wenn man es anwendet. Shankar übersetzte dieses bengalische Mantra für mich:

Staub vom Himmel!
Männliche und weibliche Haie,
Männliche und weibliche Krokodile, ihr Gefährlichen
   mit scharfen Zähnen,
Wenn ihr kommt, um zu beißen oder anzugreifen,
   befehle ich euch:
Bleibt Tag und Nacht fern,
Dieses Mantra, wie Donner, ist eine Waffe in meiner
   Hand,
Also befehle ich euch in eurem Maul, in euren Zähnen,
Tag und Nacht fernzubleiben.

Nironjan spricht oft mit geschlossenen Augen, vielleicht um deutlicher sehen zu können. Denn Nironjan ist, wie alle *gunins,* Spezialist im Umgang mit unsichtbaren Mächten: Tigern, Krokodilen, Geistern, Krankheiten und Göttern. Diese Mächte sind nicht nur unsichtbar, sondern auch wandlungsfähig. Ein Geist kann den Körper in Gestalt einer Krankheit besetzen, ein Gott kann Tigergestalt annehmen, ein Wesen, das wie ein Tiger erscheint, kann in Wirklichkeit ein Geist sein. Einmal hörte Nironjan nachts Geistertiger brüllen: AA-o-ungh! Ooo-oo-oongh! Wie Donner brüllten sie, flußauf und flußab wurden ihre Stimmen von den glatten, dunklen Flußufern zurückgeworfen und schüttelten die Mangroven, bis ihre Stelzwurzeln bebten wie Baumwipfel im Wind. Nironjan brachte sie schließlich mit einem Mantra zum Schweigen.

In den Sundarbans wimmelt es von solchen Mächten. Es gibt *pori* – Feen –, schöne weibliche Geistwesen, die die Seelen von Männern ergreifen und versuchen, sie in das Feenland, nach Poristan, zu bringen, wo alles aus purem Gold besteht. Es gibt Dschinns, gewalttätige, außerordentlich starke männliche Geister. Wenn ein sterbender Mensch nicht heiliges Wasser aus dem Ganges bekommt, wenn er nicht die heiligen Namen der Götter aus der Gita hört, kann im Augenblick des Todes ein Dschinn von ihm Besitz ergreifen. Es gibt noch viele andere Arten von Geistern in den Sundarbans. Im 19. Jahrhundert unterschied der Anthropologe Lal Behari Day allein fünf Arten von bengalischen Hindu-Geistern – von den mörderischen, kopflosen *skandakatas*, die Menschen niemals verschonen, zu den widerlichen, lüsternen *pentis*, die Vorübergehende sexuell belästigen. Doch die häufigsten Geister sind *bhuth* – die Seelen von Nicht-Brahmanen (Geister von Brahmanen sind gutartig), die eines gewaltsamen Todes oder allein gestorben sind und daher nicht in der Lage waren, Frieden mit dieser Welt zu schließen und wiedergeboren zu werden.

Das sind die Geister, erzählte Phoni Guyan mir, die die kleinen Fischerboote versenken. »Man kann sie nicht sehen«, sagte er, »aber man kann sehen, was sie tun.« Häufig verursachen sie seltsame Winde, wie den, den mein Freund von seiner Regierungsbarkasse aus sah.

Bhuth sind sehr mächtig. Ihretwegen taucht Nironjan nie seinen Kopf unter Wasser: Ein Geist könnte die Gelegenheit ergreifen und ihn ertränken. Ein Geist ertränkte die zweite Frau seines Vaters (die Frau, die Nironjans Mutter ersetzte, die an Durchfall gestorben war). Geister töteten auch einen seiner Brüder und eine Schwester. »Wenn du von einem *bhuth* besessen bist und kein *gunin* dir zu Hilfe kommt«, erklärte er mir, »stirbst du mit Sicherheit.«

Während der ganzen Zeit meiner Krankheit, die erst völlig ausheilte, als ich in die Staaten zurückkehrte, bemühte ich mich sehr, die Mridhas und ihre Nachbarn nicht merken zu lassen, wie krank ich mich tatsächlich fühlte, denn ich hatte Angst, daß sie denken könnten, ich wäre von einem *bhuth* besessen oder hätte ihnen böse Geister ins Haus gebracht. Ich fühlte mich wirklich besessen – jede Krankheit ist eine Art Besessensein. Wir sind in der Krankheit gefangen, die uns befallen hat; wir haben oder spüren die Schmerzen nicht nur, sondern sie erfüllen uns, ergreifen Besitz von uns, verzehren uns.

Meine Beschwerden entgingen meinen liebenswürdigen Gastgebern nicht. Als Vorbereitung auf meine Ankunft hatte Girindra einen kleinen Ventilator konstruiert. Er war knapp zwanzig Zentimeter hoch, stand auf einem runden Sockel, der aus dem Lautsprecher eines weggeworfenen Kofferradios hergestellt war, und seine aus Blechdosen ausgeschnittenen Flügel zeugten surrend von dem Motor eines ausgemusterten Kassettenrekorders, der hier eine neue Verwendung gefunden hatte. Teile eines Radios lieferten das übrige Gehäuse. Immer wenn Girindra oder die anderen mich besonders stark unter der Hitze leiden sahen, kamen sie zu zweit angerannt – einer trug den kleinen Ventilator, der andere, normalerweise Sonaton, ging gebückt unter dem Gewicht der gewaltigen Autobatterie, die das Gerät durch zwei adernähnliche Kabel speiste.

Aber niemand verwechselte meine Krankheit mit dem Überfall eines Geistes. Besessensein ist etwas, mit dem alle hier vertraut sind.

Duli Bala Mondol ist eine schlanke Witwe von etwa sechzig Jahren, mit schmalen Lippen und aristokratischer Haltung. Ihr Mann arbeitete als *gunin* im Dschungel, und das führte dazu, daß sie vor fünfundzwanzig Jahren von einem Geist angefallen wurde. Sie besuchte mich bei Girindra, um mir ihre Geschichte zu erzählen.

Ihr Mann hatte eine Gruppe von Krebsfischern nach Gazikhali begleitet, um den Ort von seinen zahlreichen Übeln zu befreien: von Tigern, Krokodilen und ruhelosen Geistern. Wie üblich gelang ihm das auch. Angesichts seiner mächtigen Mantras flohen diese Wesen alle, und seine Männer arbeiteten in Frieden. Aber ein Geist wurde während seiner Flucht zornig und legte die ganze Entfernung nach Jamespur zurück, um Duli zu befallen.

Als sie an jenem Abend die Kühe nach Hause trieb, ging sie unter einem großen Baum her. Dummerweise hatte sie ihr Haar nicht eingeflochten, und so fuhr der Geist in sie, auch wenn sie das zu dem Zeitpunkt noch nicht merkte. Sie spürte nur, daß sie von einem Zittern erfaßt wurde, das genauso plötzlich wieder aufhörte wie es begonnen hatte.

Sie kehrte nach Hause zurück, brachte die Kühe sicher in den Stall und fing noch im Teich Fische für das Abendessen. Als sie die Fische säuberte, entströmte ihnen ein scheußlicher Geruch. Und danach begann Duli auf höchst merkwürdige Weise zu kochen: Statt die Fische in Senföl und Gewürzen zu braten, legte sie sie einfach zum Kochen in einen Topf.

Sie weiß, daß diese Dinge geschehen sind, weil die Nachbarinnen ihr davon erzählt haben; sie erinnert sich an nichts. Zu diesem Zeitpunkt erkannte sie bereits ihre sechs Töchter und ihre beiden Söhne nicht mehr und begann, sie zu schlagen. Dann schwoll ihr Gesicht an, und ihre Zähne wurden größer – und da holte eine der Töchter eine Nachbarin zu Hilfe.

Girindras Mutter Mabisaka war eine der Nachbarinnen, die zu ihr kamen. Sie erinnert sich noch gut an alles: Duli warf mit Steinen nach den Leuten und schrie sie an; danach zog sie sich in eine Ecke zurück und stöhnte. Dann warf sie wieder Steine und fluchte. Die Nachbarinnen holten sicherheitshalber ihre Kinder in die Häuser.

Von Geistern besessene Menschen werden oft gewalttätig. Erst vor drei Monaten, erinnerte Girindra sich, war ein fünfzehnjähriges Mädchen aus Dayapur plötzlich von einem Geist besessen. Sie wurde so stark, daß sie gewebte Matten durchreißen konnte, mit Fingernägeln so stark wie Klauen und Zähnen, die sie wie ein Tier einsetzte. »Man kann kaum vor dem Geist stehen, er macht solche angst«, sagte Girindra. Seine Mutter nickte zustimmend – und in dem Moment rief ein Gecko. »Siehst du«, sagte Mabisaka, »jetzt hat die Eidechse gerufen, das beweist, daß es wahr ist, was wir sagen.«

Duli erzählte weiter. Zwei Tage vergingen, bis ihr Mann nach Hause kam. Der Geist sah ihn kommen und zwang sie, so zu tun, als sei sie bloß krank und litte unter einem gewöhnlichen Fieber. Aber Dulis Mann ließ sich nicht täuschen. Er erkannte genau, was zu tun war, und bereitete die Zeremonie vor.

Exorzismen werden normalerweise nachts vorgenommen, denn der Geist kann, erklärte Nironjan uns, zur Nachtzeit besser in Frieden fliehen. Allerdings sind Geister, die ausgetrieben werden sollen, meistens alles andere als friedlich.

Als der Geist in Duli Bala Mondol sah, wie ihr Mann in den Lehmboden des Schlafzimmers um die Beine eines kleinen Hockers herum einen Kreis ritzte, begann er zu kämpfen. Er versuchte, die Flammen der beiden brennenden Fackeln zu ersticken. Er schlug. Er biß. Zwei starke Männer hatten Mühe, den besessenen Körper Dulis zu bändigen und sie zu zwingen, sich auf den Hocker in der Mitte des Kreises zu setzen. Der Geist rief um Hilfe: »Mathar Gazi, komm und rette mich! Dieser Mann will mich austreiben!« Aber als er einmal in die Mitte des Kreises gebracht worden war, hatte er keine andere Wahl, als sich der Befragung zu stellen.

»Wo kommst du her?« fragte Dulis Ehemann.

»Gazikhali«, antwortete der Geist.

»Warum bist du hier?«

»Der *gunin* hat mich von zu Hause vertrieben.«

»Wie bist du in diese Frau gefahren?«

»Ich kam gerade von Gazikhali und sah die Frau des *gunin* mit offenen Haaren unter dem Baum entlanggehen, und da nahm ich Rache ...«

An diesem Punkt der Zeremonie versucht der *gunin* oft, vernünftig mit dem Geist zu sprechen, denn häufig hat dieser guten Grund, aufgebracht zu sein. Der Geist, von dem Girindras fünfzehnjährige Nachbarin besessen war, war zum Beispiel der Geist einer Frau, die von ihrem Mann vergiftet worden war. (Dieser Geist nannte sogar den Namen des Mörders, Jamni, der auf der anderen Seite des Flusses wohnte. Und Jamni hatte, wie der versammelten Menge klar wurde, recht bald nach dem Tod seiner Frau wieder geheiratet. Wer wäre da nicht zornig?)

Nur wenige Geister sind bereit, den Körper des Menschen, den sie in Besitz genommen haben, wieder zu verlassen. Schließlich sind sie hier, weil sie von diesem Leben noch nicht genug gehabt haben. Aber wenn der Geist nicht freiwillig geht, wird er den nächsten Schritten des Exorzismus unterworfen, die äußerst unangenehm sein können.

Nironjan treibt Geister aus, indem er eine Gestalt aus Stroh formt und sie mit einem Lederriemen zusammendrückt. Auf diese Weise preßt er den Geist aus dem Körper heraus. Andere *gunins* greifen zu einer als *jalan* – »brennen« – bekannten Maßnahme, die den Geist in Brand setzt. Doch das macht den Geist auch sehr zornig, und der Patient kann an diesem Punkt sogar versuchen, den *gunin* umzubringen.

Wenn der Geist immer noch bleibt, kann der *agni ban*, oder Feuerpfeil, ihn vielleicht austreiben. Der *gunin* entzündet eine mit Senföl getränkte Fackel. In die Flamme wirft er ein Pulver namens *dhuno*, das aus dem getrockneten Saft eines Baumes hergestellt wird. Der Patient wird bewußtlos, was bedeutet, daß der Geist den Körper verlassen hat, aber immer noch in der Nähe wartet. Indem der *gunin* Mantras rezitiert und mit Zweigen des Neem-Baumes dem Patienten über den Leib streicht, vollzieht er den nächsten Schritt, das *chalan* – die Übertragung oder die Befreiung. Das bedeutet, daß der Geist den Körper endgültig verlassen hat. Um sicherzustellen, daß er nie wieder zu dem Menschen zurückkehren wird, besprengt der *gunin* seinen Patienten und die Räume des Hauses mit Wasser. Es muß Wasser aus einem frisch gegrabenen Brunnen sein, erklärte ein *gunin*, denn das ist der Zustand des Menschen nach dem Exorzismus: frisch ausgegraben.

Häufig bittet der *gunin* den Geist, durch das Zerbrechen

eines Zweiges oder Tongefäßes zu zeigen, daß er fortgeht, um einen Beweis zu haben, daß der Exorzismus Erfolg hatte. Oder er bittet den Geist, eine lederne Sandale, einen mit Wasser gefüllten Topf und einen Besen zwischen den Zähnen zu tragen. Girindra erklärte, daß es übermenschliche Kräfte erfordere, einen Topf voll Wasser zwischen den Zähnen zu tragen, und eine Sandale und einen Besen im Mund zu halten ist so beleidigend, daß nur ein böser Geist das jemals tun würde.

Als Duli das Bewußtsein wiedererlangte, erinnerte sie sich an nichts. Das erste, was sie sah, war der abgeknickte Ast am Baum im Hof.

Geister und menschenfressende Tiger sind nicht die einzigen unsichtbaren Mächte, um deren Vertreibung ein *gunin* gebeten werden kann. Er kann auch gerufen werden, um eine Krankheit zu heilen.

Weil ich Ausländerin war, rief Girindra einen modernen High-Tech-Arzt, der meine ausländische Krankheit heilen sollte. Er holte einen *hakim*, einen Homöopathen. Shankar bekam seine erste Aufgabe als mein Übersetzer, als der Arzt die einzige Frage an mich richtete, die er überhaupt stellte, bevor er zu seiner Diagnose kam:

»Wann haben Sie geschissen?«

Ich sagte es ihm, und er überreichte mir feierlich einige winzige, aufgeweichte Kügelchen, die ich schlucken sollte.

Dieser *hakim* verschrieb auch Medikamente, wenn jemand aus Girindras Familie krank war. Doch wenn solche Krankheiten ernst wurden – als fünf der Kinder vor Durchfall und Erbrechen fast gelähmt waren und als Namita hohes Fieber bekam –, rief Girindra ebenfalls einen *gunin*.

Die Krankheit der Kinder war wie eine Flutwelle des Magenleidens: Ringelschwänzige Hunde versammelten sich erwartungsvoll an dem Pfad vom Haus zur Toilette. Schließlich wurden die Kinder so schwach, daß sie überhaupt nicht mehr bis nach draußen kamen. Sie lagen im Haus und erbrachen sich auf den Lehmfußboden. Der *hakim* bot Kügelchen an. Ich verteilte Pepto-Bismol-Tabletten. Nironjan verschrieb verzauberte Lehmkugeln.

Er führte die Zeremonie abends durch. Zuerst reinigte er sich selbst, indem er sich den Mund mit Wasser auswusch, dann berührte er mit einer Lehmkugel von der Größe eines Kieselsteins seine Stirn, seinen Mund und sein Herz. Er erklärte, daß die Lehmkugeln immer von einem Altar stammen müssen – in diesem Fall war der Lehm von dem Altar entwendet worden, der in der Mitte von Girindras Haus steht – oder aus Erde sein müssen, die von Ratten aufgeworfen wurde. Denn damit die Erde den Zauber halten kann, darf sie nie von menschlichen Füßen, dem geringsten Teil des menschlichen Körpers, berührt worden sein.

Nironjan blies auf die Lehmkugel und durchtränkte sie so mit dem Atem Gottes. Leise, mit einem tiefen, dem Bienengesumm ähnlichen Summen, rezitierte er ein arabisches Mantra. Dann teilte er den Lehm in fünf kleinere Kügelchen, für jedes kranke Kind eines. Jede Lehmkugel war jetzt ein Amulett, das in weißen Stoff gewickelt und am Arm getragen werden sollte – von den kranken Mädchen am linken Arm und von dem Jungen am rechten.

Als die Kinder am nächsten Morgen aufwachten, ging es ihnen besser. Mittags spielten sie alle wieder fröhlich.

Als Namita krank wurde, vollzog ein anderer *gunin* die Heilungsriten. Ihre Krankheit war schwerer und verlangte nach schwerwiegenderen Maßnahmen. Zuerst sah es aus, als wäre sie erkältet. Sie putzte sich ihre laufende Nase mit ihrem Sari und ging weiter ihren Alltagspflichten nach, kochte das Essen, fegte das Haus, kümmerte sich um die

Kinder, machte eine Pause, um sich neben mich zu setzen und mir mit dem rotzgetränkten Zipfel ihres Saris zärtlich das schweißüberströmte Gesicht abzuwischen. Natürlich hatten bald die meisten von uns Erkältungssymptome verschiedenen Grades – außer Girindra, der gegen alles immun zu sein schien. Doch Namitas Symptome verschlimmerten sich. Sie bekam Blasen auf der Haut unter der Nase und Stiche im Hals und wurde schwach. Schließlich wurde sie so krank, daß sie sich auf den kühlen Lehmboden legen mußte. Ihre Stirn glühte.

In dem Zimmer, in dem Namita und Girindra mit ihrem Jüngsten, Nantu, zwischen sich schlafen, bewahren sie in einem abgeschlossenen Metallkasten ihre wertvollsten Besitztümer auf: Versicherungsunterlagen, Fotos, meine Briefe – und, stellte ich überrascht fest, ein Thermometer. Girindra nahm es sorgfältig aus seinem Kästchen und schüttelte die Quecksilbersäule herunter. Er hielt es gegen das Licht und steckte es dann Namita in den Mund.

Sie hatte 40° Grad Fieber.

Vier Tage lang blieb ihr Fieber hoch. Keins meiner westlichen Medikamente – Aspirin, Actifed, hohe Dosen Vitamin C – zeigte irgendeine Wirkung. Genausowenig wie die Kügelchen, die der *hakim* verschrieb. Ihre Symptome nahmen zu: Ihr linkes Ohr schmerzte und der Kiefer ebenso. Schließlich, an einem regengepeitschten Abend, rief Girindra einen *gunin*.

Profulla Mridha ist auf diese Art von Beschwerden spezialisiert, außerdem auf Rinderkrankheiten, Hautleiden und Schlangenbisse. Das Ritual, das er für Namita verschrieb, hieß *shamnik bhath*. Es ziele auf die rechte Kopfseite, wo ihr Schmerz saß, wirke aber auch auf die Mandeln, erläuterte er.

Namita war aus dem Schlafzimmer geholt worden und

saß mit gekreuzten Beinen auf dem Fußboden des mittleren Raumes im Haus, neben dem Altar. Der *gunin* wies sie an, nach Osten zu schauen und den Kopf mit ihrem Sari zu bedecken. Er stand hinter ihr und sprach Mantras. Er legte ihr ein Bananenblatt auf den Kopf und berührte es mit der anderen Hand mit einem brennenden Stöckchen, an dessen Spitze in Senföl getränkte Watte steckte. Wieder und wieder betupfte er mit diesem Stab das Bananenblatt, bis das Feuer flackernd erlosch.

Während der Regen draußen wie tausend Trommeln dröhnte, legte Profulla Mridha ein zweites Bananenblatt auf das erste. Wieder betupfte er dessen Oberfläche mit dem brennenden Stab. Doch jetzt erzeugte der Stab bei jeder Berührung einen lauten Knall. Systematisch berührte der *gunin* mit dem Feuer das Blatt vorn, an der linken Seite, hinten und wieder vorn. Schließlich knallte es dabei nicht mehr. Profulla Mridha entfernte die Blätter von Namitas Kopf und strich mit der Flamme dreimal über jedes Blatt; er löschte den Feuerstab und rollte ihn in die beiden Bananenblätter ein. Namita erhob sich und legte sich zum Ausruhen auf mein Bett.

Später erklärte Profulla Mridha mir mit Hilfe von Debasish Nancy (Shankars bester Freund, der diesen als Übersetzer abgelöst hatte), wie die Zeremonie wirkt. Zuerst zieht er die Krankheit mit der Kraft des Mantras aus dem Körper heraus auf die Oberfläche der Blätter. Das Knallen, erklärte er, entsteht dadurch, daß die Krankheit vom Feuer verbrannt wird. Ob ich bemerkt hätte, daß es anfangs nicht geknallt habe? Das war, bevor das Mantra zu wirken begann. Nun wird die Krankheit in den Blättern festgehalten, sagte er, und mit dem Trocknen der Blätter wird die Krankheit geheilt. Er sagte, er würde das Ritual noch an zwei weiteren Abenden vollziehen, und danach würde es Namita jedenfalls besser gehen. Das Mantra sei idiotensicher, erklärte er: Es rufe die Kräfte von Durga, der auf dem Löwen reitenden Göttin, und Shiva, dem Vater Daksin Rays, herbei.

Ein paar Tage später begann Namita, sich besser zu fühlen.

Girindra hielt eines Abends eine Puja ab, um ihre Genesung zu feiern. In das weiße, zeremonielle Tuch gehüllt, das er zu solchen Anlässen trägt, versammelte er seine Familie um den Altar wie Boote um einen Anlegesteg. Er legte saubere Bananenblätter auf dem Lehmboden aus. Sorgfältig breitete er die Gaben aus: süße *batasha*, rohen, ungeschälten Reis, Senfkörner, *ghee*. Darüber sprengte er Gangeswasser aus einer alten Whiskyflasche. Mabisaka zündete Räucherkerzen an; Kuku tupfte uns zerriebenes Sandelholz aus den roten Blütenblättern einer Hibiskusblüte auf die Stirnen.

Das einzige Licht stammte von der Sturmlampe und einem Docht, der in einer Untertasse mit Senföl brannte. Während wir auf den gewebten Bambusmatten saßen, sang Girindra aus einem Heft mit Pappdeckel, in das er den Text abgeschrieben hatte, ein Loblied auf Vishnu.

Eine Stunde lang schilderte er die wunderbaren Kräfte des Gottes Vishnu: Wie er in Gestalt eines gewöhnlichen Mannes vom Himmel auf die Erde kam und dem Armen Reichtum sandte, den Unschuldigen aus dem Gefängnis befreite und das Boot des bösen Mannes versenkte. Zuerst begegnete er einem alten, armen Brahmanen. Von dessen Not betroffen, offenbarte Vishnu ihm seine Göttlichkeit, indem er ihm seine vier Arme zeigte. Der Brahmane hielt daraufhin eben diese Puja ab, erläuterte die Hymne und schilderte dann die wunderbaren Ergebnisse: Die Toten wurden wieder zum Leben erweckt und die Kranken geheilt.

Zum Schluß der Puja aßen wir einige der gesegneten *batasha* und nahmen so deren Segen in uns auf. Dann wischte Mabisaka den Fußboden des Zimmers mit Lehm und Kuhmist, der heilig ist.

Wirken die Mantras tatsächlich?

Die übliche Antwort im Abendland ist natürlich ein Nein. Mehr als die Hälfte unserer häufigen Krankheiten nehmen unabhängig von allen Interventionen ihren Lauf: Entweder wird man wieder gesund, oder man stirbt, ganz gleich, was man tut. Wahrscheinlich litten die Kinder unter einer Darminfektion, die vierundzwanzig Stunden dauerte. Namita hatte vielleicht einen Virus, den sie schon fast besiegt hatte, als der *gunin* gerufen wurde. Und daß der Tiger sein Maul schloß und das Krokodil sich abwandte? Diese Wesen gehorchen unseren Worten doch genausowenig wie Viren und Bakterien. Von Geistern besessen? Nichts anderes als eine psychosomatische Krankheit.

»Die moderne Wissenschaft ist noch nicht bis in die Sundarbans vorgedrungen«, gab Nironjan mir gegenüber an einem feuchten Nachmittag zu. Hier, erklärte er, sei es nicht so wie in Kalkutta, wo die Wissenschaft so fortgeschritten sei, daß die Leute Maschinen benutzen, um ihre Séancen durchzuführen.

Wissenschaftliche Konzepte, selbst elementare medizinische Fakten, sind in den Sundarbans unbekannt oder werden grob mißverstanden. Girindra geht zwar behutsam mit seinem Thermometer um, schüttelt die Quecksilbersäule herunter und achtet beim Fiebermessen auf die Zeit, doch er hat die Angewohnheit, es aus dem Munde eines Kranken herauszuziehen und dann gleich, ohne es auch nur mit einem Lappen abzuwischen, dem nächsten Patienten in den Mund zu schieben. Mit Intelligenz hat das nichts zu tun.

Wenn ich nicht gerade Interviews machte, diskutierten Girindra und ich engagiert über Freiheit, Gleichheit, Arbeit und Schicksal. Er verstand sofort, warum ich dieses Buch schrieb, jenseits der üblichen Auffassung, daß Bücher zur Information oder zur Unterhaltung verfaßt werden.

»Bücher«, sagte Girindra eines Tages mit Shankars Hilfe zu mir, »enthüllen die Geschichten von Menschen, die vor Jahren viele reizvolle Dinge getan haben. Diese Menschen leben vielleicht nicht mehr, aber wir können heute noch von ihnen lesen, weil Bücher geschrieben werden. Menschen sind sterblich. Wir werden in dieser Welt nicht ewig leben. Aber dein Buch wird bleiben, und deswegen werden Menschen über mich und meine Familie und meine Arbeit nachdenken.

Gott hat uns auf diese Welt gesandt, damit wir unsere Aufgabe erfüllen, unseren Dharma«, fuhr er fort. »Meine Arbeit, mit meinem Boot fahren, fischen, ist meine Aufgabe, die Gott mir gegeben hat, und daher bin ich glücklich, glücklicher als ein reicher Mann.

Ich bin der Meinung, daß das, was du tust, daß du dein Buch schreibst, dein Dharma ist, der dir von Gott gegeben ist. Was ist deine Meinung?«

Das war genau meine Meinung. Allerdings, sagte ich ihm, verstünden meine amerikanischen Landsleute, selbst solche, die an der Universität studiert hatten, das Konzept des Dharma häufig nicht und verbrächten ihr Leben statt dessen mit der Suche nach persönlichem Glück.

»Vielleicht«, meinte er, »ist das der Grund, weshalb sie unglücklich sind.«

Manche Dorfbewohner verstehen Wissenschaft einfach als ein anderes Glaubenssystem. »Wenn ihr nicht an die Wissenschaft glauben würdet, wie könntet ihr dann in einem Flugzeug fliegen?« fragte ein älterer Fischer mich nachdenklich. »Ohne den Glauben an die Wissenschaft würde das Flugzeug herunterfallen.« (Was die Tennisplätze zerstören würde, von denen Girindra angenommen hatte, sie befänden sich in Flugzeugen, bis ich ihn aufklärte.)

Die Wissenschaft hätte sicherlich ihre Anwendungsgebiete, räumten die meisten meiner Gesprächspartner ein. Schließlich wollte niemand, daß die Flugzeuge vom Himmel fielen. Aber zu glauben, daß die Wissenschaft unfehlbar sei oder daß ihre Erklärungen zum Funktionieren des Universums die einzige Wahrheit seien, wäre dumm, sagten sie.

»Es gibt viele Fälle, in denen die Medikamente eines Arztes versagten und die Gesänge eines *gunin* wirkten«, stellte Nironjan fest. »Ich habe unter den Augen eines Arztes gearbeitet und den Patienten innerhalb von fünfundvierzig Minuten geheilt.« Eine seiner Patientinnen, eine achtzehnjährige Frau, fluchte und war gewalttätig. »Der Arzt gab ihr eine Spritze in den Arm. Aber ich zog zehn oder zwanzig Schritte von ihr entfernt und ohne sie zu berühren einen Kreis auf dem Boden, stellte einen Hocker in den Kreis, zog ein Seil fest um die Strohfigur des Geistes zusammen und heilte sie.«

Ein Arzt aus dem Westen würde sagen, offensichtlich habe das Medikament die Patientin geheilt, nicht das Seil um die Strohpuppe. Doch hier befinden wir uns in den Sundarbans, wo Wunder so alltäglich sind wie Ebbe und Flut. Im Dschungel kann das Leben eines Mannes an einem Haar hängen. Aber ein Haar kann durchaus stark genug sein, um es zu halten.

Profulla Mridha, der *gunin*, der Namita heilte, erzählte folgende Geschichte:

»Es war einmal ein großer *gunin*, in dessen Haus sich jeden Tag die Patienten drängten, die von ihm geheilt werden wollten. So viele Menschen kamen zu ihm, daß er keine Ruhe hatte, und er ärgerte sich über die Menge. Da gab er einem Patienten ein Amulett. Doch außer einem Haar war nichts darin. Ein Haar! Er versiegelte das Amulett am Rand mit Wachs und schickte den Patienten nach Hause. Er sagte ihm nicht, daß in dem Amulett nur ein Haar war.

Nach ein paar Tagen entdeckte er erstaunt, daß der Patient völlig geheilt war. Sie sehen also«, sagte er, »nur wenn man mit dem Herzen glaubt, nur dann wirkt die Kunst des *gunins*.«

Das war auch das wissenschaftliche Ergebnis Anwarul Karims. Der Anthropologe Dr. Karim führte in drei Dörfern in Kustia, einem der westlichen Bezirke von Bangladesch, der an Westbengalen grenzt, eine Feldstudie durch. Er stellte fest – wie jeder *gunin*, mit dem ich in den Sundarbans sprach –, daß die meisten Patienten der Schamanen Frauen sind. Genauso wie die Mehrzahl der Patienten, die Sigmund Freud konsultierten.

Warum ist das so? *Gunins*, mit denen ich sprach, meinten, Frauen seien schwächer als Männer, zaghafter, weniger in der Lage, sich gegen einen Geist zu wehren, der in sie fahren will. Die Menstruation macht Frauen jeden Monat mehrere Tage lang rituell unrein und daher angreifbar. Ich gab zu bedenken, daß Geister sich vielleicht für Frauen entscheiden, weil diese die Körper sind, durch die der menschliche Geist in die Welt eintritt; die *gunins* räumten ein, daß das gut möglich sein könnte.

Karim stellte in seiner Feldstudie fest, daß die Frauen, die wegen Besessenheit behandelt wurden, normalerweise Ehefrauen waren, die in ihren Ehen außergewöhnlich einsam waren oder mit Problemen zu kämpfen hatten. In vielen Fällen waren ihre Ehemänner, so wie Dulis Mann, häufig auf ausgedehnten Reisen unterwegs. Manche Frauen wurden von ihren Männern schlecht behandelt oder von ihren Schwiegermüttern mißhandelt. Die traditionelle Rolle der Frau im Familienleben bot den Betroffenen wenig Hilfe.

»Der Schamanismus hat seine Wurzeln zwar in der animistischen Kultur, wird aber auf die Behebung von Störungen in der sozialen Ordnung des Individuums ausgedehnt«, schrieb Karim 1988 in seinem Buch *The Myths of Bangladesh.* »Die Schamanen haben in einer traditionellen Gesellschaft die gleiche Rolle wie die Psychotherapeuten in der modernen Gesellschaft.«

Das stimmt zweifellos.

Und doch ... wenn man sich mit dem Unsichtbaren beschäftigt, steckt immer mehr dahinter, als der Wissenschaftler auf den ersten Blick sieht. »Trotzdem«, schloß Karim sein Kapitel über Schamanismus, »glaube ich, daß Besessensein von Geistern eine Realität ist.« Wie können Mantras wirken, wenn die westliche Schulmedizin versagt?

Ein *gunin,* mit dem ich sprach, zitierte keine geringere Autorität als einen berühmten bengalischen Astrologen: »Die Wissenschaft kann Fehler machen – Gott nicht.«

Zwischen Himmel und Erde

*E*s geschah vor vielen Jahren«, erzählte mir Phoni Guyan, während wir mit Girindra und Shankar und unserer kleinen Gruppe auf der Veranda der Mridhas saßen. Ja,
vor mehr als zwanzig Jahren, erinnerte er sich, bevor sein
Haar grau wurde, als er noch alle Zähne hatte, bevor er die
Steifheit in den Knochen zu spüren begann. Eines Morgens, als er durch den Wald ging, entdeckte er in einem
Baum etwas Glänzendes. Er ging hin, um es sich anzusehen. Es war ein Amulett, und als er es in die Hand nahm,
sah er, daß es ganz neu war.

Er fragte sich, wer es verloren haben könnte und wie es
in die Rinde eines Baumes gelangt sein könnte. Da das
Amulett sehr schön war, nahm er es mit. Aber er hatte an
jenem Tag nicht die leiseste Ahnung, daß er ein Wunder
erlebte. Er dachte nicht viel über das Amulett nach; im
Dschungel gab es so viele andere Dinge, um die man sich
Gedanken machen mußte. In jenen Tagen, erzählte der alte
gunin mir, hatte er immer große Angst, wenn er in den
Wald ging.

Ich versuchte, mir einen jungen, ängstlichen Phoni Guyan vorzustellen. Es gelang mir nicht. Er hatte sich mir un-
auslöschlich als der würdige, aber bescheidene Älteste
eingeprägt, der das Anzünden des Räucherwerks und die
Gebete bei der Bonobibi-Puja leitete und den Göttern Hi-

biskusblüten vor die Lehmfüße streute. Bestimmt hatte er immer besondere Kräfte gehabt, einen Zauber, der so stark war, daß er Götter rufen und Tiger verjagen konnte, einen Zauber, der es ihm ermöglicht hatte, mir während unseres Interviews im Tourist Lodge damals sogar ohne gemeinsame Sprache seine heilige Kunst zu vermitteln.

Ich hatte die Kassette mit dem Interview in England übersetzen lassen. Phoni Guyan hatte darauf ehrfürchtig die Mantras rezitiert, die er verwendete, um die Tiger in Schach zu halten. Er hatte mir erzählt, daß er Bonobibi als Mutter anruft: »Ma«, bittet er, »schütze mich so, wie ich im Leib meiner Mutter geschützt war.« Er hatte erklärt, wie er Daksin Ray respektvoll als den Vater anspricht: »Wir betreten dein Reich, Vater, um unseren Lebensunterhalt zu verdienen«, bittet er in einem Gebet. »Verschone uns mit deinem Zorn.« Wenn er die Götter anruft und seine Mantras mit Zauber erfüllt, so sagte er, seien seine Bannsprüche zum Teil so stark, daß sie ein Gebiet bis zu drei Monaten vor Tigerangriffen schützen können. Einmal hatte er einem Tiger so vollständig das Maul geschlossen, daß er die riesige Katze tatsächlich berühren konnte, während sie friedlich im Gras lag. Das Mantra war so stark, daß er es mir aufschrieb, statt es auszusprechen.

Während dieses Interviews hatte er mir sehr viel erzählt, aber ich hatte weitere Fragen. Wie war er in den Besitz seiner Kräfte gelangt? Er antwortete, wie weise Männer es oft tun, mit einer Geschichte: wie ein Traum und ein wunderbares Amulett einen furchtsamen jungen Mann in einen mächtigen *gunin* verwandelt hatten.

Die Nacht, nachdem er das Amulett gefunden hatte, verbrachte Phoni Guyan mit seinen Kameraden auf einem kleinen Boot, das sie zwischen den Mangroven festgemacht hatten. Während er auf dem schaukelnden Wasser schlief, träumte er, wie er noch nie geträumt hatte. Bonobibi selbst erschien vor ihm, er sah sie mit weichen Umrissen, fast verschwommen, wie durch leuchtenden Nebel. Ihr Bruder Sha Jungli war bei ihr. Am besten erinnert sich Phoni Guyan an Bonobibis Aussehen. Sie war sehr schön. Sie trug einen blendend weißen, rot eingefaßten Sari. Ihr blasses Gesicht leuchtete wie der Mond.

Phoni Guyan fiel vor ihr auf die Knie. Zu seiner Überraschung sprach die Göttin zu ihm. »Daß du das Amulett gefunden hast, war kein Zufall«, sagte sie. »Ich selbst habe es dort hingelegt, und ich habe es für dich dort hingelegt. Trage es am linken Arm«, fügte sie hinzu, »und behalte es immer bei dir. Von nun an wird dir im Dschungel nichts mehr zustoßen.«

Seitdem, sagte Phoni Guyan, hatte er nie mehr Angst.

Kurz nach diesem Traum suchte er einen Guru auf, der ihn die Mantras und die Gebräuche eines *gunin* lehrte. In späteren Träumen wurden ihm weitere Mantras geoffenbart. Jetzt betet er jeden Tag, bevor er das Haus verläßt, so inständig zu Bonobibi, daß er in Tränen ausbricht. »Ich rufe jeden Tag Mutters Gnade an«, sagte er, »und ich beginne und beschließe jeden Tag mit Dank für ihre Gnade.«

So, mit Worten, die aus einem Märchen hätten stammen können, beendete Phoni Guyan unser Gespräch. Wir verabschiedeten uns mit einer Geste der Hindus, mit der wir uns auch begrüßt hatten: Ich nahm seine rechte Hand zwischen meine Handflächen und brachte sie an meine Stirn, dann tat er das gleiche mit meiner Hand. Trotz der Hitze und der Feuchtigkeit waren seine sehnigen Hände so trocken wie Mottenflügel.

»Durch die Gnade Bonobibis«, sagte er leise, eine Art Segensspruch.

Aber wo, fragte ich mich, war Bonobibi an dem Tag gewesen, als die Klauen eines Tigers die angelhakenförmige Narbe in das Gesicht dieses sanften *gunins* gerissen hatten?

Nironjan Mandal erinnert sich gut an den Tag, als der Tiger Phoni Guyan angriff. Es war der 23. Juni 1984. An diesem Tag war sein eigener Bruder getötet worden, und er, Nironjan, hatte es hilflos mit angesehen.

Eine kleine Menge versammelte sich, um Nironjan noch einmal die Geschichte erzählen zu hören. Wir saßen in der dampfenden Dunkelheit auf Girindras Veranda, und das Licht der Lampen flackerte auf den Gesichtern.

Nironjan war einer von fünf Holzfällern, die an jenem Tag zusammen in den Wald gegangen waren. Kaum waren sie angekommen, da bekamen sie schon Probleme. Ja, stimmte Nironjan zu, es sei allerdings bemerkenswert, daß eine derartige Tragödie geschehen konnte, obwohl sich zwei *gunins* in der Gruppe befanden. Aber es ging alles so schnell.

Die Männer hatten gerade erst das Boot verlassen – Nironjan war noch dabei, es an die Stelzwurzel eines Baumes zu binden –, als einer von ihnen im Schlamm ausrutschte, stürzte und sich dabei das Bein verrenkte. Zwei von den anderen fingen an, das verletzte Bein zu massieren.

Phoni Guyan, erinnerte Nironjan sich, hatte bereits höher gelegenes Gelände erreicht. Vor ihm war dichtes Gebüsch. Der alte *gunin* drehte sich um, um sich den Verletzten anzusehen, und wie ein Blitz schoß ein Tiger aus dem Gestrüpp.

Ein Mann rief eine Warnung. Phoni Guyan duckte sich – und die Zähne des Tigers verfehlten ihr Ziel. Im gleichen Moment stürmte Nironjans mutiger älterer Bruder mit der Machete in der Hand vor, um den *gunin* zu verteidigen.

Augenblicklich drehte der Tiger sich um und sprang den jungen Mann an. Er packte ihn am Genick und verschwand mit ihm im Wald.

Phoni Guyan war währenddessen bewußtlos. Die Zähne des Tigers hatten ihr Ziel verfehlt, aber seine Klauen hatten ihm das Gesicht aufgerissen. Es war blutüberströmt. Alle Zuhörer kannten diesen Teil der Geschichte, und jeder fügte der Szene seine eigene schreckliche Einzelheit hinzu: »Aus der Schulter, aus der Brust, aus den Wangen war Fleisch herausgerissen«, sagte Nironjan. »Das Gesicht war lauter Blut!« rief ein anderer. »Es war ein entsetzlicher Anblick!« fügte Girindra hinzu, der nicht dabeigewesen war, die Geschichte aber so oft gehört hatte. »Sein Gesicht war so zerfetzt, daß es aussah wie die Schnurrhaare von einem Tiger!« rief Nironjan. »Also sagten wir, das muß der Tiger sein, den wollen wir töten!«

Zu meiner Überraschung krümmten sich die Männer vor Lachen.

»Warum lachen alle?« flüsterte ich Shankar zu. Er wußte es auch nicht. Also fragte er, und alle beruhigten sich. Schweigen. Dann erklärte Girindra, ein wenig verlegen: »Es war so schrecklich, daß wir vor Bestürzung gelacht haben.«

Und so, fuhr Nironjan ernst fort, ignorierten die Männer, daß einer von ihnen weggeschleppt worden war. Er selbst versuchte, in den Wald zu laufen, um die Leiche seines Bruders zu suchen, aber die anderen hielten ihn davon ab. Einer der fünf war bereits tot und zwei waren verletzt. Sie konnten es sich nicht leisten, bei dem Versuch, die Leiche zu holen, möglicherweise noch einen weiteren Mann zu verlieren.

Sie verbanden Phoni Guyans Wunden mit *gamchas* und luden ihn in das Boot, um wieder ins Dorf und zum Arzt zu fahren. Aber bevor sie aufbrachen, suchte einer von ihnen einen Stock und band ein weiteres *gamcha* daran, um den Ort der Tragödie zu kennzeichnen, damit die Nachfolgenden gewarnt würden: »Daksin Ray war zornig, und wir konnten nichts tun.«

»Du bist viel stärker als ich. Meine Kraft reicht an deine nicht heran. Ich muß meine Männer beschützen. Wenn du uns also im Wald erscheinst, halte bitte Abstand, ich flehe dich an.«

Phoni Guyan hockte neben dem kleinen Baen-Baum, unter dem er sorgfältig drei runde, wächserne Mangrovenblätter mit nach Osten gerichteten Stengeln nebeneinander ausgelegt hatte. Vier weitere Männer standen oder hockten in der Nähe, zwei stützten sich auf ihre rostigen Äxte, einer hielt eine Hacke. Mit diesem Mantra machte der *gunin* die Gegend für die Arbeit sicher:

Du lebst im Wald,
Du Gottheit des Waldes,
Ich bin dein demütiger Sohn.
Lasse, ich bitte dich, mich und meine Männer
in diesem Gebiet allein
und gehe anderswo hin.

Damals im Februar hatten Eleanor und ich diese kleine Szene hinter dem Tourist Lodge beobachtet, eben außerhalb des Maschendrahtzauns, der das Hotelgelände vom Wald und den Tigern trennt.

Der Zaun soll eigentlich fest in einem Erdwall verankert sein. Aber wenn der Regen Erde wegspült, entstehen Löcher unter dem Zaun, und gelegentlich dringen Tiger in das Hotelgelände ein. Im Juli kamen ein Tiger und eine

Tigerin zusammen auf das Gelände, erzählte der Manager mir, und brachen in den Hühnerstall unter seiner Wohnung ein, wo er sieben Hennen hielt. (»Tiger sind egoistische Wesen«, hatte er auf Bangla auf das Band gesprochen. »Beim Fressen betrachten sie sich nicht als Mann und Frau.« Doch als er hinlief, um sich die Tiger anzusehen, fand er sie, wie einer ein Huhn fraß und der andere höflich daneben saß, als befolge er einen Knigge für Tiger.) Ungeachtet der lärmenden Knallkörper, die das Hotelpersonal anzündete, um die Tiger zu vertreiben, blieben die beiden auf dem Gelände und brüllten die ganze Nacht, sagte der Manager. Doch im Morgengrauen verschwanden sie wieder im Wald. Nach allem, was wir wußten, konnte es gut sein, daß sie jetzt ganz in der Nähe waren.

Phoni Guyan sang:

Oh Mutter, die du im Wald lebst,
Du, die Inkarnation des Waldes selbst,
Ich bin der geringste deiner Söhne.
Ich bin völlig unwissend.
Mutter, gehe nicht fort.
Mutter, du hast mich zehn Monate und zehn Tage lang
    in deinem Schoß sicher behütet.
Mutter, bringe mich dorthin zurück,
Oh Mutter, erhöre meine Worte.

Als der *gunin* sein Gebet beendet hatte, begannen die Männer mit der Arbeit. Mit einem Keuchen schwang einer seine Hacke, schlug eine dicke Lehmschindel aus dem Boden heraus und wuchtete sie seinem Kollegen auf die bloße Schulter. Dieser hielt den Lehmblock mit den Händen und mit dem Kopf fest und trug ihn zum Erdwall. So arbeiteten die Männer den ganzen Tag, als wenn das eine ganz alltägliche Arbeit wäre, bis sie von Kopf bis Fuß lehmverschmiert waren und der Zaun wieder fest verankert war.

»Es ist merkwürdig, daß da überhaupt Menschen leben können«, hatte Kushal Mookherjee in Kalkutta gesagt, »und erst recht, daß sie im Wald arbeiten können. In den Sundarbans ist doch alles gegen sie. Die Umgebung ist salzhaltig: Dort wächst praktisch nichts. Wenn man etwas von der Natur will, muß man in sehr gefährliche Gegenden gehen. Es ist fast Selbstmord, in den Wald zu gehen.

Wirklich, das ist fast Wahnsinn. Die Leute da«, hatte er gesagt, »haben keine Gewehre, nichts. Sie haben nur den *gunin* und seine Mantras.«

Diesen Männern, die bei einem Hotel arbeiteten, von dem die Tiger wußten, daß dort Fleisch zusammenkommen würde, reichte das. Heute würde kein Tiger kommen, da schienen sie sicher zu sein, denn die Götter selbst – Sha Jungli, Bonobibi und Daksin Ray – waren gekommen, um in den Baen-Blättern, die der *gunin* berührt hatte, zu wohnen.

Doch der *gunin*, in den die Männer ihr Vertrauen setzten, war selbst von einem Tiger angefallen worden. Unter seinem Schutz war ein Mann von einem Tiger geholt und gefressen worden. Jeder Arbeiter in der Gruppe kannte die Geschichte, vielleicht war sie sogar überall in den Sundarbans bekannt.

An einem nassen Tag zu Hause bei Girindra, während der Regen uns wie Tränen umfloß, fragte ich Phoni Guyan: »Sie haben so starke Mantras, die Sie beschützen, wie war es da möglich, daß ein Tiger sich traute, Sie anzugreifen?«

»Hae«, erwiderte Phoni Guyan mit einem Nicken. Er verstand, warum das für eine Außenstehende verwirrend sein mochte.

Eigentlich hatte er die Gefahr bereits gespürt, bevor sie

an dem Tag in den Dschungel gegangen waren. Doch die Gruppe hatte bereits die Genehmigungen, um in Pirkhali Block trockenes Feuerholz zu sammeln. Sie brauchten das Holz dringend. Phoni Guyans Begleiter hatten ihn zum Mitkommen gezwungen. Er brach so schnell auf, daß er nicht einmal die Zeit hatte, die richtigen Gebete für Bonobibi zu sprechen; er hatte keine Zeit mehr, um zu versuchen, Daksin Ray gnädig zu stimmen.

So war es kein Wunder, daß sie angegriffen wurden. Erstens hatten sie eine Warnung mißachtet. Zweitens hatte er nicht die entsprechenden Mantras gesagt. Und drittens war das Ergebnis bei weitem nicht so schlimm, wie es hätte sein können. Durch ein Wunder hatte er, Phoni Guyan, überlebt.

»Eine Tigerin hatte acht oder zehn Menschen in der Gegend getötet. Die Forstbehörde stellte Untersuchungen an. Und genau diese Tigerin war es, die mich ansprang. Ich hörte sie dreimal brüllen. Und ich sagte mir: ›Ich habe das Amulett bei mir, die Tigerin kann mich also nicht fressen.‹

Und sehen Sie, die Tigerin hat mich auch nicht gefressen! Sie hat mich nicht einmal gebissen. Die Wunden wurden nur durch ihre Klauen verursacht. Und so war ich zwar von Kopf bis Fuß blutverschmiert, und ein Teil meiner Lippe hing herunter, aber ich bin nicht gestorben.«

Phoni Guyan ist ganz zufrieden darüber, daß er seine Lippe behalten hat. Wenn er nach dem Unfall in ein Krankenhaus gegangen wäre, sagte er, hätten die Ärzte das Fleisch mit Sicherheit einfach abgeschnitten. Als er wieder zu Bewußtsein kam, hatte er darauf bestanden, zum Dorfarzt zu gehen, der bereit war, die Lippe mit einer ganz gewöhnlichen Nadel und einem Faden wieder anzunähen.

»Doch die Tigerin ging an jenem Tag nicht mit leeren Händen fort«, räumte er ein. »Sie nahm meinen Begleiter mit in den Dschungel. Wir konnten die Leiche nicht wiederfinden.«

Hier schwieg Phoni Guyan einen Augenblick.

»Der *gunin*«, sagte er, »kann die Götter nicht zwingen.« Das muß ein *gunin* jederzeit berücksichtigen. Sonst schickt Daksin Ray einen Tiger, der ihn sofort frißt, erklärte Phoni Guyan. Nein, nicht einmal der mächtigste *gunin* oder Fakir kann die Götter dazu zwingen, abgepflückte Blätter oder Lehmkugeln oder auch nur die schönen, von den Bildhauern geschaffenen Lehmfiguren zu bewohnen. »Die Götter kann man nur *einladen*«, sagte er. Und wenn die Götter nicht kommen wollen, haben sie einen Grund.

»Wenn der Zauber eines *gunin* versagt, liegt das oft daran, daß er selbst Fehler macht«, erklärte Phoni Guyan, »wenn er nämlich die Verhaltensregeln nicht beachtet.«

Manchmal kann ein *gunin* bei den Waschungen nachlässig sein oder ein Amulett nicht richtig vorbereiten, bevor er in den Wald geht. Manchmal wird, ohne sein Wissen, ein Zauber gebrochen, indem einer der Arbeiter durch heimliche Sünden den heiligen Boden entweiht. Manchmal wird der *gunin* auch zu stolz. Das ist die größte Gefahr, der sich alle *gunins* bewußt sind, auch wenn einige sie ignorieren. Ihr größter Fehler liegt darin, daß sie glauben, es sei ihre eigene Kraft, nicht die der Götter, die den Tiger bannt.

Manchmal – selbst wenn Gebete gesprochen und die heiligsten Worte eingesetzt werden –, manchmal trägt der Tiger trotz allem einen Menschen in seinem Rachen fort. Es gibt ein Sprichwort in den Sundarbans: Wenn jemand krank wird, gibt es einen Arzt für ihn. Wenn jemand von einem Geist befallen wird, gibt es einen *gunin* für ihn. Aber wenn jemand von einem Tiger geholt wird, gibt es keine Hilfe.

»Selbst der beste *gunin* kann einen schuldigen Mann nicht schützen«, sagte Phoni Guyan.

Adhir Krishna Mridha weiß das nur zu gut.

»Mein ganzes Leben habe ich gegen die Traurigkeit gekämpft«, sagte der grauhaarige Mann in dem blaukarierten *lungi*. Adhir Krishna Mridha ist 52, ein gutaussehender Mann mit regelmäßigen, offenen Gesichtszügen, doch seine Stirn ist tief zerfurcht, und das Weiße in seinen Augen ist von einem gelblichen Braun, als hätten die Tragödien, die er erlebt hat, dort Flecken hinterlassen.

Sein Vater, sein Bruder und sein Lieblingssohn wurden alle von Tigern getötet. Seine Frau wurde von einem Krokodil gefressen. Seine Tochter ertrank im Fluß. In sein Haus schlug der Blitz ein, und es brannte bis zum Erdboden nieder.

Seit sechsundzwanzig Jahren ist Adhir Krishna Mridha *gunin*. Vor vielen Jahren erschienen ihm im Traum zwei Jungen und gaben ihm sieben heilige Worte. »Wenn du in den Wald gehst, sprich vertrauensvoll diese sieben Worte«, hatten die Jungen ihm gesagt. »Wenn du rein bist und die, die bei dir sind, rein sind, werdet ihr sicher sein. Du kannst deine Angst vergessen.«

Die sieben Wörter, versicherte der *gunin* mir, seien absolut narrensicher. Aber im ersten Jahr, nachdem er sie bekommen hatte, als er mit fünf Booten in den Wald fuhr, um *goran* für Krebsfallen zu schneiden, wurde ein Mann vom Tiger geholt. Es war Girindras zweitältester Onkel, der selbst ein *gunin* war – »ein größerer *gunin* als ich«, erklärte Adhir Krishna Mridha. Er hielt inne. »Und darum habe ich die sieben Worte nicht gesagt.«

Und er hatte die sieben Worte auch nicht gesprochen, um seinen Vater zu beschützen, seinen Bruder, seine Frau oder sein Haus. Er war nicht da, um sie zu sagen. Er war unterwegs im Wald, um andere Menschen zu beschützen.

Er benutzte die sieben Worte allerdings, um seinen einzigen Sohn zu schützen. Doch sie reichten nicht. Und das ist, sagte er, der Grund für seinen größten Kummer.

Es war am 21. Juni 1992. Er und sein Sohn waren mit einer Gruppe von Holzfällern unterwegs. Er sprach die sieben Worte und schützte damit das Gebiet, in dem sie arbeiteten. Er sagte seinen Gefährten, sie dürften sich auf keinen Fall bewegen, während er die Worte sprach.

Aber einer gehorchte nicht. Einer von ihnen bewegte sich nicht nur, sondern wählte diesen Moment – den heiligen Moment, während der Schamane die heiligen Worte sprach – zum Urinieren.

Direkt auf den Waldboden zu urinieren wird als abscheuliche Tat betrachtet. Normalerweise brechen die Männer Zweige von einem Baum, legen sie auf die Erde und urinieren auf die Blätter, um den Lehm, den Altar von Bonobibi und Daksin Ray, nicht zu beschmutzen. Zu urinieren, während die sieben heiligen Worte gesprochen wurden, war jedoch doppelt verwerflich.

»Die Hauptarbeit des *gunins* besteht darin, Gott anzurufen«, sagte Adhir Krishna Mridha. »Es gibt Regeln, an die der *gunin* sich halten muß.«

Die Worte, Handlungen und Gegenstände, die den Schamanen mit den Göttern verbinden – die Gebete und Mantras, das magische Holz, der verzauberte Lehm –, sind selbst heilig. Sie müssen mit größtem Respekt behandelt werden; sie zu beleidigen heißt, die Götter, die sie verehren, zu beleidigen. Adhir Krishna Mridha betrachtet seine sieben Worte als so heilig, daß er sie nicht für uns sprechen wollte. Sie stehen auch auf einer Schriftrolle in dem Amulett, das er um den Hals trägt. Er geht sehr sorgsam mit dem Amulett um. Zu Hause trägt er es nicht, sondern bewahrt es am reinsten und günstigsten Ort im Haus auf, vor dem Altar.

»Viele Menschenleben sind von mir abhängig«, sagt er, »daher bin ich vorsichtig, bevor ich den Dschungel betrete. Ich trage nicht die gleichen Kleider, in denen ich Mittag gegessen habe. Ich wasche mir Hände und Gesicht im Namen Gottes und spreche das Mantra. Wenn man ißt, geht die Wirkung verloren.«

Andere *gunins* erzählten mir von ähnlichen Verboten: Manche dürfen kein Schweine- oder Krebsfleisch essen oder den Kopf nicht unter Wasser tauchen. Diese Regeln zu befolgen ist ein Akt der Ehrfurcht, und mit einer jeden solchen Handlung bekräftigt der *gunin* den Bund zwischen sich und seinen Göttern, zwischen Tieren und Menschen, zwischen Dorf und Wald. Der Zauber, den er schafft, ist nur so stark wie dieser Bund. Der Bann, der durch Zauberkraft gesponnen wird, gleicht einem Spinnennetz, hauchdünne Gaze aus Stahl, zerbrechlich wie ein Versprechen.

»Man kann einen gebrochenen Bann wiederherstellen«, sagt der *gunin*, »aber nur, wenn der Mensch, der den Bann gebrochen hat, sich dazu bekennt.«

Doch als Adhir Krishna Mridha an diesem Tag mit seinem Sohn Bäume fällte, merkte er nicht einmal, daß der Bann gebrochen worden war. Daß jemand auf den Waldboden uriniert hatte, erfuhr er erst, als es zu spät war.

Alle Holzfäller arbeiteten an jenem Nachmittag vier Stunden lang in dem Glauben, daß sie vor Daksin Rays Zorn geschützt seien. Aber dann – und der Schamane begann zu weinen, als er das erzählte – kam der Tiger und tötete seinen zwanzigjährigen Sohn und schleppte ihn fort.

Da erst wurde ihm klar, was geschehen sein mußte, warum die sieben Worte keine Wirkung getan hatten und daß, was für ihn wohl am schmerzhaftesten war, sein eigener Sohn es gewesen war, der uriniert hatte, sein eigener, geliebter Sohn, der unrecht getan hatte.

Die Leiche wurde nie gefunden.

»Wer wird sich jetzt um mich kümmern?« klagte er. »Mein ältester Sohn wohnt in einem anderen Haus, und mein Jüngster ist so sehr mit seiner eigenen Familie beschäftigt, daß er nicht für mich sorgen kann. Mein mittlerer Sohn war meine Rettung. Er hat mich am meisten geliebt.«

Daksin Ray mag ein blutrünstiger Gott sein, aber er hält sein Wort. Er kann dich so zärtlich beschützen wie eine Mutter, sagte Phoni Guyan – wenn er will. Und er kann ein ausgezeichneter Gastgeber sein.

Mabisaka kannte einen *gunin*, der Daksin Ray zu Hause besucht hatte. Eines Tages, während Namita mit einem Palmwedel den Boden fegte und Girindra sich am Tisch mit einer bloßen Rasierklinge und ohne Seife rasierte, erzählte sie mir die Geschichte.

»Goran Gogan war ein großer *gunin*«, begann Mabisaka, von Debasish übersetzt. »Er war Analphabet, aber er war fromm und Ma Bonobibi und Daksin Ray treu ergeben. Auf langen Expeditionen in den Dschungel verließen sich alle auf Goran Gogans Kräfte.«

Eines Tages berichtete Goran Gogan Mabisaka und ihrem Mann etwas Erschreckendes. »Wißt ihr«, sagte er, »daß Daksin Ray selbst gekommen ist und mich in seinem Boot mitgenommen hat?«

»Was meinst du damit?« fragte Girindras Vater.

Goran Gogan antwortete: »Daksin Ray hat mich in seinem Boot mitgenommen, mich in sein Haus eingeladen und mich eine ganze Nacht dort behalten.« Der *gunin* beschrieb einen Palast von unglaublichem Reichtum: überall Gold und Silber, Seide und Satin, Perlen und Juwelen. Er wurde wie ein Ehrengast bewirtet und mit Platten voller exotischer Speisen, in reinem *ghee* zubereitet, verwöhnt. Und dann, nachdem Daksin Ray sich gastfreundlich um alle Bedürfnisse des Geladenen gekümmert hatte, brachte er ihn höflich in seinem Boot wieder nach Jamespur zurück. Goran Gogan erwachte am nächsten Morgen in seinem eigenen Bett.

»Hat er Daksin Ray jemals wiedergesehen?« fragte ich.

»Sehr bald schon«, meinte Mabisaka. »Als Goran Gogan das nächste Mal in den Wald ging, wurde er von einem Tiger geholt.«

An diesem Punkt war Girindra mit Rasieren fertig und unterwarf sich jetzt der Fürsorge des sechsjährigen Babu, der die wenigen grauen Haare, die auf dem Kopf seines Vaters sprossen, ausfindig machte und ausriß. Da Girindra sich an jenen Tag erinnerte, erzählte er uns:

»Der große *gunin* war mit einer Gruppe von etwa 18 Männern zusammen. Als der Tiger ihn holte, liefen sie alle hinter ihm her in den Wald. Aber sie fanden die Leiche nicht.

Doch am Tag, als die Bestattungsfeierlichkeiten stattfinden sollten, sahen wir etwas Merkwürdiges«, sagte Girindra. Im Haus des *gunin*, auf dem Fußboden seiner Veranda, fanden sie einen Blutstreifen, der von den Fingern einer dort entlanggezogenen Hand herrührte. Der Streifen war etwa fünf Meter lang. Und im Gebetsraum, vor dem Altar mit der Statue Bonobibis, fanden sie einen Fußabdruck aus Blut.

Girindra und Mabisaka hatten ihn beide gesehen.

»Goran Gogan selbst kam an dem Abend und setzte sich

vor den Altar und betete«, erzählte Girindra mir. »Er kam selbst, blutend, nach seinem eigenen Tod, um ein letztes Mal zu beten.«

»In vergangenen Zeiten«, sagte Mabisaka, »geschahen solche Wunder öfter. Heutzutage sind die Menschen unrein, und die Wunder sind nicht mehr so häufig.«

Die Älteren unterhielten sich oft darüber, daß das Gute aus der Welt zu weichen schien. Die Menschen nehmen sich nicht mehr die Zeit, ihre Gebete richtig zu sprechen, sagte Mabisaka. Alte Leute werden nicht mehr von ihren Kindern versorgt, und mehr Menschen sterben allein und werden Geister, fügte ein älterer *gunin* hinzu. Die Schlangen beißen öfter; Tiger greifen häufiger an, da waren sich alle einig. Die Wand zwischen den Geschlechtern stürzt ein, und das ist sicherlich auch von Übel, sagte Mabisaka. In der alten Zeit waren die Dinge einfacher, klarer und besser.

Aber manche Dinge haben sich nicht geändert. Daksin Ray herrscht immer noch über die Mangroven. Er fordert immer noch Gehorsam von den Männern, die sein Reich betreten. Er *muß* diejenigen fressen, die ihm keine Achtung erweisen, erklärte Phoni Guyan, sonst würden die Menschen den Respekt vor dem Wald verlieren, und die Beziehungen zwischen den Menschen und dem Wald – die Regeln, aufgrund derer alle überleben können – würden zerstört werden.

Manche wünschen, daß es hier weniger Tiger geben möge; manche – vor allem Witwen von Tigeropfern, die selbst nie im Wald gearbeitet haben – wünschen, daß die Forstbehörde die menschenfressenden Tiger erschießt, statt zu versuchen, sie einzufangen und umzusiedeln. Aber niemand, der zwischen den Mangroven aufgewachsen ist und im Wald gearbeitet hat, ruft nach der Ausrottung der Tiger. Ganz gleich, wie viele Männer getötet werden, ganz gleich, wie sehr die Menschenfresser gefürchtet werden, der Tiger wird nicht gehaßt. In diesem Punkt sind sich fast alle einig.

Auch Kalyan Chakrabarti stellte das während seiner neun Jahre Feldarbeit in den Sundarbans fest. Wenn er mit Dorfleuten über ihre Gefühle zu den Tigern sprach, schrieb er, waren zu seiner anfänglichen Überraschung, »ganz gleich, wie tragisch ihre Begegnungen mit Tigern gewesen waren, die Bemerkungen über Tiger selten, wenn überhaupt, feindselig. Sie haben sich mit der Koexistenz mit den Menschenfressern abgefunden. [...] Der Tod kommt auf Anordnung des Tigergottes.« Die Menschenleben, die Daksin Ray fordert, werden als ihm zustehender Tribut betrachtet.

In Kalkutta hatte ich vor vielen Monaten mit Kalyan darüber gesprochen, wie die Menschenfresser ihre Opfer auswählen. Wie entscheidet der Tigergott, wer sterben und wer am Leben bleiben wird? »Ich habe mit einer Reihe von Bewohnern der Sundarbans gesprochen«, hatte Kalyan gesagt, »und sie meinten, der Tiger hätte es immer gern, wenn jemand vorsichtig ist, sich selbst liebt und sich selbst gut schützt. Normalerweise sind es die Unvorsichtigen, die hingerichtet werden – jemand, der meint, hier gäbe es keine Gefahr. Der Tiger betrachtet das als Zeichen der Respektlosigkeit.«

Als Biologe versucht Kalyan, die Dinge aus der Sicht des Tigers zu sehen.

»Ob man sich nun respektvoll verhält oder nicht, jedenfalls findet eine Art von Kommunikation statt. Dem Gehirn des Tigers wird zum Beispiel vermittelt: Das ist ein respektvoller Mensch, und den sollte ich laufen lassen und ihm nichts tun. Ein achtsamer, vorsichtiger, respektvoller Mann«, hatte der frühere Reservatsdirektor mir versichert, »wird in den Sundarbans niemals getötet werden.«

Auch Kalyans Überzeugung festigt den Bund zwischen Mensch und Wald: Der Tiger, der den Wald bewacht, fordert Respekt. Daksin Ray braucht keine Liebe, aber er verlangt Ehrfurcht von den Menschen. Die *gunins* stärken den Bund mit Gebeten und Mantras; der Tiger, auf dem Daksin Ray zwischen Himmel und Erde reitet, verschafft ihm mit Zähnen und Klauen Geltung.

Um die Jahrhundertwende war Indien noch mit Dschungel bewachsen. Bäume bedeckten vierzig Prozent der Landmasse. Heute ist kaum noch ein Drittel des ursprünglichen Waldes übrig.

Die Sundarbans schrumpfen ebenfalls, da das Land von einer geologischen Verwerfung betroffen ist, die Bevölkerung wächst und Süßwasser nur noch in Rinnsalen fließt. Doch der Wald in den Sundarbans schrumpft langsamer als die anderen Wälder Indiens. Trotz des Bevölkerungsdruckes von zwei der bevölkerungsreichsten Staaten der Welt, trotz jahrhundertelanger ehrgeiziger »Landgewinnungs«-Versuche bilden die Sundarbans als Ganzes immer noch den größten zusammenhängenden Mangrovenwald auf der Erde.

Das ist keineswegs das Verdienst der westbengalischen Forstbehörde und auch nicht das der Forstbeamten in Bangladesch. »Es ist praktisch die Anwesenheit des Raubtiers, die den Verlust des Waldes verhindert«, erzählte Rathin mir, als wir uns 1992 kennenlernten. »Ohne den Tiger würden die Probleme, die wir beim Schutz des Waldes haben, um ein Vielfaches zunehmen.«

Viele Monate später war ich schockiert, die gleiche Erkenntnis von Girindra zu hören – aus dem Mund eines Mannes, der in der Vergangenheit die Gesetze gebrochen hatte, die die Forstbehörde durchzusetzen versucht.

Wir waren gerade beim Kaffeetrinken auf der Veranda mit Debasish eine weitere Litanei des Todes durchgegangen. Girindra hatte weitere Geschichten von Freunden und Verwandten erzählt, die von Tigern gefressen worden waren. Warum tötet man nicht alle Tiger? fragte ich ihn.

»Um die Erde zu retten«, erwiderte er. »Siehst du«, erklärte er, »in den Wäldern der Sundarbans gibt es sehr kostbares Holz. Und die indische Regierung hat kein Interesse daran, den Wald zu retten! Und wenn der Wald einmal vernichtet ist, wird das Wasser das Land wegspülen. Der Tiger rettet den Wald.«

Adhir Krishna Mridha hat mehr Grund als die meisten, den Tiger zu hassen. Doch er kann, erklärte er, das Tier, das seinen Vater und seinen Bruder tötete, nicht hassen; er kann das Tier nicht hassen, das seinen Sohn tötete und fraß. Denn der Tiger ist ebenso unverzichtbarer Bestandteil der Sundarbans wie die Gezeiten, und seine Macht ist genauso groß. Zur Veranschaulichung erzählte Adhir Krishna Mridha mir diese Geschichte:

Vor vielen Jahren plante ein Holzhändler, alle Bäume im südlichen Teil des Waldes zu schlagen. Er schickte Leute in den Dschungel, um ihn zu erforschen, doch diese wußten nichts über den Wald und hielten nicht einmal eine Puja für Daksin Ray ab. Sofort wurde einer der Männer von einem Tiger geholt. Die Bewohner der Sundarbans wußten, was geschehen war, und wollten eine Puja abhalten und Daksin Ray, Sha Jungli und Bonobibi um Verzeihung bitten. Doch der reiche Kaufmann erlaubte ihnen die Puja nicht, weil er von solchen Dingen nichts hielt. Statt dessen drang er mit Männern und Gewehren in den Wald ein. »Wo ist der Tiger? Ich werde ihn umbringen!« schwor er.

Aber kaum hatte die Gruppe den Wald betreten, da erschienen auch schon dreißig Tiger und umzingelten sie.

Die Männer legten hilflos ihre Gewehre nieder und erwarteten den Tod.

Da sprach Daksin Ray selbst. Er würde sie ziehen lassen, sagte er, aber nur, wenn jeder im Hooghly baden und ihn und Sha Jungli und Bonobibi anbeten würde. Und das taten sie.

Der reiche Kaufmann ließ den südlichen Teil des Waldes nicht abholzen. Und nach diesem Ereignis gab es lange Zeit keine Tigerunfälle mehr.

Das geschah vor langer Zeit, versicherten mir alle, bevor das Kerngebiet der Sundarbans im Dezember 1973 zum Tigerreservat erklärt wurde, jedenfalls aber, bevor es im Mai 1984 zum Nationalpark erklärt wurde.

Doch Daksin Ray fordert von den Behörden, die das Tigerreservat verwalten, immer noch seinen Tribut. Ende Juni war etwas geschehen, das so erstaunlich war, daß Rathin mich in den USA anrief, um mir davon zu erzählen.

Sechs Forsthüter waren in der Nähe der Forststation Haldibari auf Routinepatrouille. In der Abenddämmerung steuerte der *sareng* ihre zwanzig Meter lange Barkasse in einen Flußlauf und ankerte dort für die Nacht. Das Boot war eins der größeren und stärkeren Fahrzeuge der Regierung, nicht so groß wie die *Monorama,* aber jedenfalls größer als die *Mabisaka* oder andere Boote, auf denen ich geschlafen und mich völlig sicher gefühlt hatte.

An jenem Abend spielten vier der Männer in einer Kajüte des Bootes Karten, während der Wachhabende auf dem Verdeck stand und der Koch den Fisch für das Abendessen schnitt.

Der Wachhabende sah einen grünen Blitz auf dem Wasser. Ein Fisch? Nein – leuchtende Augen! Bevor er einen Warnruf ausstoßen konnte, sprang ein Tiger an Bord, brach durch die geschlossene Holztür in die Kajüte ein und packte Birin Mondal am Genick.

Mit dem Mann im Maul kehrte der Tiger um. Wie aus einer Starre erwacht, griff einer der Forsthüter nach dem Gewehr neben sich. Als der Tiger den Mann über das Deck schleifte, feuerte der Forsthüter. Der Tiger schnellte in die Luft, flog auf das Wasser zu und ließ die Leiche dabei fallen. Doch es war dunkel, und die Männer suchten zwar, konnten den Toten aber nicht finden.

Rathin eilte an Bord der *Monorama* herbei, um Nachforschungen anzustellen. Am Morgen fanden sie Birin Mondal in seiner Khaki-Uniform im Schilf treiben. Rathin untersuchte die Leiche. Krebse hatten die Lippen zum Teil weggefressen, aber ansonsten wies die Leiche nur die vier Stichwunden im Hals auf. Und an Deck des Bootes fand Rathin eine lange Blutspur, so gleichmäßig wie mit einem Pinsel gemalt. Sie war von einer Spielkarte gezogen worden, die der Tote noch fest in der Hand gehalten hatte, als der Tiger ihn über das Deck schleifte.

Die Männer erzählten Rathin, dieser Tiger sei die Inkarnation des Zorns gewesen: »Er hatte ein schwarzes Gesicht mit Hängebacken und schrecklichen weißen Streifen«, berichteten sie. Aber das war nicht alles. »Ich habe mit den Leuten in der Gegend gesprochen, Sy«, Rathins Stimme wurde leise und dunkel, als würde sie sich ducken und zum Sprung ansetzen, »und man nimmt stark an – *stark* an – daß der Grund für diesen Vorfall der ist –« und hier hielt er inne, und sein Erzählen verlangsamte sich zu einem Zischen, »– daß in der Forststation bei Haldibari eine Statue von Daksin Ray nicht fertiggestellt wurde!«

Schweigen folgte diesem Satz.

»Anfangs dachte ich, das wäre alles Quatsch«, sagte Rathin. »Jetzt fange ich an, es zu glauben.«

Später schenkte Rathin mir ein Gedicht, das er über das Ereignis verfaßt hatte. Er nannte es »Tiger Magie«:

Dämmerung –
Seufzend vor Erleichterung
gleitet das Boot in einen Nebenfluß.
Anker klatschen ins strömende Wasser,
suchen den schlammigen Grund.
Laternen leuchten, Schatten tanzen,
Männer teilen Karten aus,
ziehen Lose?
Auf dem Verdeck der einsame Steuermann
sucht die Mangroven ab und brütet
über seiner verwitterten Vergangenheit.
Grau und träge treiben Dinge vorbei und
schwinden aus dem Gedächtnis
wie untergegangene Kulturen.
Da geben die geheimen Tiefen einen Kranz frei,
eine Gischt aus Blasen und Blättern,
von Fleischduft erfüllt.
Eine leichte Neigung –
starke Klauen wachsen aus dem Totholz
durch primitiven Zauber
und umklammern das Boot in samtiger List.
Lodernde Augen und Fänge wie Säbel,
 magisch eingeätzt,
springen auf schwarzes Segeltuch.
Tiger!
Blitzschnell ist die Aufgabe erfüllt,
Schraubstockkiefer packen einen Mann,
lassen Blut auf das Pik-As tropfen,
während sie die Tore des Hades durchschreiten
und mit dunklem Nichts verschmelzen.

Als wenn er Feuer in sich hätte

*I*n einem Dialog in den philosophischen Schriften des Hinduismus, den Upanischaden, bittet ein junger Yogi seinen Vater, Gott zu erklären. Wenn der Allmächtige allgegenwärtig und allmächtig ist, warum kann man ihn dann nicht sehen?

Der Vater öffnet eine Feige und holt einen der winzigen Kerne heraus. Wo, fragt er seinen Sohn, kommt ein Feigenbaum her?

»Aus dem Feigensamen«, antwortet der junge Mann.

Der Vater spaltet den Feigensamen. »Was siehst du im Inneren?« fragt er.

Der Sohn blinzelt. »Nichts.«

»Ja«, bestätigt der Vater, »und aus diesem Nichts, das alles ist, was du sehen kannst, wird ein mächtiger Feigenbaum wachsen.«

Als nächstes füllt der Vater einen Krug mit Wasser und fügt eine Handvoll Salz hinzu, das sich im Wasser auflöst. Der Vater fordert seinen Sohn auf, davon zu trinken.

»Wie schmeckt das Wasser?« fragt er den jungen Mann.

»Es schmeckt salzig«, erwidert der junge Yogi.

»Ja? Aber wie kann das sein«, fragt der Vater, »wenn ich das Salz doch nicht sehen kann?«

Die Macht des Tigers durchzieht die Wälder Sundarbans so, wie das Salz seinen Flüssen Geschmack verleiht. Meistens möchte der Tiger nicht gesehen werden, ebenso wie der Wind nicht zu sehen ist. Aber man kann sehen, was der Wind und der Tiger berührt haben.

Der Wind erhob sich nur Minuten, nachdem wir das Mahl aus Reis, Dahl und Krebscurry, das Namita und Mabisaka für uns gekocht hatten, beendet hatten. Zuerst wehte er den Reis auf, den die Familie gerade geworfelt und vorn im Hof aufgehäufelt hatte; dann begann es zu regnen. Wir liefen alle nach draußen, um den Reis mit den Händen in den rundbauchigen Aluminiumtopf zu schaufeln und dann hineinzuholen. Das war im Februar, auf meiner zweiten Indienreise, als Eleanor bei mir war; sie scherzte, dieser Regen, der erste, den wir in den Sundarbans erlebten, sei das sauberste Wasser, das unsere Körper berührt hätte, seit wir den Tollygunge Club in Kalkutta verlassen hatten. In den Sundarbans ist selbst das Trinkwasser trübe und salzig.

Man hatte uns vor dem Sturm gewarnt. In der Abenddämmerung, als wir gerade von einem Dorfspaziergang mit Girindra zurückkehrten, kam ein Junge angerannt, um uns zu sagen, daß die *Monorama* da sei und daß Rathin an Bord mit mir sprechen wolle.

Während Girindra und Eleanor auf dem Uferdamm warteten, ging ich an Bord.

»Wir haben eine sehr schwere Sturmwarnung bekommen«, sagte Rathin zu mir, »ein sehr schwerer Sturm. In Bangladesch verursacht er schon sehr hohe Wellen. Er könnte zu einem Zyklon werden! Dieses Lehmdorf hier könnte einfach weggespült werden. Ihr müßt auf der *Monorama* Schutz suchen. Ich werde dafür sorgen, daß euch nichts geschieht.«

Ich zweifelte an Rathins Wettervorhersage. Unverständliches Bangla knisterte im Funkgerät der Barkasse. Ich konnte nicht entschlüsseln, was es bedeutete, aber es schien mir nicht allzu dringlich zu sein.

Zyklone toben normalerweise zwischen August und November, nicht im Februar – obwohl es stimmt, daß sie jederzeit auftreten können. Wenn sich ein Zyklon zusammengebraut hätte, hätte Kanchan Muhkerjee in Pakhiralaya, am anderen Flußufer, die Warnung mit seinem Funkgerät gehört und Leute ausgeschickt, um die Bewohner von Jamespur und den anderen Dörfern zu warnen. Es hätte auch noch andere Anzeichen gegeben. Girindra, der nach dem Regengott Indra benannt ist, hätte sie sicherlich erkannt: einen roten Mond, einen violetten Sonnenaufgang – die roten und violetten Pferde, die den lärmenden Wagen Vatas, des Gottes der Winde, ziehen. Wir hätten einen Hof um die Sonne bemerkt. Und dann eine letzte Warnung: Das Meer wäre spiegelglatt geworden. »Die Ruhe vor dem Sturm ist ehrfurchtgebietend«, schrieb John Seidensticker, Tigerexperte und Ökologe an der Smithsonian Institution, über die Zyklone in den Sundarbans. »Das Licht verändert sich, und Wasser und Wald bekommen vor dem Hintergrund der fleckigen, stahlgrauen Wolkenwand eine lebendige, kontrastreiche Struktur, die immer intensiver wird, während der Sturm näher kommt.«

Ein solcher Sturm war nicht im Anzug, da war ich sicher. Der verwegene Rathin, der schon mit Piraten gekämpft hatte und zwischen Tigern spazierengegangen war, war nur daran interessiert, seiner Biographie eine weitere ritterliche Tat hinzuzufügen, indem er *memsahibs* in Not rettete – selbst wenn wir überhaupt nicht in Not waren.

Die sich zusammenballenden grauen Wolken machten allerdings deutlich, daß ein Unwetter bevorstand. Selbst wenn die Drohung mit dem Zyklon übertrieben war, so war Rathins Sorge um unsere Sicherheit doch echt. Er hatte allen Grund, Stürme zu fürchten. Er hatte einen guten Freund verloren, einen Forscher, der sich in dem Zyklon im Jahre 1988 auf der *Rangabilia* befunden hatte.

Jetzt stand Rathin vor mir und bat mich darum, uns vor dem Sturm retten zu dürfen. Doch selbst wenn Rathin die Gefahr nicht übertrieb, konnten Eleanor und ich Girindra und seine Familie nicht dem Unwetter überlassen.

»Wir sind dir für deine Warnung dankbar«, sagte ich ihm, »aber wir müssen bei unseren Freunden in Jamespur bleiben. Wenn ein Zyklon das Dorf wegspült, wird er uns auch mit wegspülen.« Und obwohl Rathin und ich beide Christen sind, nahm ich, bevor ich zu Eleanor und Girindra zurückging, seine Hand zwischen meine Handflächen, führte sie an meine Stirn und hielt sie für einen langen Moment so.

Girindra war froh, daß wir uns entschlossen hatten, bei seiner Familie zu bleiben. Diese Nacht sollte unsere letzte in den Sundarbans sein, bevor wir in die USA zurückkehrten, und alle im Haus freuten sich, daß zwei Gäste aus Amerika bei ihnen übernachteten. Namita bereitete ein besonderes Abendbrot zu. Girindra hatte versprochen, eine Puja abzuhalten. Heute abend würden wir den Gott Naravan verehren, der der gleiche sein soll wie Lakshmi, die Göttin, deren Bild Eleanor in ihrer Handtasche aufbewahrte.

Im Licht der Petroleumlampe hatten Girindra und seine Töchter die Puja vorbereitet, hatten Shivas Dreizack mit Zinnoberrot auf die Töpfe gemalt, sorgfältig Bananenblätter geglättet, so wie man eine Tischdecke auflegt, und die Süßigkeiten und Blumen und die Opfergaben von Betelnuß und Reis aufgebaut. Girindra hüllte sich in das saubere weiße Tuch, das Mabisaka für die Heilung einer kranken Frau bekommen hatte. Er versprengte dreimal entgegen dem Uhrzeigersinn Öl und schüttelte Gangeswasser von Mangoblättern. Eins der Kinder blies das heilige Muschelhorn, und die beiden Frauen riefen den Göttern ihr bebendes Willkommen zu.

Girindra ging sorgsam zu Werke: Alles war in vollkommener Ordnung, mit der Sorgfalt einer aufmerksamen Gastgeberin arrangiert, die viel Zeit hat, um sich auf ihre Gäste vorzubereiten. Am meisten aber beeindruckten mich die Gelassenheit und Entspanntheit, mit der Girindra die Götter in seinem Haus begrüßte. Während er die Gesänge für Naravan sang – alle siebenundzwanzig handbeschriebenen Seiten in seinem abgegriffenen Heft mit dem Pappeinband –, unterbrach er sich manchmal, um nach Moskitos zu schlagen, zu gähnen oder zurückzuzucken, wenn ein Tausendfüßler sich unter seiner Gebetsmatte hervorschlängelte, so wie man es tun würde, wenn man einen geliebten, aber vertrauten älteren Verwandten zu Gast hat.

Die Puja dauerte eine Stunde. Draußen im Dunkeln droschen Männer und Frauen immer noch Reis. Wir konnten Fisch in einer Küche in der Nähe brutzeln hören. Selbst während Girindras Gesang plauderten ein paar der älteren Kinder, und andere schliefen. Wir fühlten uns wie eine Familie, die sich um den Eßtisch versammelt hat – zwei Angloamerikanerinnen, elf Bengalis aus den Sundarbans und die Götter.

Zum Abschluß der Zeremonie neigten wir alle die Köpfe bis auf den Boden. Aber ich war mir nicht so sehr der Götter über uns bewußt als vielmehr des glatten, kühlen Bodens unter meiner Stirn, so als würden wir uns vor der Erde selbst verneigen – vor dem Lehm, aus dem der Fuß-

boden bestand, vor den Spinnen, die darüber hinwegkrab-
belten, vor den Atemwurzeln und den Stelzwurzeln, die
vor dem Haus an dieser Stelle gestanden hatten, vor dem
Wald, dessen Reichtum das Dorf ernährte, sogar vor dem
Tiger, der den Wald bewachte – vor allem, für das diese
Familie so unendlich dankbar war.

Das anschließende Mahl war eine Art Kommunion. Und
kurz darauf kam der Wind.

Für die Dichter der Veden waren die Wolken, die der
Wind vom Meer brachte, mit Schätzen beladen. Diese
Reichtümer waren so wertvoll, daß die Wolken sie nur ungern hergaben. Indra, der Gott des Regens und des Sturms,
der auf einem Elefanten reitet, muß ihre feste Umklamme-
rung aufbrechen, damit ihre Schätze auf die Erde nieder-
regnen können.

Die Veden sagen, daß bei Indras Geburt Himmel und
Erde bei seinem Anblick erzitterten. Und so war es auch, als
Indra an diesem Abend kam: Der Wind heulte und keuchte
und kreischte. Bäume wanden sich und schlugen um sich
wie Besessene. Die Nacht war schwarz wie ein Loch, und
aus diesem Loch flossen Regen, Blitz und Donner.

Donnergrollen und Licht krachten und rollten durch die
Himmel, durch unsere Körper. Wir spürten den Donner
wie Schmerz: Er schien gleichermaßen in uns und außerhalb von uns zu entstehen – aus unseren Knochen und
unseren Organen und unseren Seelen –, als bestünde die
ganze Welt aus Donner.

Wir, Girindra, die Mädchen und ich, waren gerade dabei, die Fenster mit Läden zu verschließen, als uns auffiel,
daß wir nicht wußten, wo Eleanor war. Girindra und ich
liefen in den Regen hinaus, in die Schwärze, und riefen
ihren Namen: Eleanor! Aber der Sturm verschluckte unsere Stimmen, wie der Tiger im Wald das Echo der mensch-

lichen Stimme auffrißt. Wir rutschten im Schlamm aus. Von den Blitzen geführt, rannten wir in verschiedene Richtungen: Girindra lief zweimal zum Toilettenhäuschen, voller Angst, daß er Eleanor auf dem Grund des schmutzigen Grabens finden würde, und ich zur Küche, wobei ich mich an der Außenwand des Hauses festhielt.

Girindra fand Eleanor. Sie war mit Namita, Mabisaka und den beiden kleinen Jungen in eine andere Hütte im Hüttenkomplex der Familie gegangen. Sie hatte uns zwar rufen hören, aber die Frauen hatten sie nicht wieder hinausgehen lassen. Als Girindra sie zu mir zurückbrachte, war sie sichtlich erschüttert – weniger vom Sturm als von Girindras Verhalten. Er hatte sich solche Sorgen gemacht, daß er, als er sie in Sicherheit fand, einen Wutanfall bekommen und sie angeschrien hatte, wobei sein Zorn Eleanor um so mehr verstörte, als er ihm in einer Sprache Ausdruck verschaffte, die sie nicht verstand.

Der Sturm nahm an Heftigkeit zu, und Girindra wurde von einer neuen Angst gepackt: die *Mabisaka!* Er hatte sie bei Hochwasser an vier Stellen im Schlamm angepflockt, aber sie konnte sich trotzdem losreißen. Zusammen mit seinem Bruder eilte er zu seinem selbstgebauten Boot, seinem Lebensunterhalt, um es vor den windgepeitschten Wellen zu retten. Ich versuchte, ihm zu folgen, aber als ihm klar wurde, was ich vorhatte, schrie er mich so heftig an, daß ich Angst bekam, er würde mich schlagen. Hilflos kehrte ich zum Haus zurück. Wasser schoß durch die mit Läden verschlossenen Fenster; der frischgedroschene Reis war zum großen Teil weggeweht worden; Menschenleben waren, so schien es, im Begriff, buchstäblich auseinanderzufliegen.

Eleanor erzählte mir später, während sie mit den Frauen im Zimmer kauerte, habe Namitas Gesicht blankes Entsetzen gezeigt. Die Kinder hätten geweint. Und alle hätten immer wieder gesagt: »Zyklon«. Sie erinnerten sich an den Zyklon von 1988.

Erst auf meiner dritten Reise, mit Shankar und Debasish, erzählten Girindra und Mabisaka mir, wie die Familie diesen Zyklon überlebt hatte.

Der Wind war in jener Nacht wie ein Riese, der alles auf seinem Weg fraß. Der Wind fraß die Geräusche: Als Girindra nach Familienmitgliedern rief, die sich in einer anderen Hütte befanden, keine zwei Meter weit entfernt, konnten sie ihn nicht hören. Der Wind schluckte die Stimmen. Der Wind fraß das Licht: Selbst mit der Taschenlampe konnte Girindra, wie er sagte, in der Schwärze nichts sehen. Der Wind fraß die Materie: Zu ihrem Erstaunen beobachteten Girindra und Mabisaka, wie in einer der Hütten ein riesiger Topf mit Reis – genug Reis, um die Familie einen Monat lang zu ernähren – einfach auseinanderflog. Niemand konnte diesem Wind standhalten; er warf Menschen um und fegte sie fort. Es war ein Wind, der einen auf die Knie zwang, wie vor einem Gott.

Girindra hatte natürlich gewußt, daß der Sturm kam. Es hatte an dem Nachmittag Unwetterwarnungen im Radio gegeben, und die Leute von der Forstbehörde hatten gewarnt. Bei Hochflut hatte Girindra die *Mabisaka* sicher an Bäumen vertäut. Er hatte die Hütten mit Bambuspfählen abgestützt – zwei einzelne Hütten hatten an der Stelle gestanden, wo Girindra inzwischen einen großen Hof gebaut hatte. Er hatte Pläne für den Sturm gemacht. Er würde mit Namita und der Mehrzahl der Kinder in der größeren Hütte bleiben; sein jüngerer Bruder und Mabisaka würden nebenan, in der kleineren, neueren Hütte, auf die anderen Kinder aufpassen.

Als es Abend wurde, drängte sich die Familie in den

Hütten zusammen. Draußen nahm der Wind an Stärke zu. Die Hütten bebten. Girindra glaubte, seinen Bruder von nebenan rufen zu hören. Es gelang ihm, die Tür gegen den Sturm aufzustoßen und herauszukriechen – und er stellte fest, daß die andere Hütte eingestürzt war.

Niemand war ernsthaft verletzt, und Girindra begleitete eilig alle in die größere Hütte. Aber inzwischen wurde diese auch von Regen und Sturm angefressen. Das Dach leckte so stark, daß die glatten, sauberen Fußböden zu Schlammflüssen geworden waren. Bald begannen sogar die Wände zu schmelzen, und das ganze Gebäude schwankte im Wind wie eine Kokospalme. Girindra wurde klar, daß die Hütte nicht mehr lange halten würde, daher floh die Familie in das Haus seines Onkels. In dem Augenblick, als der letzte das Zuhause verließ, stürzte es hinter ihnen zusammen.

Fünf Familien hatten sich bereits im Haus von Girindras Onkel zusammengefunden. Es gab kein trockenes Plätzchen mehr zum Sitzen. Girindra und sein Onkel schaufelten einen Graben, um das Wasser vom Haus wegzuleiten. Dann holte Girindra Holzplanken, legte sie auf die Veranda und sagte allen, sie sollten sich dort hinsetzen. Er wußte, sagte es aber nicht, daß die Wände auf sie herabstürzen würden, wenn sie im Haus blieben.

Also ließ er Namita, Mabisaka, seine Töchter und den neugeborenen Sohn zitternd unter einer Plastikplane zurück und ging wieder in den heulenden Wolkenbruch hinaus, um eine neue Unterkunft zu suchen.

Draußen konnte er nichts sehen. Seine Taschenlampe war nutzlos. Er wartete auf einen Blitz. In dessen zuckendem Licht sah er, daß alle Hütten um ihn herum bereits eingestürzt waren.

Er kroch lange Zeit in Strömen von Schlamm herum. Schließlich stieß er auf eine kleine Hütte, die noch stand.

Zwei Familien hatten sich bereits hineingequetscht. Sie sagten, sie würden den Mridhas Platz machen, aber sie waren alle zu schwach, um Girindra zu helfen, die Frauen an diesen sicheren Ort zu begleiten.

Also kroch Girindra wieder zu der sich auflösenden Hütte seines Onkels zurück, um seine Familie zu retten. Er fand seine beiden jüngsten Töchter bewußtlos. Naß, kalt und vor Schrecken gelähmt hatten die anderen Familienmitglieder nicht mehr an diese beiden Mädchen gedacht, und nun saßen sie auf ihnen – die beiden waren fast erstickt. »Man kann sich nicht vorstellen, wie entsetzlich das ist«, sagte Girindra, »wenn man es nicht selbst erlebt hat.«

Einzeln brachte er seine Frau, seine Kinder und seine Mutter in Sicherheit. Dann kroch er wieder in das Unwetter hinaus, um die Kühe und die anderen Tiere zu versorgen. Stundenlang waren er und vier andere Männer damit beschäftigt, Kühe, Lämmer und Schafe aus eingestürzten Ställen zu retten.

Der Zyklon richtete schreckliche Verwüstungen an. Bei Sonnenaufgang sah Girindra, daß das Motorboot seines Bruders in Stücke geschlagen worden war. Alle zehn Kühe seines Onkels waren tot. Fast alle Dorfbewohner hatten ihre Häuser verloren. So viele Menschen waren umgekommen, daß die Flüsse tagelang mit Leichen verstopft waren. Aber aus Girindras Familie hatten alle ohne Verletzungen überlebt. Und die *Mabisaka*, sein geliebtes Boot, war zwar voller Wasser, aber unversehrt.

Girindra erzählte mir diese Geschichte mit Shankars Hilfe, aber als er fertig war, sprach er direkt zu mir.

»Göttin«, sagte er und berührte mit der rechten Hand seine Stirn. »Göttin immer, ich gucke.«

Die bengalische Syntax ist fast das Gegenteil der englischen Syntax; die Stellung von Subjekt und Objekt ist oft umgekehrt. Als Girindra diesen Satz zum ersten Mal sagte, fragte ich mich, ob er damit sagen wollte, daß die Göttin immer über ihn wache oder daß er sich immer um Hilfe an sie wende. Dann wurde mir klar, daß er beides gleichzeitig meinte: Selbst im Sturm konnte Girindra die Göttin deutlich sehen.

Auf der anderen Seite der Sundarbans, in Bangladesch, hat Hasna Moudud ebenfalls Zyklone erlebt. Als Gattin des früheren Vizepräsidenten, als Parlamentsmitglied, als Patriotin, als Anhängerin Mohammeds hat sie es als ihre Pflicht angesehen, den Opfern der Überschwemmungen und Zyklone in ihrem Land zu helfen, und mehr als einmal hat sie sich inmitten schlimmster Verwüstungen wiedergefunden.

1974 arbeitete sie bei der Verteilung von Notrationen in überschwemmten Dörfern mit. »Die Frauen versteckten sich vor uns«, sagte sie, »und ich fragte mich, warum. Dann sah ich es: Alles war zerstört worden, und sie mußten sich mit drei Frauen einen Sari teilen. Ihre Häuser waren weggespült worden. Die Kinder hatten Krätze und andere Krankheiten. Es war, als hätten sie den menschlichen Körper ganz vergessen.«

Die Folgen eines Zyklons brachten sie auch nach Nijumbe, in ein sonst freundliches, friedliches Dorf mitten in Bangladesch. Der Wind hatte Menschen aus ihren Häusern gefegt und vom Boden aufgehoben. »Da hatten sich tote Frauen und Kinder in den Bäumen verfangen – wie ein Leichengarten, wie ein Totenwald.«

In den neun Jahren zwischen 1960 und 1969 töteten elf große Unwetter allein in Bangladesch – auf einer Fläche von der Größe Wisconsins (etwa zweimal so groß wie Bayern) – mehr als 54000 Menschen. Und dann, im November 1970, kamen in einem zyklonartigen Sturm, der mit einer Sturmflut verbunden war, in zwei Tagen mehr als 200000 Menschen ums Leben. Die Zahl der Opfer des Zyklons von 1988 war noch höher, um wieviel weiß niemand. »Die Lage des Gangesdeltas, an der Spitze der trichterförmigen Bucht von Bengalen«, schrieb der Ökologe F. R. Fosberg von der Smithsonian Institution, »stellt wohl die ernsthafteste Gefährdung durch Überflutung aufgrund von Sturmwellen dar, die auf der Welt zu finden ist.« Die Flutwellen am Golf von Bengalen können bis zu 75 Meter hoch werden. Auf beiden Seiten der Sundarbans erleben die Dorfbewohner jedes Jahr sechs bis acht »Zyklontiefs«.

Vishnu, heißt es, erschuf die Welt so:

Zuerst war alles Wasser. Vishnu selbst war Wasser. Er schlief auf dem Wasser, doch das Wasser war auch er selbst. Das Gott-Wasser war ein unergründlich tiefer Ozean, und darin lagen alle flüssigen Kräfte des Universums: Blut, Milch, Saft, Regen. Ruhe lag über dem Wasser, während Vishnu schlief. Aber dann wachte er auf und bewegte den kosmischen Ozean sanft mit einem Finger.

Diese feine Handlung schuf eine feine Veränderung: Es bildeten sich kleine Wellen. Die Wellen breiteten sich aus. Zwischen den sich ausbreitenden Bögen der Wellen entstand Äther – der obere Bereich des Himmels, das, was wir jetzt als Weltraum bezeichnen.

Der Äther fing an, sich wie die Wellen auszubreiten und größer zu werden, wobei er wie von einem freudigen Lobgesang widerhallte. Aus dem Klang, der bei seinem Wachstum ertönte, entstand ein weiteres Element, der Wind.

Der Wind wuchs an, sammelte Energie, blies, fegte, sprang, kreiselte, voller Kraft und Freude. Er strich über die Wasser des kosmischen Ozeans. Er trieb die Strömungen vor sich her. Er weckte die Wellen. Aus der kraftvollen

Reibung zwischen Wind und Wellen entstand das dritte Element, das Feuer.

Wenn sich in den Sundarbans ein starker Sturm zusammenbraut, ist leicht zu sehen, daß diese Geschichte wahr ist. Als Eleanor und ich mit Girindras Familie zusammen in jener Februarnacht in Jamespur den Wind erlebten, erinnerte ich mich an die Worte, die der Mann aus Chittagong verwendet hatte, um den Zyklon von 1991 zu beschreiben: »Der Wind«, hatte er gesagt, »war, als wenn er Feuer in sich hätte.«

Es heißt, daß das Brennen des vom Wind geschaffenen Feuers den Himmel selbst schuf. Und erst da brachte Vishnu den tausendblättrigen Lotus hervor, aus dem der strahlende Brahma entstand, der viergesichtige Schöpfer der Erde.

Im Wind stehen wir den unsichtbaren Kräften gegenüber, die die Welt erschufen. Das gilt jedenfalls für die Sundarbans. Ihre mangrovenbewachsenen Ufer wurden und werden ebenso vom Wind geschaffen wie vom Wasser. »Während dieser Perioden hoher Energiezufuhr wird viel geologische Arbeit verrichtet«, schrieb John Seidensticker, »und die Stürme steuern die langfristige Entwicklung der Mangroven und der Wälder.« Als er den Managementplan für Bangladeschs Tigerreservat in den Sundarbans aufstellte, war er überrascht, daß sogar leichte Stürme manchmal alle Blätter von den Mangroven rissen. Doch die Mangroven erholen sich wieder. Alle Wesen hier sind vom Wandel abhängig. Die reiche Gabe der Bäume stürzt ins Wasser und wird dann von der Flut dem Land dargeboten. Der rasche Kreislauf der Nährstoffe in den Sundarbans, das große Rad der Wiedergeburt, wird zum großen Teil von der Kraft der Zyklone angetrieben.

Das alles scheint die Tiger nicht zu stören. Selbst nach dem gewaltigen Zyklon von 1988 berichteten Forstbeamte, daß sie überraschend wenig Tigerkadaver unter den Strömen von Sturmtoten fanden, die wochenlang die Wasserläufe verstopften.

Forstbeamte glauben, daß die Tiger Zyklone überleben, indem sie auf die Bäume klettern, wenn das Wasser ansteigt. Auch das Wild, heißt es, kommt gut mit Stürmen zurecht. Rathin erzählte mir, daß das Wild den Kopf im Durcheinander der Pfahlwurzeln verkeilt, so daß es nicht von Wind und Wasser fortgetrieben wird. Wenn die Flut bis zur Spitze der Mangroven steigt, verankert sich das Wild in den obersten Ästen der Bäume. Nach solchen Stürmen, sagte Rathin, sieht man manchmal, wie ein Stück Wild und ein Tiger sich am selben Baum festhalten.

Die Zyklone in den Sundarbans werden noch wenig verstanden. Manche Stürme, berichtete Seidensticker, »scheinen buchstäblich von den Mündungen aufgesaugt zu werden« – die Kraft des Windes wird vom Mangrovenwald absorbiert, geschluckt, aufgelöst. Unter bestimmten Umständen »bildet die stabile Kaltluft über dem Wasser, die von über dem Land aufsteigender Warmluft eingeschlossen wird, entlang der Achse der Sturmbahn eine Rinne, die als Trichter dient«. In diesen Fällen beschützen die Wälder der Sundarbans die Millionen von Menschen im Binnenland vor der Wut des Zyklons.

Doch das geschieht nicht immer. Mit dem Schrumpfen der Wälder sind, wie Seidensticker schreibt, die verheerenden Stürme häufiger geworden. In den 69 Jahren zwischen 1891 und 1960 haben 16 starke tropische Stürme Bangladesch heimgesucht; in den 16 Jahren zwischen 1961 und 1977 waren es 19.

So wie Vishnu den Wind anführt, um Feuer zu erschaffen, und das Feuer den Himmel selbst erschuf, so setzt der Gott den Wind auch ein, um die Welt wieder zu zerstören.

Es geschieht am Ende jedes Weltenkreislaufs, berichtet die hinduistische Mythologie. Vishnu wird zur Sonne und verzehrt mit seinen brennenden Strahlen die Feuchtigkeit auf der Erde. Darauf wird er der Wind und entzieht allen lebenden Wesen den Lebensatem. Die Reibung des saugenden Zyklons zündet die Welt dann an. Alles wird vom Feuer verschlungen.

Endlich, wenn die ganze Schöpfung in schwelender Asche liegt, gießt Vishnu im Gewand der Wolken, die durch den Rauch des Feuers gebildet werden, seine Freude in Gestalt von Regen aus. Die Flut erschafft einen Ozean, der so tief ist, daß er den Mond, die Sterne und die Sonne auflöst. Und hier, auf den unergründlichen, reinen Wassern, schläft Vishnu, träumend und gelassen, bis er sich wieder rührt und die Welt erneut zum Leben erweckt.

Tigerträume

*D*er Tiger muß seinen Dharma vollbringen. Er muß jagen, er muß fressen, er muß seine Jungen aufziehen. Und wenn der Tiger der Wächter der Wälder in den Sundarbans ist, liegt das daran, daß er Menschen tötet und frißt.

Das akzeptiere ich. Ein Tiger ist hinter meinem Boot hergeschwommen. Er hätte mich fressen können, was mir nicht besonders viel ausmacht. Doch ein Tiger könnte Menschen, die ich liebe, töten und auffressen, und mit diesem Wissen zu leben fällt mir schwer.

Alle paar Wochen bekomme ich einen Brief von Girindra und seiner Familie, der vom Lehrer, Mr. Mondal, in erkennbares Englisch übersetzt wurde. Gelegentlich höre ich von Rathin. Die Briefe sind mir teuer, aber sie sind wie Sternenlicht. Wenn ich sie bekomme, sind sie normalerweise sechs bis acht Wochen alt – vor allem Girindras Briefe, weil er sie in Jamespur zur Post gibt. Während ich ihre Worte lese, kann ich nicht mit Sicherheit wissen, ob die Schreiber noch am Leben sind. Und wieder, wie in den Sundarbans, fühle ich mich verloren, verstört, habe Angst vor dem, was ich nicht sehen kann.

Um meine Sehnsucht zu stillen, versuche ich dann, mich daran zu erinnern, was diese lieben Menschen mich lehrten, indem sie mir vermittelten, was sie selbst über das Wasser, den Himmel und die Zukunft gelernt haben.

So oft sehen die braunen Flüsse der Sundarbans wie fester Boden aus, glatt und glänzend wie Lehm; wenn das Wasser ruhig und mit Blättern bedeckt ist, die die Mangroven abgeworfen haben, sieht es aus wie Waldboden. Manchmal glänzt die Wasseroberfläche wie ein Spiegel, und man sieht sein eigenes Bild darin reflektiert. (An unser eigenes Spiegelbild zu glauben ist vielleicht unser häufigster Fehler.) Aber man muß sich daran erinnern, daß man nur die Wasseroberfläche sehen kann, und die Oberfläche ist ein Trugbild, Maya, eine Illusion. Das ist der zentrale Fehler der Wissenschaft, sagen die *gunins*: Sie untersucht nur Oberflächen und erlaubt unserem eigenen Spiegelbild, tiefere Kräfte zu verdecken.

Ab und zu öffnet sich allerdings die Wasseroberfläche, um einen Delphin, eine Meeresschildkröte oder ein Krokodil zu offenbaren. Solche Öffnungen sind, so glauben die Menschen in den Sundarbans, unsere Träume, unsere Handflächen und die Sterne.

Girindra träumt oft von Tigern. Anschließend erwacht er schweißgebadet. In seinen Träumen verfolgt ihn der Tiger, aber er kann immer entkommen: Der Tiger springt, aber er duckt sich, oder er tritt den Tiger oder stößt ihm ins Auge, so daß er fliehen kann. Ziemlich häufig träumt er, daß er mit drei oder vier anderen in einem Boot ist und ein Tiger kommt – manchmal sogar drei Tiger gleichzeitig –, um gerade ihn zu holen.

Eines Nachts träumte er von einem sehr merkwürdigen Tier – »wie ein Wildschwein, aber mit langem Fell, kohlschwarz, mit zwei kleinen Hörnern auf dem Kopf«, das aus dem Wald kommt und ihm nachjagt. Andere Menschen stehen daneben und verrichten ihre Arbeit, aber das Tier jagt nur ihn. Niemand kommt ihm zu Hilfe, nein, sie sehen nur zu, wie er durch den Wald läuft. Endlich gelangt er zu einem Holzstoß und klettert schnell hinauf. Das Tier kann nicht heraufspringen, um ihn zu holen. Doch jetzt ist Girindra in der Falle. Er möchte wieder hinunter und weglaufen. Als seine Erregung wächst, erscheint ihm auf wunderbare Weise Bonobibi in einem weißen, rotgesäumten Sari. Das Tier verschwindet.

Bonobibi nimmt Girindra in die Arme, und er bricht vor Erleichterung in Tränen aus; er sagt ihr, daß er nie wieder in den Dschungel gehen wird.

Anders als in dem Traum von Bonobibi, den Girindra mir früher erzählt hatte, spricht Bonobibi in diesem Traum. Während sie ihn in den Armen hält, sagt sie: »Wenn du in den Dschungel gehst, wirst du von einem Tiger gefressen werden. Aber wenn du nicht in den Dschungel gehst, wirst du auch von einem Tiger gefressen werden. Das ist dein Schicksal.« Und dann verschwindet sie.

»Nein! Das kann nicht sein!« hörte ich mich Girindra anschreien. Ich fühlte, wie mir das Blut aus dem Herzen wich. Schon einmal hatte ich eine solche Angst empfunden, als Rathin mir nämlich von dem Tiger erzählte, der die Kajütentür aufbrach, um Birin Mondal auf dem Boot bei Haldibari zu holen. Vorher hatte ich das Gefühl gehabt, daß Rathin mit seinem Gewehr und seinen Leuten und seiner großen Regierungsbarkasse vor Tigern ziemlich sicher war. Aber nachdem ich von diesem Vorfall gehört hatte, hatte ich diese ruhige Gewißheit verloren. »Und wenn ein Tiger dich an Bord der *Monorama* angreift?« hatte ich ihn bestürzt gefragt.

»Dann erschieße ich ihn«, hatte Rathin erwidert, und

diese nüchterne Antwort hatte mich vorläufig beruhigt. Aber ich freute mich doch, als ich viele Monate später erfuhr, daß Rathin aus den Sundarbans versetzt werden und zum Direktor eines anderen Naturschutzgebietes befördert werden sollte. Sein Horoskop sagt ihm große Dinge voraus, berichtet er mir, und ich bin sicher, daß sie geschehen werden.

Doch Girindra wird vermutlich immer in den Sundarbans leben, zwischen den wirren Mangroven, den sich windenden Flüssen und den steigenden Fluten, zwischen Haien und Krokodilen und Tigern. »Dein Traum darf nicht wahr sein!« rief ich. »Ich lasse das nicht zu!« Debaskish übersetzte, aber Girindra hatte schon verstanden.

»Ob er in Erfüllung geht oder nicht, das weiß ich nicht«, sagte er sanft zu mir. Er fragt sich, warum die große Mutter ihn erst in die Arme nimmt und dann sein Todesurteil verkündet.

»Ich fürchte mich nicht vor dem Tiger, auch nicht nach diesen Träumen«, sagte Girindra. »Außerdem, wenn ein Tiger mich angreift, kann ich überhaupt nichts tun. Wenn es mein Schicksal ist, durch einen Tiger zu sterben, kann ich meinem Schicksal nicht entgehen.«

In der Gegend um Bombay erzählen Dorfbewohner, die Marathi sprechen, seit langem, daß das Schicksal eines jeden Kindes ihm von der Göttin Satwai auf die Stirn geschrieben wird und daß nicht einmal sie ändern kann, was sie schreiben muß. Sie schreibt sogar ihrer eigenen Tochter auf die Stirn, daß es ihr Schicksal ist, Satwais eigenen Sohn zu heiraten. Anderswo in Indien glauben viele Menschen, daß unser Schicksal in unseren Handflächen oder in den Sternen geschrieben steht. Im Westen betrachten wir den Glauben an das Schicksal als Resignation, als Entschuldigung dafür, daß wir aufgeben. Aber für die meisten Inder bedeutet Schicksal etwas ganz anderes. Schicksal ist das Versprechen, daß das Leben keine zufällige Kette aus Tragödien und Komödien ohne Sinn ist. Schicksal heißt, daß unser Leben so sinnvoll, so notwendig ist, daß unsere Lebensgeschichten von den Göttern und Göttinnen geschrieben werden, vom Himmel selbst. Wir mögen nur einen kurzen Blick auf unser Schicksal erhaschen, so wie es in den Sternen oder in unseren Handlinien angedeutet ist; aber selbst dieser Blick ist Beweis für unseren Vertrag mit dem Universum, daß wir Akteure in dem großen Rad von Leben und Tod und Wiedergeburt sind.

Vor etwa 15 Jahren, als Girindra noch hauptsächlich als Krebsfischer arbeitete, suchte er eine Handleserin in Kalkutta auf. »Sagen Sie mir meine Zukunft voraus, und verschweigen Sie mir nichts«, bat er.

Die Handleserin betrachtete seine schwielige Handfläche und las darin wie in einem Buch. »Niemand wird Ihnen Schaden zufügen können«, sagte sie. »Es gibt einige Gefahren in Ihrem Leben, aber die haben Sie bereits überwunden. Sie werden neunzig Jahre alt werden.« Er fragte sie, was er ihr schuldig sei. Sie erwiderte: »Ich kann von Ihnen kein Geld annehmen, Sie haben so eine wunderbare Hand.«

Dann erzählte Girindra mir die Geschichte von einem reichen Mann, der sich aus der Hand hatte lesen lassen, sich aber weigerte, an die Weissagung zu glauben. Der Mann lebte in Kalkutta, doch die Handleserin sagte voraus, daß er bald sterben und daß er von einem Tiger getötet werden würde. Ein Tiger in Kalkutta – unmöglich! Die Handleserin nannte ihm sogar Datum und Uhrzeit seines Todes. Lachend ging der Mann nach Hause.

Als die vorausgesagte Todesstunde nahte, lud der Mann seine Freunde in sein Haus ein. Viele waren lustig und vergnügt, andere waren gekommen, um zu sehen, ob die Vorhersage sich als wahr erweisen würde. Aber sie kamen alle aus Kalkutta, und nur wenige hatten jemals einen Tiger gesehen. Ein Gast wußte nicht einmal, wie ein Tiger aussieht. »Du hast noch nie einen Tiger gesehen? Dann zeichne ich dir einen«, erbot sich ein anderer Gast und begann, mit einem Bleistift sorgfältig die Gestalt eines Tigers zu schaffen: zuerst die Konturen, dann die Streifen, dann die Schnauze, die Schnurrhaare, die Klauen, das Auge …

Und gerade als er die Pupille des Auges dunkel schraffierte, wurde der Tiger in der Zeichnung lebendig, sprang vom Papier und tötete den Gastgeber des Abends.

»Selbst wenn ich also bei dir in Amerika leben würde, meine Schwester«, sagte Girindra, »wenn es mir bestimmt ist, durch einen Tiger zu sterben, kann ich meinem Schicksal nicht entgehen.«

Doch, fügte er mit einer Zuversicht hinzu, von der ich immer noch zehre, »ich glaube an meine Lebenslinie, und die ist sehr lang.«

Epilog: Das Kali Yuga

*D*er hinduistischen Auffassung von der Zeit zufolge befinden wir uns jetzt im letzten der vier *yugas* oder Weltalter, die die Dauer eines jeden Universums ausmachen.

Das erste der vier *yugas* wird als Krita Yuga bezeichnet, ein paradiesisches Zeitalter, in dem die Welt jung und feucht und ganz ist, noch frisch nach der Emanation aus dem Göttlichen. Die Menschen sind von Natur aus tugendhaft, und vom Augenblick der Geburt an kennt jeder seinen Dharma, seine Bestimmung in der Welt, und erfüllt sie mit freudiger Hingabe.

Doch in den folgenden *yugas* schwinden Schönheit, Frieden und Moral allmählich. Im Trita Yuga ist Pflichterfüllung nicht mehr angeboren, sondern muß erlernt werden. Im Dvapara Yuga ist wahre Heiligkeit erloschen.

Unser heutiges Zeitalter wird als Kali Yuga bezeichnet. Die Göttin Kali ist die große Zerstörerin, die Schwarze, die sich mit den blutenden Händen und Köpfen ihrer Opfer schmückt, die auf dem leblosen Körper ihres Mannes tanzt, die in ihrem Hunger, die Welt zu verschlingen, die Zunge herausstreckt. Der Name der Göttin und des Zeitalters leitet sich von dem Wort *kali*, Streit, Krieg, Schlacht, her. Am Ende des Kali Yuga ist unsere Zeit vorbei. Das könnte – nach der mythischen Zeitrechnung – sehr bald sein, warnen die Weisen. Karan Singh, der frühere Kanzler der University of Jammu and Kashmir weist darauf hin, daß hinduistische Texte behaupten, jedes Weltalter dauere 4,3 Milliarden Jahre. »Wenn man auf wissenschaftlichen Beweisen besteht«, sagt er, »sollte man vielleicht zur Kenntnis nehmen, daß 4,3 Milliarden Jahre etwa das Alter der Erde ist.«

In einer Passage der *Vishnu Purana,* einer klassischen Quelle für hinduistische Mythologie und Überlieferung, ist das Kali Yuga so deutlich beschrieben, daß jeder es sicherlich als das moderne Zeitalter wiedererkennen wird: »›Wenn die Gesellschaft in einen Zustand gerät, wo Reichtum Rang verleiht, Besitz die einzige Quelle der Tugend wird, Leidenschaft das einzige Band zwischen Mann und Weib, Betrug die Grundlage des Erfolges im Leben, geschlechtliche Liebe der einzige Weg zur Freude und äußere Verwirrungen mit innerlichem Glauben zusammengeworfen werden …‹ – dann sind wir im Kali Yuga, der Welt von heute.«

Das Kali Yuga ist das letzte Zeitalter, bevor diese Welt sich auflöst. Es ist die Zeit, in der wir unsere Götter verstoßen. Es ist die Zeit, in der wir Leben lieber vernichten als verehren. Es ist die Zeit, in der unsere Sünden unsere Tugenden auslöschen.

Nur in einem Zeitalter der blinden Gier könnten wir das verheerende Böse vollbringen, täglich ein ganzes Dutzend Arten von der Erde zu tilgen. Doch gerade das tun wir jetzt, sagen die Biologen, ohne Grabgesang und ohne Trauern. Die meisten Opfer sind wirbellose Tiere wie Würmer oder Insekten, oder Pflanzen oder Pilze, die so wenig bekannt sind, daß die Wissenschaftler ihnen noch nicht einmal lateinische Namen gegeben haben. Die meisten verschwinden, weil Menschen ihren Lebensraum überrennen,

indem sie Wildnis in Farmen und Straßen und Wohnblök-
ke, Fabriken und Pipelines und Bergwerke umwandeln.
Leberblümchen und Termiten, Quallen und Libellen, Platt-
würmer und Orchideen: Mit unserem nimmersatten Greifen nach mehr Raum, mehr Arbeitsplätzen und mehr Geld
verdrängen wir sie.

»Aber spielt das wirklich eine Rolle?« fragt ein Kom-
mentator in der *Asiaweek* in seinen Bemerkungen zur Titel-
geschichte über das gefährdete Überleben des Tigers. »Arten kommen und gehen«, schreibt der Verfasser. »Jetzt ist
der Tiger an der Reihe.«

Aus wirtschaftlichen Gründen eine Art auszurotten – die
stets den Höhepunkt einer Evolution von Millionen von
Jahren darstellt – sei, sagt der Soziobiologe E. O. Wilson von
der Harvard University, ein Tauschgeschäft, so dumm und
verschwenderisch, als würde man »Renaissancegemälde
verbrennen, um ein Abendessen zu kochen«.

Doch wenn wir den Tiger ausrotten, ist unsere Sünde
noch größer. Wenn wir den Tiger ausrotten, ermorden wir
einen Gott.

In den Sundarbans weiß jeder, daß Daksin Ray nach Belieben in den Körper eines Tigers fahren kann. Daher sind alle
Tiger heilig, Ausdruck der Macht Gottes.

Selbst der skeptische Rathin sieht einen Sinn in diesem
Gedanken. Der Menschenfresser, sagt er, ist die stärkste
Macht, die den Wald in den Sundarbans beschützt – und
damit auch die Menschen, die von seinem Reichtum abhängig sind. »Der Tiger verrichtet in aller Stille die Aufgabe der ökologischen Disziplinierung«, erklärte Rathin. »In
diesem Sinne ist der Tiger tatsächlich ein Gott – der Tiger
behütet den Wald, und der Wald behütet den Tiger.« Es ist
kein Zufall, deuten Rathins Worte an, daß die größte Tiger-

population auf der Welt in den Sundarbans lebt und daß es hier das größte noch erhaltene Gebiet Mangrovenwald gibt. Hier übt der Tiger noch seine stärkste Macht über Menschen aus.

Mit der gleichen Leichtigkeit, mit der Daksin Ray in den Körper eines Tigers schlüpft, überbrücken die Tiger in der asiatischen Mythologie die Kluft zwischen Lebenden und Toten, zwischen Dorf und Wald, zwischen Himmel und Erde. Tiger helfen den Menschen, ihre Vergangenheit, ihre Zukunft und ihre Beziehung zu den Mächten, die die Welt regieren, zu verstehen. Ohne den Tiger ist die Welt des Menschen nicht vollständig.

Diese Wahrheit wird in allen Kulturen verstanden, in denen Tiger umherstreifen. Die heiligen Geschichten dieser Kulturen erzählen uns, daß Tiger unsere Verwandten sind, unsere Lehrer und Beschützer. In Indien behaupten viele Stämme, daß sie vom Tiger abstammen, darunter auch die Baghel Rajput, die Bhil, die Santal, die Khond und die Baghani. Die Sudanesen in Westjava und die Achense und Minangkabau auf Sumatra behaupten ebenfalls, daß Tiger ihre Sippen gegründet haben.

Die Verwandtschaft der Khond mit dem Tiger ist so stark, daß die Menschen behaupten, sie könnten sich mit Hilfe eines Zauberspruchs sogar in Tiger verwandeln. Der Anthropologe Robert Wessing erzählt die Geschichte eines Khond, der sich regelmäßig in einen Tiger verwandelte, um auf die Jagd zu gehen. Aber wenn er sich wieder in einen Menschen verwandeln wollte, mußte jemand den richtigen Zauberspruch sagen. Der Tigermann brachte einem Freund diesen Spruch bei, doch der Freund starb. Daher lehrte er seine Frau den Spruch. Am nächsten Tag verwandelte er sich in einen Tiger, um auf die Jagd zu gehen. Bei seiner Rückkehr lief er mit der Beute im Maul auf seine

Frau zu. Aber diese fürchtete sich so sehr vor seiner Tiger-gestalt, daß sie anfing zu schreien und weglief. Durch Her-umspringen und Brüllen versuchte er, sie daran zu erin-nern, daß sie den Spruch aufsagen sollte, aber sie schrie nur noch lauter. Schließlich war er so gereizt, daß er sie auffraß. Anschließend wurde ihm klar, daß er den einzigen Menschen gefressen hatte, der den Zauberspruch wußte, der ihn wieder in einen Menschen verwandeln würde. Sei-ne Frau war natürlich genauso dumm gewesen, weil sie ihren geliebten Mann, der mit dem Abendessen auf der Schwelle stand, nicht erkannt hatte.

Es ist wichtig, sagt diese Geschichte uns, daß wir uns in Erinnerung rufen, wer wir sind und wer der Tiger für uns ist.

Wer sind wird? Nie zuvor haben Menschen sich so sehr mit dieser Frage beschäftigt. Nie zuvor waren wir so sehr von der Suche nach dem Ich besessen. Man kann sagen, daß wir uns bis vor relativ kurzer Zeit in unserer Evolution den Luxus, Zeit auf das Nachdenken über solche Dinge zu verwenden, gar nicht leisten konnten, weil wir zu jung starben, bevor wir uns die Weisheit des Fragens aneignen konnten. Genauso kann man argumentieren, daß wir heu-te, da wir kurz davor sind, den Tiger auszurotten, so dicht wie noch nie davor sind, das Wissen zu vernichten, das unsere Frage beantworten könnte.

Wir verdanken es dem Tiger, daß die Menschen in den Sundarbans noch verstehen, was wir anderen gern igno-rieren: daß alle, die am heiligen Atem des Lebens teilhaben – Chital und Wildschwein, Frosch und Fisch, Einfältiger und Genie – aus Fleisch bestehen. Und alle fleischlichen Körper verneigen sich vor dem Göttlichen, demütig ge-worden unter dem Bann des Tigers.

Können wir glauben, was die Menschen in den Sundarbans sagen?

Können Tiger durch die Luft fliegen? Aus dem Nichts auftauchen? Einen menschlichen Körper auf die Hälfte seiner Größe zusammenschrumpfen lassen? Das weiß ich nicht. Aber eins weiß ich bestimmt: In dieser durchlässigen, wandelbaren Welt kann Gott jederzeit in den Körper eines Tigers eindringen, um uns daran zu erinnern, wer wir sind.

Wenn wir, auf dem Gipfel unserer Überheblichkeit, den Tiger ausrotten, riskieren wir, die tiefste Wahrheit aus dem Blick zu verlieren, die die Menschheit je gewußt hat: daß wir nicht Gott sind.

»Was sagt es über die Menschheit aus, wenn wir zulassen, daß der Tiger ausstirbt?« fragt Ashok Kumar, der Leiter der Abteilung Handelsüberwachung des World Wildlife Fund in Indien. »Was können wir retten? Können wir uns selbst retten?«

Literaturauswahl

Ein großer Teil der Literaturrecherchen für dieses Buch wurde in den Oriental and India Office Collections der British Library in London und in der National Library of India in Kalkutta durchgeführt. Einige Bücher erhielt ich über Fernleihe in Harvard und an der Antioch/New England Graduate School. Bücher auf bengalisch, die Rathin Banerjee freundlicherweise übersetzte, sind hier nicht aufgeführt. Viele ausgezeichnete Bücher jedoch, die meine Forschungsarbeit unterstützten, sind über Buchhandlungen und öffentliche Bibliotheken erhältlich, und ich führe sie hier auf.

TIGER, NATUR

Anderson, Kenneth, *Ruf aus dem Dschungel. Neue Tigererlebnisse.* Aus dem Englischen von R. von Benda (Hamburg und Berlin: Paul Parey, 1964).

Corbett, Jim, *Man-Eaters of Kumaon* (New York: Oxford University Press, 1946).

–, *The Temple Tiger and More Man-Eaters of Kumaon* (New York: Oxford University Press, 1955).

Jackson, Peter, *Endangered Species: Tigers* (London: Apple Press, 1990).

McDougal, Charles, *The Face of the Tiger* (London: Rivington Books, 1977).

McNeely, Jeffrey A. und Paul Spencer Wachtel, *Soul of the Tiger: Searching for Nature's Answers in Exotic Southeast Asia* (New York: Doubleday, 1988).

Perry, Richard, *The World of the Tiger* (New York: Atheneum, 1965).

Schaller, George B., *The Deer and the Tiger: A Study of Wildlife in India* (Chicago: University of Chicago Press, 1967).

Singh, Arjan, *Tiger Haven* (New York: Harper and Row, 1973).

Singh, Kesri, *Ein Mann und tausend Tiger. Tierjagden in Indien. Erinnerungen eines indischen Jägermeisters am Hofe der Maharadschas von Gwalior und Jaipur* (Hamburg und Berlin: Paul Parey, 1961).

Sunquist, Melvin E., *The Social Organization of Tigers in Royal Chitawan National Park, Nepal* (Washington: Smithsonian Institution Press, 1981).

Sunquist, Fiona and Mel Sunquist, *Tiger Moon* (Chicago: University of Chicago Press, 1988).

Thomas, Elizabeth Marshall, *The Tribe of Tiger: Cats and Their Culture* (New York: Simon and Schuster, 1994).

Ward, Geoffrey C., mit Diane Raines Ward, *Tiger Wallahs* (New York: Harper Collins, 1993).

VOLKSTÜMLICHE ÜBERLIEFERUNG UND VOLKSMÄRCHEN

Jasimuddin, *Folktales of Bangladesh* (London: Oxford University Press, 1967).

Ramanujan, A. K., *Folktales from India* (New York: Pantheon, 1991).

Wessing, Robert, *The Soul of Ambiguity: The Tiger in Southeast Asia* (Detroit: Northern Illinois University, Center for South East Asian Studies, Monograph Series on South East Asia, 1986).

RELIGION UND PHILOSOPHIE

Banu, Razia Akter, *Islam in Bangladesh* (New York: E.J. Brill, 1992).

Coomaraswamy, Ananda K., *The Dance of Shiva* (New York: Farrar, Strauss, 1957).

Kinsley, David, *The Goddesses' Mirror* (Albany: State University of New York Press, 1989).

Ross, Nancy Wilson, *Three Ways of Asian Wisdom* (New York: Simon and Schuster, 1966).

Snead, Stella, mit Texten von Wendy Doniger und George Michell, *Animals in Four Worlds: Sculptures from India* (Chicago: University of Chicago Press, 1989).

Thomas, Keith, *Religion and the Decline of Magic* (New York: Macmillan, 1975).

Zimmer, Heinrich, *Indische Mythen und Symbole*. Aus dem Englischen von E. W. Eschmann (Düsseldorf, Köln: Eugen Diederichs, Neuausgabe 1972 [1946]).

–, *Philosophie und Religion Indiens*. Ins Deutsche übertragen und herausgegeben von Lucy Heyer-Grote (Rhein-Verlag: Zürich 1961).

REISEN IN INDIEN UND BANGLADESCH

Blank, Jonah, *Arrow of the Blue-Skinned God: Retracing the Ramayana Through India* (Boston: Houghton Mifflin, 1992).

Frater, Alexander, *Chasing the Monsoon* (New York: Knopf, 1991).

Gardner, Katy, *Songs at the River's Edge* (London: Virago, 1991).

Mehta, Ved, *Portrait of India* (New Haven: Yale University Press, 1967).

Novak, James, *Bangladesh: Reflections on the Water* (Bloomington: Indiana University Press, 1993).

Nugent, Rory, *Im Gebirge der Plagen. Oder auf der Suche nach der rosaköpfigen Ente am Ende der Welt*. Aus dem Amerikanischen von W. Waldhoff (Schweizer Verlagshaus: Zürich 1991). Auch als Fischer-TB.

Siegel, Lee, *Net of Magic: Wonders and Deceptions in India* (Chicago: University of Chicago Press, 1991).

ANDERE BÜCHER

Diese Bücher sind in den Vereinigten Staaten und möglicherweise selbst in Indien schwer zu finden, aber sie waren mir für die Arbeit an diesem Buch von großem Nutzen.

Chakrabarti, Kalyan, *Man-Eating Tigers* (Calcutta: Darbari Prokashan, 1992).

–, *Man, Plant and Animal Interaction* (Calcutta: Darbari Prokashan, 1991).

Chaudhuri, A. B., und Kalyan Chakrabarti, *Sundarbans Mangrove Ecology and Wildlife* (Dehra Dun: Jugal Kishore, 1989).

De, Rathindranath, *The Sundarbans* (Calcutta: S. K. Mookerjee, Oxford University Press/India, 1990).

Kakar, Sudhir, *The Analyst and the Mystic: Psychoanalytic Reflections on Religion and Mysticism* (New Delhi: Viking Penguin India, 1991).

Karim, Anwarul, *The Myths of Bangladesh* (Kushtia, Bangladesh: Folklore Research Institute, 1988).

Rathore, Fateh Singh und Valmik Thapar, *With Tigers in the Wild* (New Delhi: Vikas Publishing House, 1983).

Danksagungen

Während meiner Reisen in Indien und Bangladesch haben Hunderte freundlicher Menschen mir ihr Wissen mitgeteilt, Ratschläge gegeben und Trost gespendet. Besonders danke ich Sara Camblin Breault, Kalyan Chakrabarti, Kisor Chaudhuri, Jenny Das, Bonani und Predip Kakkar, Hasna Moudud und ihrer Familie, Kushal und Diti Mukherjee, P. K. Sen, Pranabesh Sanyal, Anne, Bob und Belinda Wright und der Leitung und dem Personal des Tollygunge Clubs.

Shankar Mukherjee und Debasish (»Raja«) Nandy gebührt besonderer Dank für ihre Übersetzungsarbeit, ihr Wissen und ihre Freundschaft. Dankbar bin ich auch Amarendra Nath Mondal dafür, daß er die Daksin Ray-Puja übersetzt und erklärt hat, und Kanchan Mukherjee für seine Hilfe und seinen Rat. Ich danke der Leitung und dem Personal des Sajnekhali Tourist Lodge.

Natürlich hätte dieses Buch ohne die Großzügigkeit der Menschen in den Sundarbans und der Mitarbeiter der Westbengalischen Forstbehörde nie geschrieben werden können. Insbesondere danke ich Rathin Banerjee. Die westbengalische Forstbehörde wird keinen Beamten finden, der sich mehr für seine Aufgabe einsetzt, und auch keinen aufmerksameren und gründlicheren Kollegen. Besonders dankbar bin ich auch Girindra Nath Mridha und seiner Familie: *amar ma*, Mabisaka; *amar choto bon*, Namita; und Sonaton, Shumitra, Shubadra, Shushitra, Shushoma, Shoroma, Monuds und Modhusudan. Ich danke allen Freunden und Nachbarn der Mridhas, die mir ihre Geschichten erzählt haben, insbesondere Phoni Guyan. Ebenso wie zur Erhaltung des Tigers, der ihre Welt beherrscht, ist dieses Buch zu Ehren von Leben und Arbeit dieser weisen, mutigen Menschen geschrieben.

Außerdem danke ich folgenden Einzelpersonen und Institutionen für ihre Hilfe:

Al Lambert und Harold Paretchan und den Mitarbeitern der Bibliotheken des Harvard's Museum of Comparative Zoology und der Antioch/New England Graduate School dafür, daß sie entlegen publizierte Artikel und vergriffene Bücher ausfindig gemacht haben.

Richard Estes, Peter Jackson, George Schaller und David Smith dafür, daß sie mir von ihren Erkenntnissen und Erfahrungen mit Tigern berichtet haben.

Jaya Bapa Jhala und Syed Hasnath dafür, daß sie das Manuskript gelesen und peinliche Fehler verhütet haben.

Elizabeth Marshall Thomas für ihr Beispiel.

Gretchen Vogel Poisson für Gebete und Schutz.

Dem Reverend Graham L. N. Ward für spirituelle Führung.

C. M. Jha für Führung durch die Bürokratie.

Peg Anderson, Peter Davison und Sarah Jane Freyman für Führung durch die Literatur.

Dianne Tayler-Snow für ihr Lachen in unpassenden Momenten.

Eleanor Briggs für die schönen Fotografien in diesem Buch.

Zum Schluß danke ich meinem Mann, dem Schriftsteller Howard Mansfield, der nach meiner dritten Indienreise entdeckte, daß ich keine Lebensversicherung habe. Tut mir leid.

Hilfe zur Rettung des Tigers

Der World Wide Fund for Nature International finanziert weltweit Projekte zur Erforschung und Erhaltung der Tiger in freier Natur. Spenden, die für die Erhaltung des Tigers bestimmt und als solche gekennzeichnet sind, können geschickt werden an:

World Wide Fund for Nature International
1196 Gland, Schweiz

In der »Cat Specialist Group« der World Conservation Union – International Union for the Conservation of Nature (IUCN) arbeitet die Mehrzahl der besten Fachleute für wildlebende Tiger mit und berät über Erhaltungsmaßnahmen. Spenden zur Unterstützung ihrer wissenschaftlichen Arbeit können geschickt werden an:

Cat Specialist Group
IUCN
1196 Gland, Schweiz
Tel. (von Deutschland): 0041-22-36491